# 国企改革

## 理论、政策与实践

项安波 著

中国发展出版社
CHINA DEVELOPMENT PRESS

**图书在版编目（CIP）数据**

国企改革：理论、政策与实践 / 项安波著. —北京：中国发展出版社，2018.12

ISBN 978-7-5177-0944-2

Ⅰ. ①国… Ⅱ. ①项… Ⅲ. ①国企改革—研究—中国 Ⅳ. ①F279.21

中国版本图书馆CIP数据核字（2018）第296038号

**书　　名：**国企改革：理论、政策与实践
**著作责任者：**项安波
**出 版 发 行：**中国发展出版社
（北京市西城区百万庄大街16号8层　100037）
**标 准 书 号：**ISBN 978-7-5177-0944-2
**经　销　者：**各地新华书店
**印　刷　者：**河北鑫兆源印刷有限公司
**开　　本：**710mm × 1000mm　1/16
**印　　张：**19.5
**字　　数：**262千字
**版　　次：**2019年8月第1版
**印　　次：**2019年8月第1次印刷
**定　　价：**69.00元

**联 系 电 话：**（010）68990630　68990692
**购 书 热 线：**（010）68990682　68990686
**网 络 订 购：**http://zgfzcbs. tmall. com//
**网 购 电 话：**（010）88333349　68990639
**本 社 网 址：**http://www.develpress. com. cn
**电 子 邮 件：**bianjibu16@vip. sohu. com

# 自　序

由于认识到存在多元化目标、政策性负担、软预算约束和历史遗留问题，认识到国有企业具有多重属性、多重目标，所以中国国企改革的价值观没有仅仅停留在“以效率论英雄”上，而是更多注重多重目标的综合平衡。

中国国企改革的方法论也不完全是“摸着石头过河”，更多的是企业实践、理论研究和政策指导三者的交互促进。当然，有时也伴随着激烈的辩论，也难以完全避免试错式探索。

在上述价值观和方法论的指引下，中国采取了务实的国企改革的逻辑，坚持问题导向、底线思维和基于国情等基本原则，在没有现成模式和成熟经验可资借鉴的情况下，走出了富有本土特色的渐进式改革路径，较好地兼顾了改革、发展与稳定的关系。这使得国企改革总体上在相对务实、理性、稳健的轨道上推进，保证了国企改革过程中没有出现颠覆性的失误。经过40年的改革和努力，国有企业在规模与实力、政企关系、公司治理等方面取得了长足进步。

但是，国有资本公共属性体现不够、国有企业效率相对不高等问题依然存在，国资国企取得的成就与其拥有的资源、政府的要求、广大民众的期望相比仍有不小差距。总的来说，国资国企在促进公平与提升效率两方面，仍然亟待深化改革、加快发展。

我们需要适应已经发生重大变化的经济环境和政策环境，适应民企崛起、经济政策转型以及正处于重构中的国际竞争规则对国有企业——作为政府与市场的“界面”——公平参与竞争的要求，启动新一轮实质性、有力度的国企改革。

**国有企业首先必须有助于促进“共同富裕和公平正义”。这是国有企业设立的前提、存在的道义和发展的基础。**

基于国有资本“全民所有”的基本属性，国企改革要超越国有企业的本位目标，更好地落实“以人民为中心”的发展思想和促进实现“共同富裕”的社会理想，以“三个有利于”为标准，以社会福利最大化和提升国民经济整体效率、国家经济竞争力为目标，以提升国有资本效率、增强国有企业活力为重点，构建国民共进、协调发展的经济格局。

这进而要求政府按公平竞争原则处理“国民关系”，按“政企分开、政资分开”原则处理政企关系；秉持竞争中立原则规制企业行为，同时自身也接受相关制度的规范与约束；对所有企业一视同仁，清除所有制歧视，弱化规模化导向。

传统公有制的弊端不全在于公有制本身，而是由于过多进入“财产不能公有”的私人产品领域，但公共产品却供应不足。在当前阶段的中国公共产品领域，公有制不仅有存在的合理性，而且有扩张的必要性。国有资本的布局与投向，要按照国家发展战略严格限定领域，当前的阶段性重点是十八届三中全会所明确的五大领域，特别是公共服务、民生保障、环境保护等公共领域。同时，要完善国有资本布局政策与结构调整机制，适应国家发展阶段、技术革命和产业变革等影响因素，适时进行动态调整和优化。

更重要的是体现“国有资本全民所有、收益全民共享”，以改善公众对国资国企的认知和增进认同。这要求推动国有资本经营预算与公共预算的有机衔接，改善其收入结构和支出结构，减少国有资本收益的国企体系内自循环；国有资本收益上缴阶段要体现国有股东权益，支出阶段要体现国有资本公共属性。

**公有制还必须解决“集体行动困境”，避免公地悲剧。就国有企业而言，当前的重点就是提升效率，减少生产与创新双重效率损失，弱化自身的经济抑制效应。**

提升效率首先要求国企转变经营机制。相较而言，更系统性、根本性的办法是利用混改这一企业“基因改造技术”，促进传统国企彻底转变经营机制。混合所有制有别于股权多元化，混改更不是过去“公私合营”的翻版！国企混改应是引资、引智与转制并举。这要求在前期混改的基础上提升改革的质量、层次与深度，避免形混神不混、防止名混实不混，促进传统国企在混改后及时转变和完善公司治理机制、经营决策机制和激励约束机制。

其次是完善国资管理体制。要避免顾此失彼，系统性改善国有资本委托代理关系，必须适应“管资本为主”和“做强做优做大国有资本”的要求，针对传统国资管理体制的体制束缚和机制失灵问题，构建重视可持续投资收益的国有资本管理体制，避免国企预算软约束。此外，知识经济时代要求转变重物轻人的传统国资管理观念，尊重“主动资产”驾驭“被动资产”、“活资产”驱使“死资产”的客观规律，并重视人力资本和国有资本、物质资本，释放人的积极性，激发其创造性劳动。

新一轮国企改革的任务既繁重又复杂。这要求聚焦主攻方向，以重点突破带动全面推进、从专项试点走向综合改革。同时，完善改革落实机制、改进国企改革推进方式，推动改革方案落地。

最终，社会主义市场经济体制改革的整体节奏影响着国企改革的进度，上层建筑的完善程度和赋予的空间则根本性地决定着国企改革的方向和高度。

“周虽旧邦，其命维新。”让我们摒弃对国有企业的先验判断，高举公平、正义的旗帜，迎接那最壮丽日出的万丈光芒！

期待国有企业作为重要“压舱石”，在中国穿越历史三峡、奔向现代化的浩荡航程中，更积极主动地发挥其难以替代的历史作用。

项安波

2019年5月

# 目 录

# 企业实践

# 国资国企经营绩效评估与比较

我们利用多个数据源对我国的国有企业经营绩效进行了考察，并与其他所有制类型企业进行了比较，发现经过三十多年的改革和努力，国有企业在规模与实力等方面都有了长足进步，但仍然存在经营绩效相对不高、行业分布不尽合理、国有资本公益性体现不够及流动性不强等诸多问题，其取得的成就与其拥有的资源、政府的要求和广大民众的期望仍有差距。按照十八届三中全会《中共中央关于全面深化改革若干重大问题的决定》（以下简称《决定》）精神，切实推进国有企业全面深化改革，提升国有企业经营绩效、提高国有资本的公益性和流动性等任务既迫切又必要。

当前各界对国有企业的性质、定位及深化改革的方向等问题存在不同看法。产生分歧的原因，一定程度上源于对国有企业绩效评估的差异[①]。对国有企业的绩效表现及其影响因素客观梳理、识别要因是深化国有企业改革的设计基础。我们利用2003～2014年财政部《企业财务报告》数据、1998～2013年国家统计局

---

① 近年对于中国国有企业效率的研究大致分为三类：一是国有企业与其他所有制企业经营绩效的比较研究；二是国有企业改制前后的效率比较研究；三是国有企业的效率对于整体经济的影响。基本结论大体也分三类：无效率、有效率和效率悖论。国企绩效表现体现在经济发展、国家经济安全、国家竞争力、技术创新与社会责任等多个方面，其中有些指标难以量化，因而往往也出现因国企绩效评价标准不同导致结论不同的情况。

《中国统计年鉴》规模以上工业企业经济效益数据、万德数据库和CSMAR数据库[①]，对国有企业经营绩效进行了考察，并与其他所有制类型企业进行了比较。

我们发现，经过三十多年的改革和努力，国有企业在规模与实力等方面都有了长足进步，实现了国有资本保值增值，在国民经济中发挥着支柱性作用，为经济社会发展做出了重要贡献。但囿于委托代理、体制约束、机制失衡、政策性负担、多元化目标等影响或制约因素，国有企业经营绩效相对不高问题仍然突出。由于国家所有权政策体系还不完善，同时还存在国有资本行业分布不尽合理，国有资本公益性体现不够、流动性不强等诸多问题，具体表现为如下六点。

（1）国有企业规模不断扩大、实力稳定增长，但增速放缓、资产负债率不断上升；国有资本实现了保值增值，但来自企业经营努力的占比不高。

（2）长期观察而言，国有企业经营绩效逊于非国有企业，且差距有扩大趋势（如无干预）；国企亏损面近年扩大化趋势值得关注。

（3）国有企业在吸纳就业、上交税收、促进创新等促进经济增长方面的贡献和直接作用在“减弱”。

（4）国有企业“一股独大”问题仍较突出，国有资本流动性不强。

（5）国有资本在竞争性领域大量分布并过多地集中于产能过剩行业，而在战略性新兴领域布局相对过少。

（6）国有资本公益性体现不够，国有企业群体需要增加公众认同。

---

① 本报告主要数据来源为三部分：第一部分的数据来自财政部历年企业财务报告，所涉国有企业范围为全国国有及国有控股企业，包括中央企业和36个省（自治区、直辖市、计划单列市）的地方国有及国有控股企业，不含国有金融类企业；第二部分由于涉及不同所有制类型企业的比较，我们选用了国家统计局公布的历年《中国统计年鉴》数据，所涉企业为规模以上工业企业；第三部分数据来自万德数据库与CSMAR数据库，对中国相对优秀的企业群体——上市公司进行分析，企业样本为在中国A股上市的全部上市公司。在进行分析时，我们通过识别最终控制人的方式来确定国有企业：如果企业的最终控制人为国有机构或国有企业，我们即识别该企业为国有企业。

本报告之所以采用多数据源，一是由于单个数据源都有一定的局限性，单独难以完整反映国有企业和国有资本的全貌，或是与其他所有制类型企业进行比较分析；二是通过多维度的数据分析和多角度的观察，可以相互补充或印证一些观点。

这些问题不仅与企业本身有关，也与体制机制、社会责任、历史负担、发展路径有关。总的来说，国有企业取得的成就与其拥有的资源、政府的要求和广大民众的期望仍有差距。随着中国经济转型升级进入新阶段和全面深化改革的深入推进，国有企业所处的政策、行业与市场环境开始发生变化，国有企业“重资产、顺周期、难调整、低效率”的发展特征，使一批分布于重化工业等产能过剩领域的国有企业在经济增速转变阶段极有可能重陷经营困境。当前，按照十八届三中全会《决定》精神，切实推进国有企业全面深化改革，提升国有企业经营绩效、提高国有资本的公益性和流动性等任务既迫切又必要。

## 一、国有经济保持稳定增长，但增速放缓；国有资本实现增值，但来自企业经营努力的占比有待提高

要理解中国的国企改革，必须先了解中国国有企业的基本情况。本章希望通过一些数据的梳理和分析，使读者初步了解中国的国有企业概貌。

### （一）国有企业规模不断扩大，实力稳定增长

过去12年，全国国有企业总资产、所有者权益和国有资本（以归属于母公司所有者权益计，下同）均稳步增长，分别从2003年的21.44万亿、7.95万亿和6.83万亿增长到2014年的111.36万亿、39.52万亿和31.59万亿，分别增长5.45倍、4.97倍和4.63倍，其中总资产增长最快、国有资本增长最慢。其中需要注意的是，从2009年开始，全国国有企业户数结束了此前持续下降的趋势，出现增长[①]。这也是“国进民退”争议较大的开始时期。

---

① 2009年，国有企业户数从以前的三级统计到全级次统计，一定程度会导致当年国有企业户数增加；但从这之后，国有企业户数一直呈上升趋势。

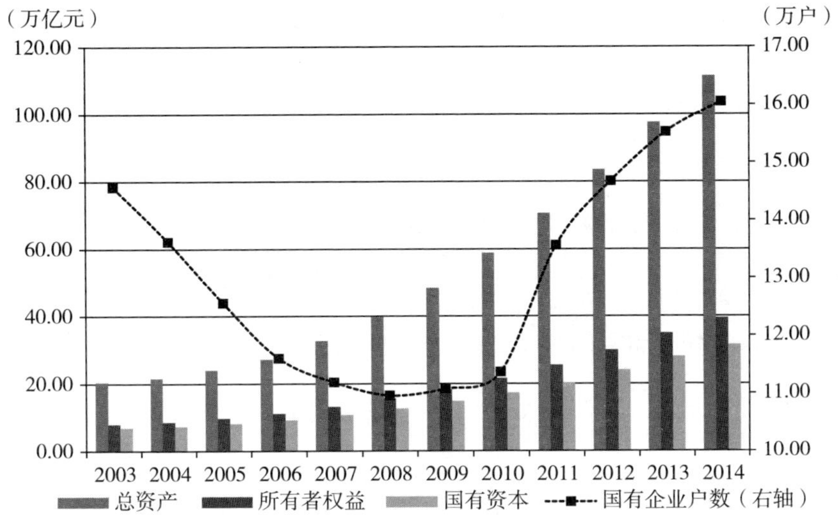


**图1　全国国有企业基本情况——总资产、所有者权益、国有资本和国企户数**

数据来源：财政部。

自2003至2014这12年间，全国国有企业的营业收入、净利润和实际上交税费总额分别从2003年的10.38万亿、0.20万亿、0.78万亿增长到2014年的48.91万亿、1.94万亿、4.05万亿，分别增长4.71倍、9.58倍和5.17倍，其中净利润增长最快、营业收入增长最慢。

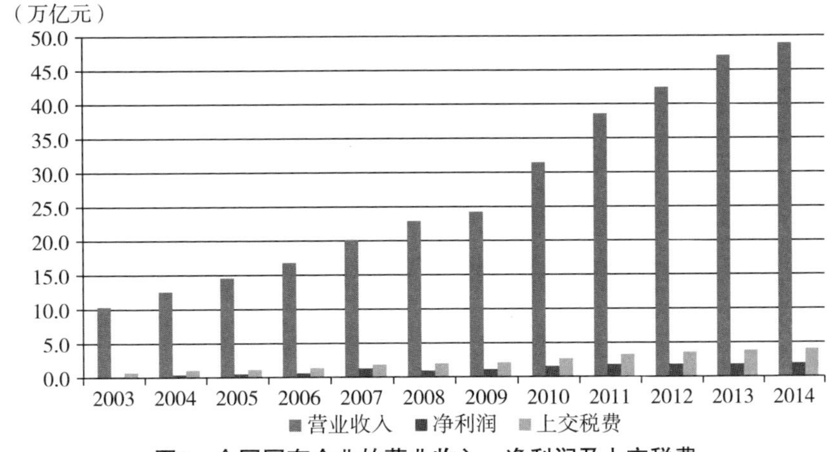


**图2　全国国有企业的营业收入、净利润及上交税费**

数据来源：财政部。

## （二）资产、营业收入和利润等增速放缓

财政部数据显示，近年全国国有企业总资产、所有者权益和国有资本的增速均出现了回落，分别从高点的2008年的21.90%、18.78%和17.87%，下降到2014年的14.06%、12.93%和12.69%。2014年，国有企业营业收入的增速均为近11年的最低点，实际上交税费总额的增速是除2013年之外的最低点，净利润收入增速是除2008年和2012年之外的最低点。

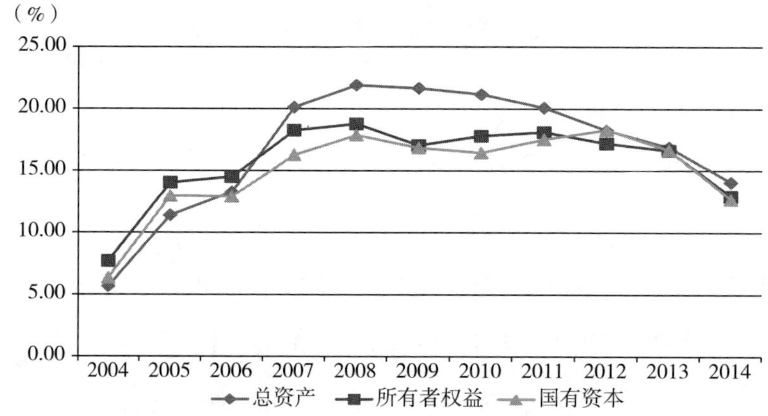


**图3　全国国有企业总资产、所有者权益和国有资本的增长率**

数据来源：财政部。

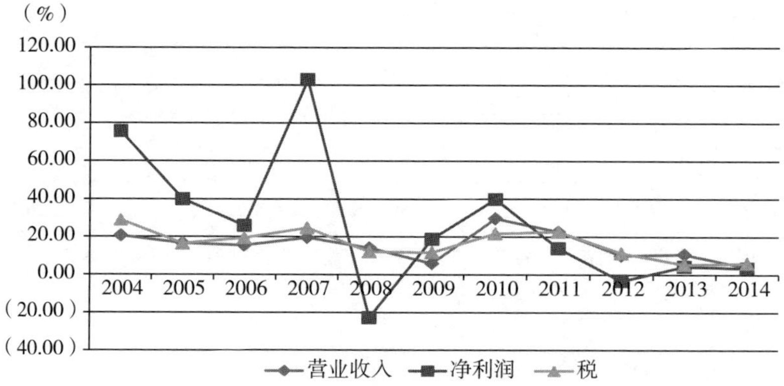


**图4　全国国有企业营业收入、净利润和税的增长率**

数据来源：财政部。

统计局关于全国规模以上国有工业企业的数据也显示了类似趋势：1999～2013这15年平均，全国规模以上国有工业企业总资产、主营业务收入和利润总额的平均增速分别为10.79%、14.83%和30.31%；2011～2013这3年平均，全国规模以上国有工业企业总资产、主营业务收入和利润总额的平均增速分别为11.43%、10.07%和1.33%。可见近三年，全国规模以上国有工业企业除了总资产还保持较高增速外，主营业务收入和利润总额增速均开始放缓。另外，2008～2010年，由于刺激政策效果显现，全国规模以上国有工业企业的总资产、主营业务收入和利润总额均大幅增长；之后，三者的增速均显著下降。

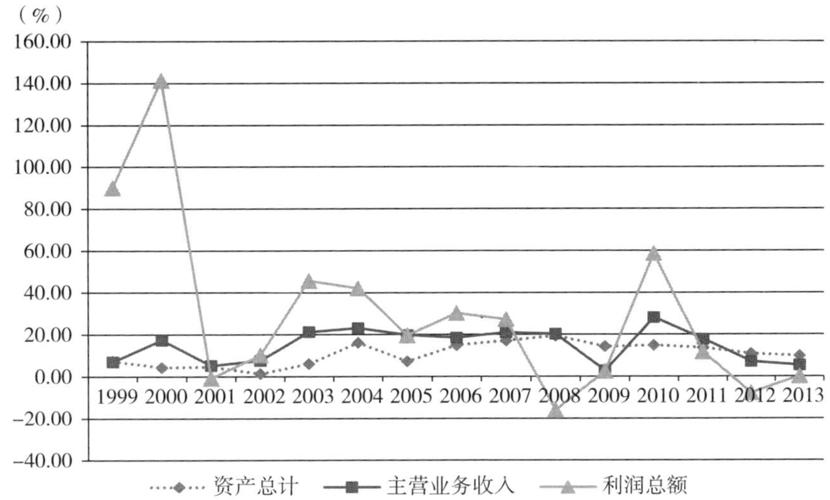


**图5 规模以上国有工业企业资产、主营业务收入和利润总额的增长率**

数据来源：国家统计局。

## （三）国有资本实现了保值增值，但需要大幅提升来自企业自身经营努力的占比

2003～2014年期间，全国国有企业国有资本保值增值率12年平均为

113.58%[①]，最高为118.95%（2007年），最低为108.23%（2003年）；期间每年全国国有企业实现了国有资本增值。

但是对2008～2014这7年间全国国有企业国有资产变动情况进行分析，我们注意到，国有资本及权益增加的来源中，经营积累平均占比为40.29%，最高为46.29%（2011年），最低为36.62%（2008年），见图7。也就是说，国有

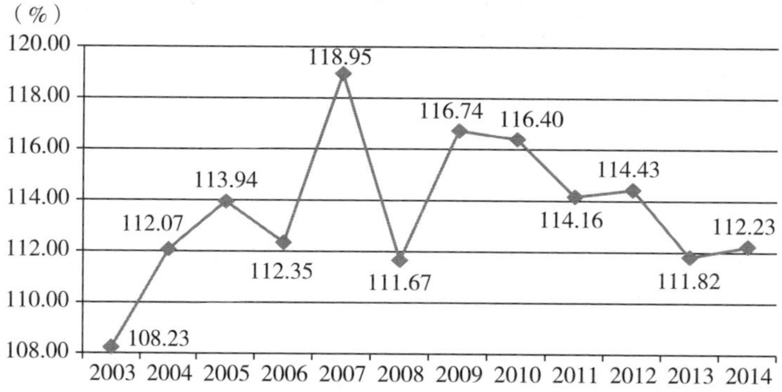


**图6 全国国有企业国有资本保值增值率**

数据来源：根据财政部相关数据计算。

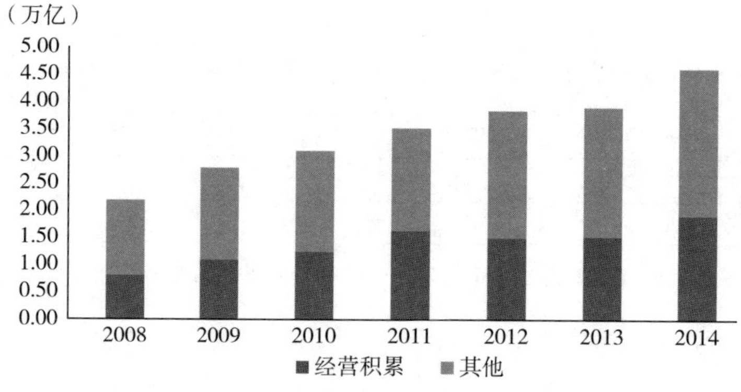


**图7 历年国有资本及权益增加（2008～2014年）**

数据来源：财政部。

① 按照国资委国有资本保值增值率公式计算，即以年末国有资本除以年初国有资本。

资本及权益的增加，来自企业经营努力的占比不到一半，更多的是来自国家或国有单位直接或追加投资、无偿划入、资产评估增加、中央和地方政府确定的其他因素等。

## （四）国有企业资产负债率不断上升

由于自2008年开始，统计口径发生变化，对国有企业清产核资后，计入了土地等资产，使得全国国有企业资产负债率较为明显地下降。因此，如果计入统计口径变化因素的影响，全国国有企业资产负债率实际呈平稳上升态势，这在2008年之后表现得尤为清楚。

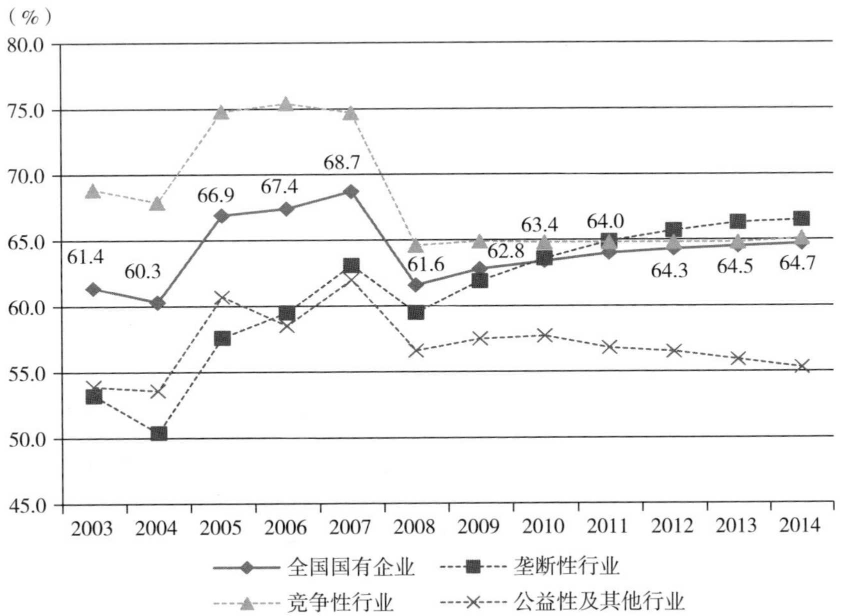


**图8　全国国有企业资产负债率**

数据来源：财政部。

## 二、国有企业经营绩效逊于非国有企业

### （一）规模以上国有工业企业的经营绩效逊于其他所有制类型工业企业[①]

#### 1. 国有企业拥有最多资产但未产生最多的收入和利润，且政府补助约占利润总额的15%

从1998至2013年这16年间，规模以上工业企业中，国有企业、私营企业和外资企业的总资产分别从 7.49万亿、0.15万亿和2.13万亿，增加到34.27万亿、17.48万亿和18.56万亿，分别增长4.57倍、116.53和8.71倍；主营业务收入分别从3.36万亿、0.18万亿和1.56万亿，增加到 25.82万亿、32.97万亿和24.14万亿，分别增长7.69倍、183.17和15.47倍；利润总额分别从 0.053万亿、0.0067万亿和0.042万亿，增加到1.52万亿、2.09万亿和1.46万亿，分别增长28.68倍、311.94和34.76倍。

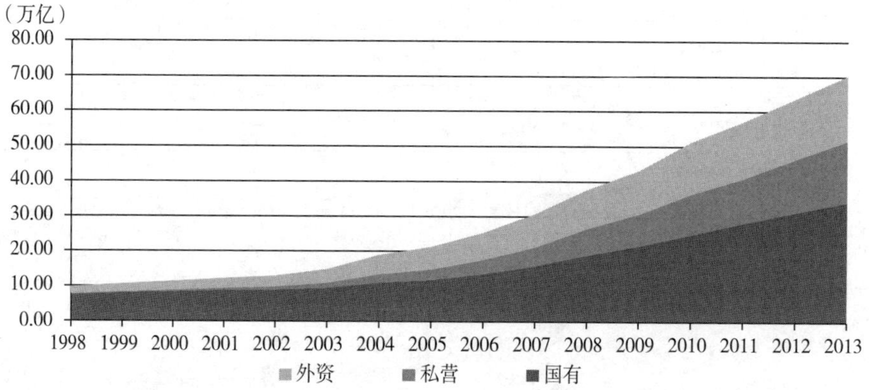


**图9 规模以上工业企业中国有企业、私营企业和外资企业资产情况**

数据来源：国家统计局。

① 我们利用国家统计局历年《中国统计年鉴》的公开数据，对国有企业、私营企业和外资企业的经营绩效进行多方面比较。本部分如未做说明，则所涉及的企业范围为规模以上工业企业。

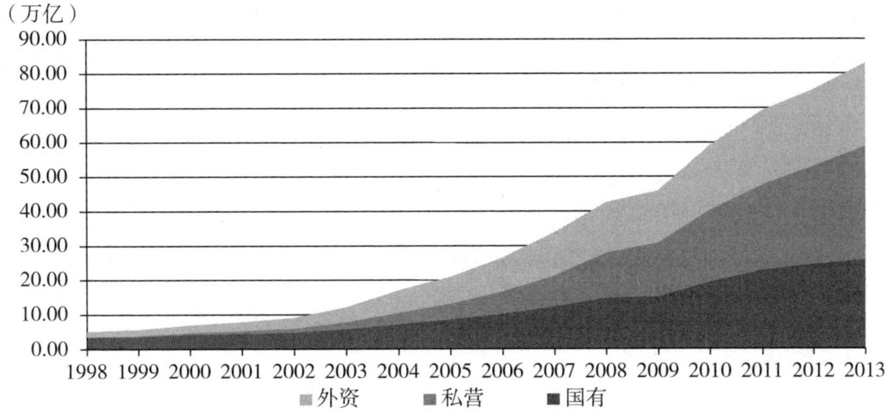


**图10　规模以上工业企业中国有企业、私营企业和外资企业主营业务收入**

数据来源：国家统计局。

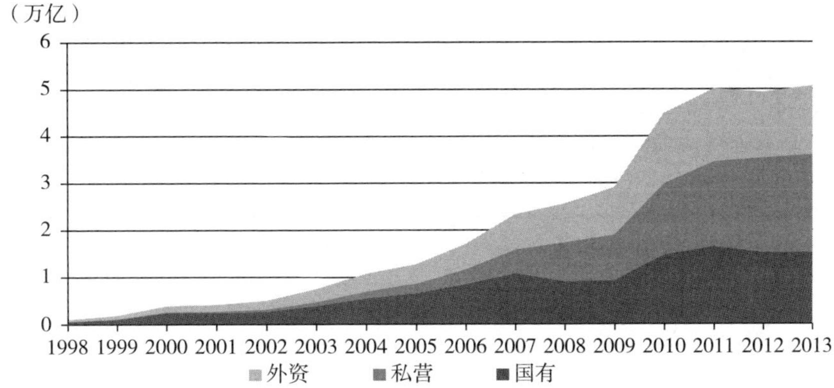


**图11　规模以上工业企业中国有企业、私营企业和外资企业利润总额**

数据来源：国家统计局。

可以看出，虽然国有企业群体拥有最多的资产，但却没有创造出最多的营业收入和利润；相反，私营企业的总资产最少，却创造了最多的营业收入和利润。私营企业的资产利用效率远高于国有企业：2014年规模以上工业企业中，国有企业以1.33元的资产才产生1元的营业收入（这已经好于全国国有企业2.28元的国有资产仅产生1元的营业收入）；而私营企业以0.53元的资产就产生了1元的营业收入，外资企业也以0.77元的资产产生了1元的营业收入。当然，这一现象，可能也与产业分布、经营效率等多种因素有关。

此外，我们还利用财政部数据进一步分析了2003～2014年期间全国国有企业的利润来源。12年平均下来，营业外收入占利润总额的比例为18.22%，其中政府补助占利润总额的比例为14.97%（见图12）。也就是说，国有企业承担了不少社会责任和政策性任务，但相应地也得到了政府补贴，而且比例也比较高（关于政府补贴是否覆盖相关成本，目前还存在较大争议）。如果刨除政府补助，全国国有企业的净资产利润率、成本费用利润率、销售利润率和人均利润等财务效益指标要下降近15个百分点。

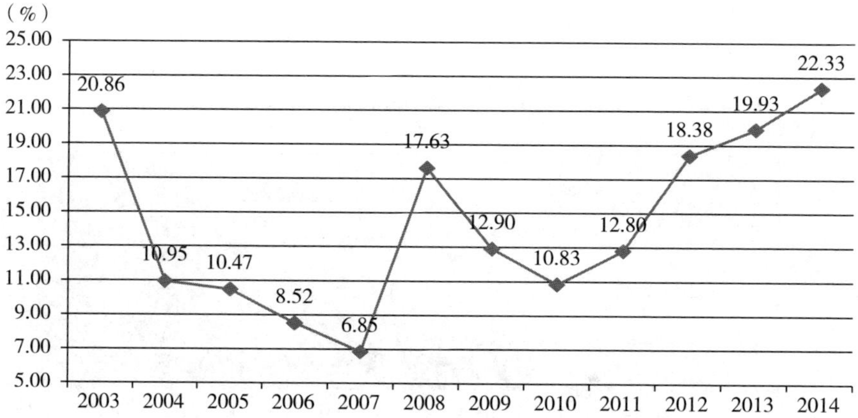


**图12 政府补助占全国国有企业利润总额比例**

数据来源：财政部。

### 2.国有企业的总资产报酬率和净资产收益率不及私营企业的一半，竞争性国有企业的销售利润率只有非国有企业的七至八成左右

从1998至2013年这16年间，国有企业的总资产报酬率和净资产收益率一直低于私营企业和外资企业，且差距在2006年之后均呈扩大趋势。16年平均，私营企业、外资企业和国有企业的总资产报酬率分别为8.49%、6.73%和4.27%，净资产收益率分别为19.84%、15.40%和10.51%。如以2011～2013这3年平均，总资

产报酬率方面，私营企业最高（13.13%）、外资企业次之（8.51%）、国有企业最低（5.05%）；净资产收益率方面，同样是私营企业最高（28.84%）、外资企业次之（19.63%）、国有企业最低（13.11%）。可以发现，近年来国有企业的总资产报酬率和净资产收益率已经不及私营企业的一半。

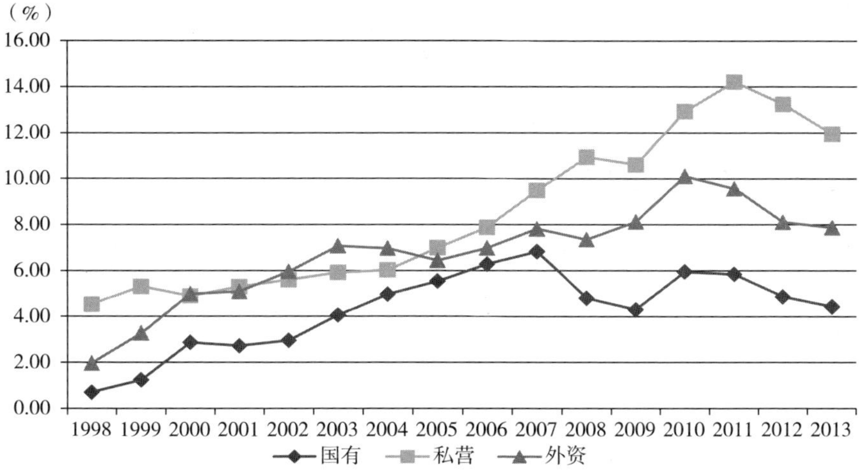


**图13　总资产报酬率比较**

数据来源：国家统计局。

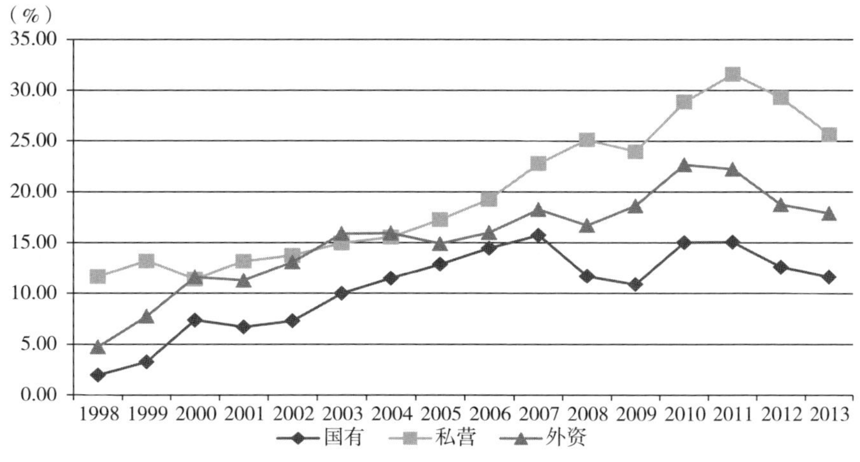


**图14　净资产收益率比较**

数据来源：国家统计局。

经过三年攻坚脱困后，从2000年开始，国有企业的销售利润率出现明显改善，在2003至2007年间最好。2008年金融危机后，国有企业、私营企业和外资企业三者的销售利润率呈现趋同态势。16年平均，国有企业、私营企业和外资企业的销售利润率依次分别为6.19%、5.25 %和5.81%，国企表现相对更好。如以2011至2013年这近三年平均，三者的销售利润率差异不大、出现趋同，但是已经逆转为私营企业最高（6.91%）、外资企业次之（6.50%）、国有企业最低（6.42%）。也就是说，近年来国有企业相对于其他所有制类型企业，在销售利润率方面的优势也已不复存在。

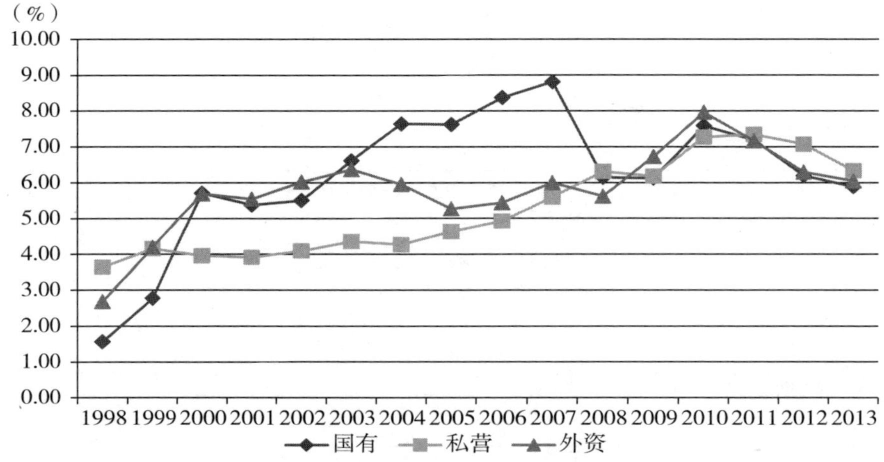


**图15 销售利润率比较**

数据来源：国家统计局。

利用财政部数据进一步分析全国国有企业净利润来源的构成，发现从2003至2014年这12年间，垄断性行业国有企业的营业收入占比虽为 22.1%左右，但却创造了41.1%的利润；公益性及其他行业国有企业的营业收入占比仅为4.3%，也创造了7.0 %的利润；竞争性国有企业的营业收入占比虽达到73.6%，但却只创造了51.9 %的利润，在三者中销售利润率最低。如果刨除垄断性因素和公益性影响，全国国有企业的销售利润率可能还要下降约30%。实际上，2003至2014 年这12年平均，全国竞争性国有企业销售利润率为4.53%，约为私营企业（5.84%）的77.48%和外资企业（6.26%）的72.28%。

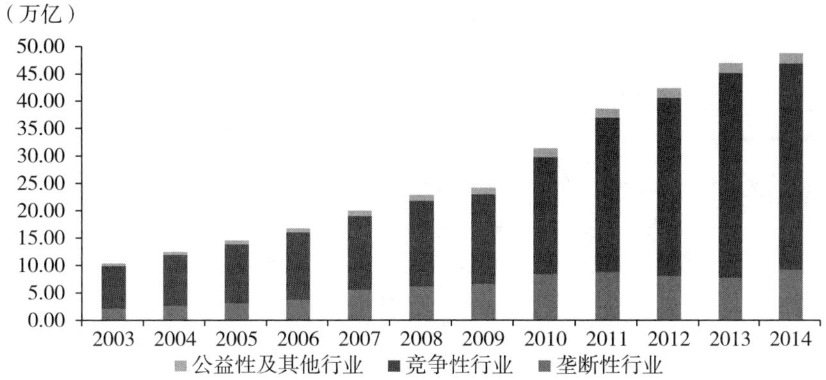


**图16　全国国有企业营业收入来源构成**

数据来源：财政部。

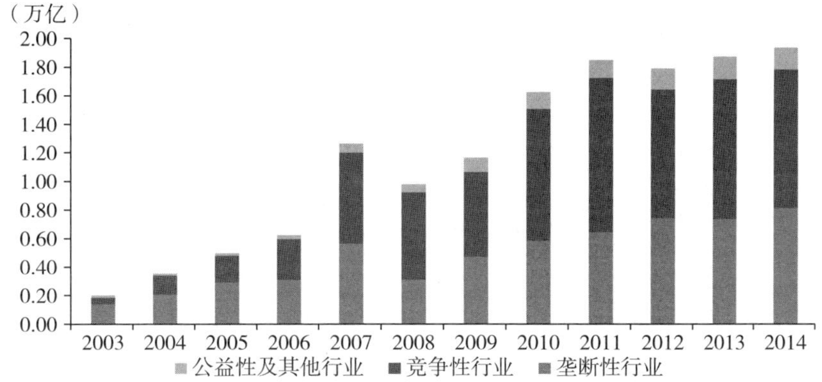


**图17　全国国有企业净利润来源构成**

数据来源：财政部。

### 3.国有企业的资产、收入和利润增长较慢

此外，以平均增速计，不论是资产总额、主营业务收入还是利润总额，均为私营企业增长最快、国有企业增长最慢，国有企业发展增速远低于私营企

业，且增速差距很大。直接的结果是，国有企业在资产总额、主营业务收入和利润总额上的占比分别从2003年的76.66%、65.79%和 51.94% 下降到2013年的48.74%、31.14%和29.99%。如果按照目前的趋势发展下去，预计快则2020年左右、慢则不超过2040年，私营企业拥有的资产总额也将超过国有企业。

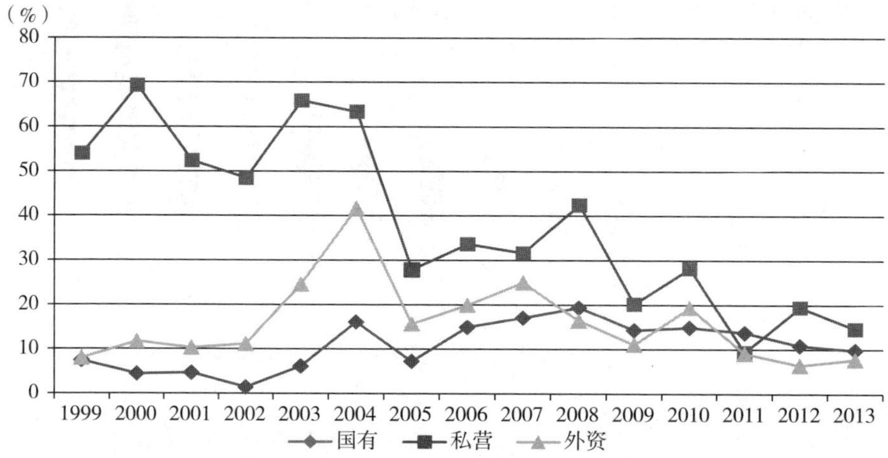


**图18　规模以上工业企业中不同类型企业资产增长率**

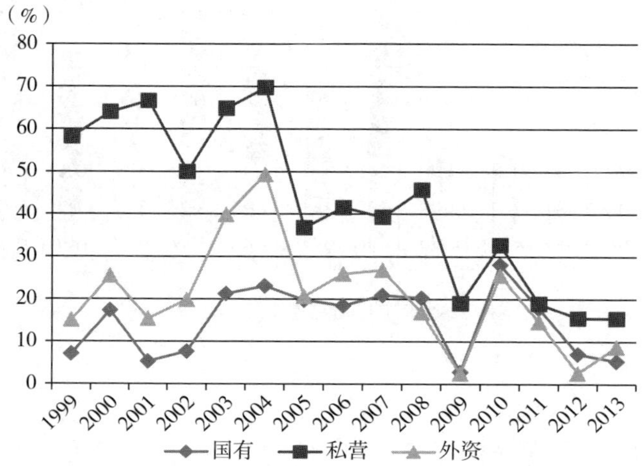


**图19　规模以上工业企业中不同类型企业主营业务收入增长率**

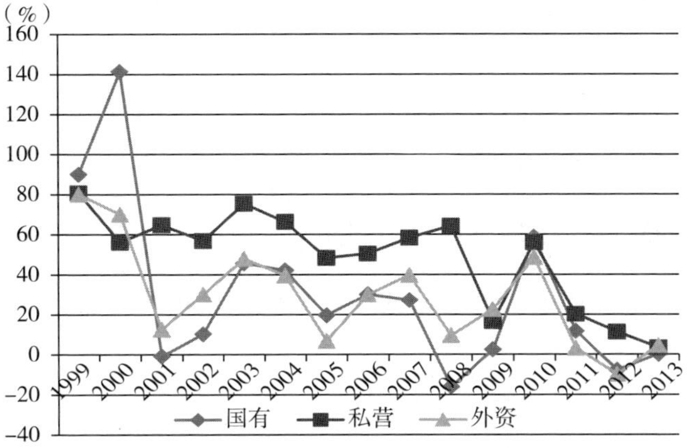


**图20 规模以上工业企业中不同类型企业的利润总额增长率**

**表1 1999～2013年规模以上工业企业中不同类型企业的资产、主营业务收入及利润总额（万亿）**

| 年份 | 资产总计 | | | 主营业务收入 | | | 利润总额 | | |
|---|---|---|---|---|---|---|---|---|---|
| | 国有 | 私营 | 外资 | 国有 | 私营 | 外资 | 国有 | 私营 | 外资 |
| 1999 | 7.42 | 53.95 | 7.93 | 7.10 | 58.24 | 15.14 | 90.02 | 80.70 | 80.10 |
| 2000 | 4.40 | 69.22 | 11.71 | 17.39 | 64.00 | 25.49 | 141.35 | 56.09 | 70.11 |
| 2001 | 4.63 | 52.36 | 10.27 | 5.31 | 66.60 | 15.42 | −0.82 | 64.78 | 12.51 |
| 2002 | 1.36 | 48.42 | 11.14 | 7.65 | 49.97 | 19.86 | 10.23 | 56.84 | 30.10 |
| 2003 | 6.09 | 65.82 | 24.58 | 21.28 | 64.84 | 39.82 | 45.70 | 75.35 | 47.95 |
| 2004 | 16.07 | 63.33 | 41.62 | 23.10 | 69.70 | 49.30 | 42.15 | 66.32 | 39.55 |
| 2005 | 7.22 | 27.82 | 15.66 | 19.80 | 36.77 | 20.67 | 19.56 | 48.32 | 6.83 |
| 2006 | 14.90 | 33.60 | 19.90 | 18.50 | 41.52 | 25.93 | 30.15 | 50.48 | 30.02 |
| 2007 | 17.04 | 31.57 | 24.98 | 20.92 | 39.28 | 26.85 | 27.22 | 58.37 | 39.81 |
| 2008 | 19.36 | 42.35 | 16.37 | 20.30 | 45.69 | 16.83 | −16.04 | 64.28 | 9.50 |
| 2009 | 14.26 | 20.16 | 11.00 | 2.84 | 19.07 | 2.49 | 2.47 | 16.57 | 22.62 |
| 2010 | 14.84 | 28.18 | 19.34 | 28.11 | 32.72 | 25.60 | 58.69 | 56.05 | 48.60 |
| 2011 | 13.69 | 9.31 | 9.04 | 17.78 | 18.98 | 14.61 | 11.67 | 20.22 | 3.16 |
| 2012 | 10.80 | 19.41 | 6.38 | 7.07 | 15.51 | 2.61 | −7.79 | 11.22 | −9.86 |
| 2013 | 9.80 | 14.57 | 7.71 | 5.37 | 15.43 | 8.76 | 0.12 | 3.39 | 4.53 |
| 1999～2013平均 | 10.79 | 38.67 | 15.84 | 14.83 | 42.55 | 20.63 | 30.31 | 48.60 | 29.04 |
| 2011～2013平均 | 11.43 | 14.43 | 7.71 | 10.07 | 16.64 | 8.66 | 1.33 | 11.61 | −0.72 |

资料来源：国家统计局。

## （二）竞争性国有企业的经营绩效逊于外资企业

我们还利用财政部数据，选择了竞争性国有企业与外资企业进行比较。如下图21至图25，可以看出，除人均利润外[①]，不论是总资产报酬率、净资产收益率、总资产周转率，还是成本费用利润率、资产负债率，竞争性国有企业都逊于外资企业。这与利用国家统计局数据所得的结果是基本一致的。

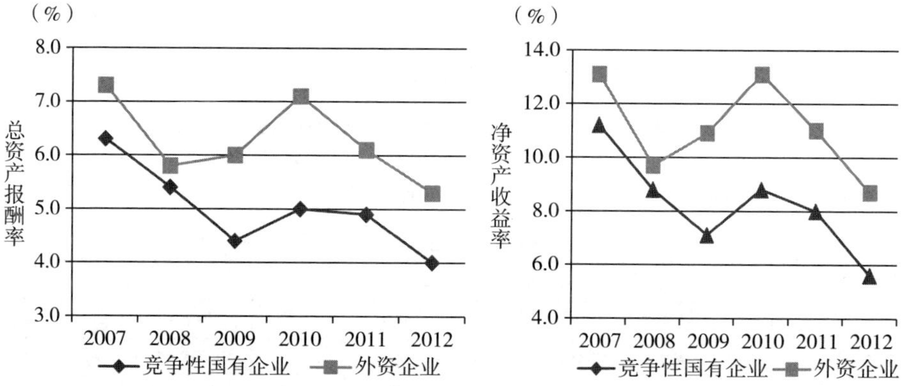


**图21　竞争性国有企业与外资企业的总资产报酬率、净资产收益率比较**

数据来源：财政部。

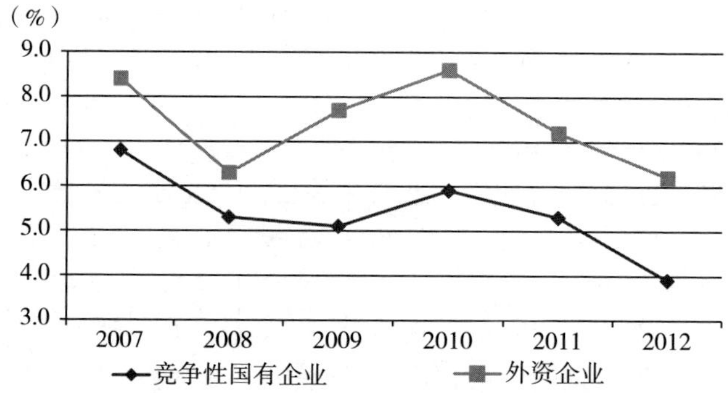


**图22　竞争性国有企业与外资企业的成本费用利润率比较**

数据来源：财政部。

---

① 外资企业人均利润较低，与其主要分布于劳动力密集型行业和来料加工的生产方式有关，也可能与其利润转移有关。此外，外资企业和国有企业在对待员工身份上也有差别，国有企业往往不计入大量的劳务派遣用工。

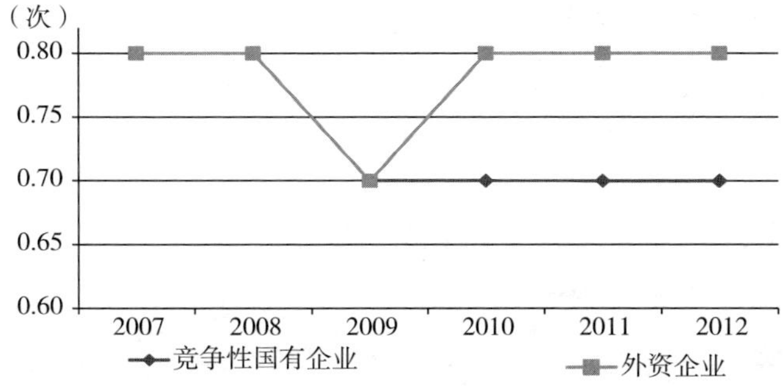


**图23 竞争性国有企业与外资企业的总资产周转率比较**

数据来源：财政部。

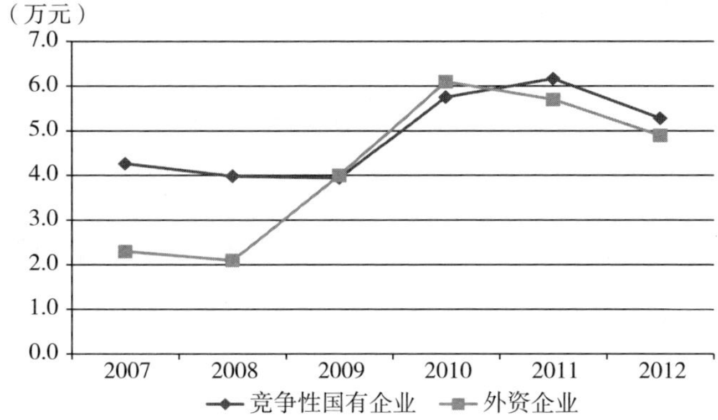


**图24 竞争性国有企业与外资企业的人均利润比较**

数据来源：财政部。

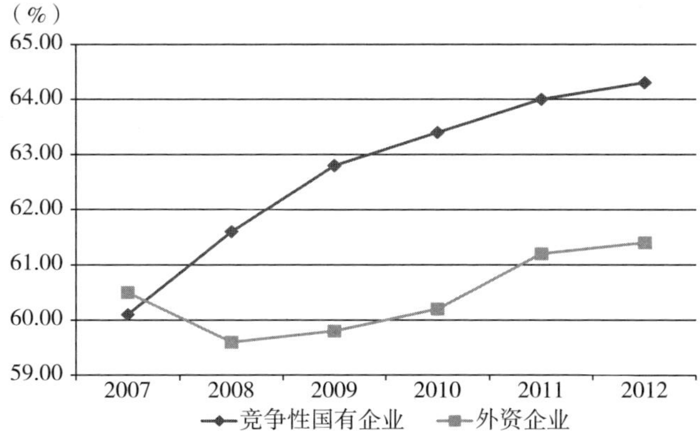


**图25 竞争性国有企业与外资企业的资产负债率比较**

数据来源：财政部。

### （三）国有企业近期的营业总收入和利润总额出现负增长，国企亏损面近年（2013～2015）有扩大化趋势

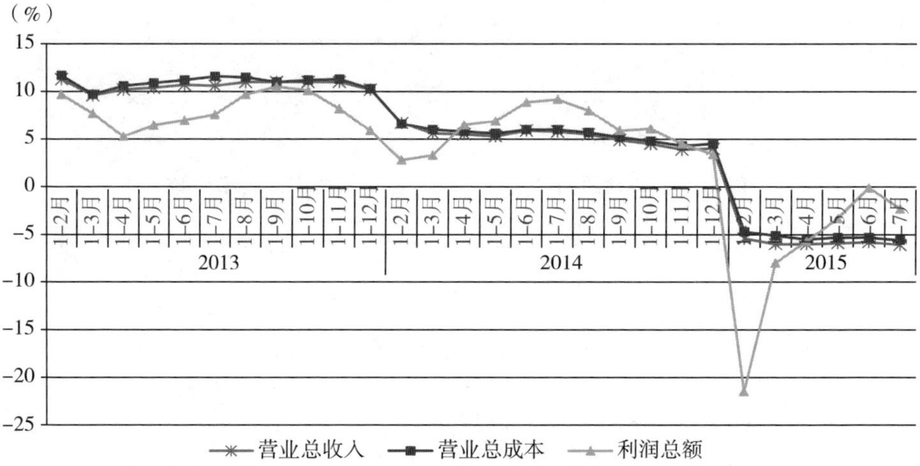


**图26　2013.1～2015.7国有企业营业总收入、营业总成本和利润总额增长率**

数据来源：财政部。

可以看出，近两年多来全国国有企业的营业总收入和利润总额增幅呈下降趋势。2014年，全国国有企业利润总额同比增幅持续放缓，净资产收益率、成本费用利润率、存货周转率和应收账款周转率分别比上年下降7.3%、1.9%、7.3%和10.9%；资产负债率比上年上升0.2%。而进入2015年后，相关指标同比大幅下降，甚至出现了负增长。虽然各项稳增长政策和改革措施开始逐渐发挥作用，国有企业的利润降幅收窄，但2015年1～7月，国有及国有控股企业的营业总收入和利润总额仍处于负增长区间。国有企业还需要打起精神、继续努力，在降本增效方面下大力气和真功夫。

近年来，国有企业的亏损面也在增加。财政部关于全国国有企业和统计局关于不同所有制类型工业企业亏损面的情况，都显示了这一趋势。此外，可以看出，相较于非国有企业而言，国有企业受经济新常态的影响更大。

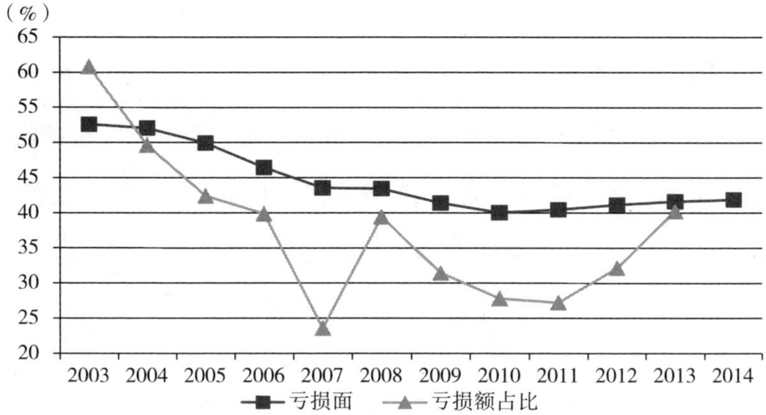


**图27 国有企业亏损面、亏损额占比**

数据来源：财政部。

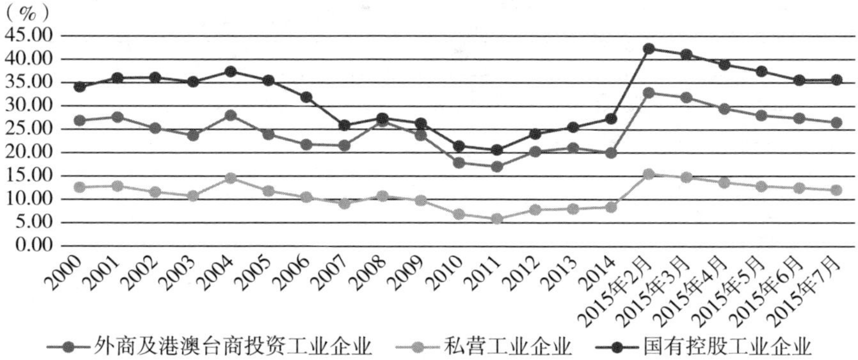


**图28 不同所有制类型工业企业亏损面情况**

数据来源：国家统计局。

## 三、国有企业促进经济增长的直接贡献在“弱化”

自改革开放以来，国有经济在国民经济中的比重已经大幅下降。从这个角度看，并不存在所谓的“国进民退”现象。以工业企业为例，不论是企业户数、工业总产值和资产，还是主营业务收人、利润总额和上交增值税，国有工业企业在工业企业中的占比一直呈较为明显的下降趋势[①]，目前国有工业企业在这六个方面的比重都已降到40%以下（见图29）。2013年，民营工业企业除了总资产（17.48万亿）、所有者权益（8.14万亿）和本年应交增值税（0.90万亿）低于国有企业（34.27万亿、13.05万亿和1.00万亿）外，主营业务收入（32.97万亿）、利润总额（2.09万亿）都超过了国有企业（25.82万亿、1.52万亿），年平均从业人员也早已超过了国有企业[②]。

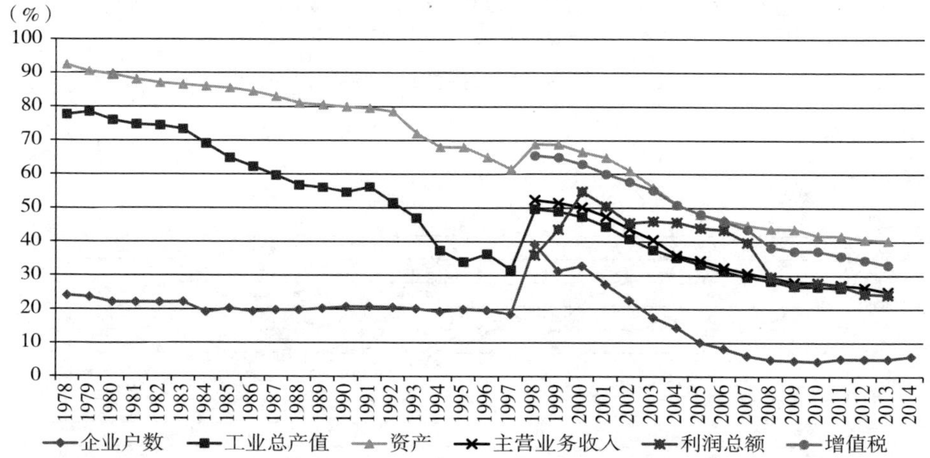


**图29 国有工业企业的户数、工业产值、资产、主营业务收入、利润总额、增值税的占比**

说明：（1）1985～1997年企业单位数和工业总产值包括村及村以下工业；（2）1996年及以后年份国有企业为国有及国有控股企业；（3）1998～2006年工业企业单位统计范围为全部国有及年产品销售收入在500万元以上非国有工业企业，2007年以后为年主营业务收入在500万元以上企业；（4）从2011年起，规模以上工业企业起点标准由原来的年主营业务收入500万元提高到年主营业务收入2000万元；（5）2014年数据为月度数据加总获得。

数据来源：1970～2008年数据来自《新中国60年中国统计资料汇编》，2008年后数据来自中国统计局年度数据/月度数据。

① 1977～1997年的工业企业是全部工业企业，国有企业是全部国有企业；1998年之后，统计局不再统计全部工业企业，而只统计规模以上工业企业，但是所有的国有企业仍然纳入统计，所以国有工业企业的数量、工业总产值和资产的比重在1998年有一个跳升。如果剔除这个影响，国有企业的户数、工业总产值和资产比重的大致趋势是与持续下降是一致的。

② 实际上，民营工业企业的销售收入和利润总额在2009年就已经超过国有企业，年平均从业人员在2006年超过国有企业。

国有企业不仅在国民经济中的比重下降，而且在促进经济增长中的效率相对最低，一定程度上对整个经济体系构成“增长拖累”。仍以工业企业为例，如果以每亿元资产对应的主营业务收入、利润总额、所有者权益、应交增值税以及年平均从业人员进行对比，国有企业全面落后于民营企业。就单位资产提供的主营业务收入、利润总额、所有者权益、就业、税收等各项指标而言，均为民营工业企业最高、国有工业企业最低（见图30、图31）。此外，在出口交货值方面，国有工业企业占比降低、效率相对最低。以单位资产出口交货值比较，2012年，国有工业企业仅为0.03，而民营工业企业为0.1，外资工业企业为0.42。在工业销售产值方面，国有工业企业同样是占比降低、效率相对最低。以单位资产的销售产值比较，2012年，国有工业企业为0.73，而民营工业企业为1.87，外资工业企业为1.28。在固定资产投资方面，国有工业企业已经失去主体地位，民营工业企业（占比为27.16%）已于2013年超过国有企业（占比为24.61%）。

就创新而言，国有企业不仅在研发投入、科研人员数量等方面被民营企业超过，而且研发效率相对较低，这使得其在专利产出方面的效率远远低于民营企业（见图32）。

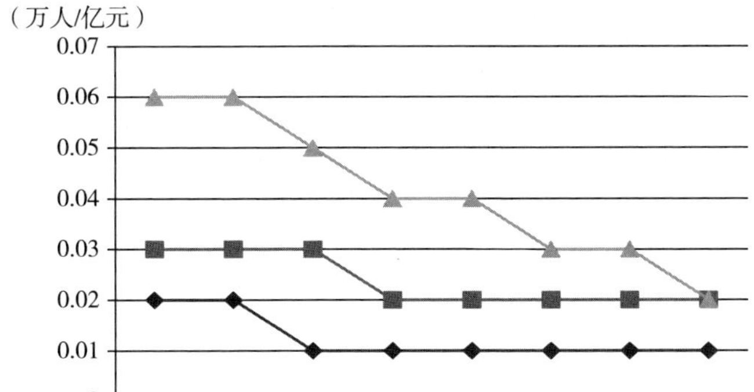


**图30　国有工业企业单位资产提供的就业低于其他所有制类型企业**

数据来源：国家统计局。

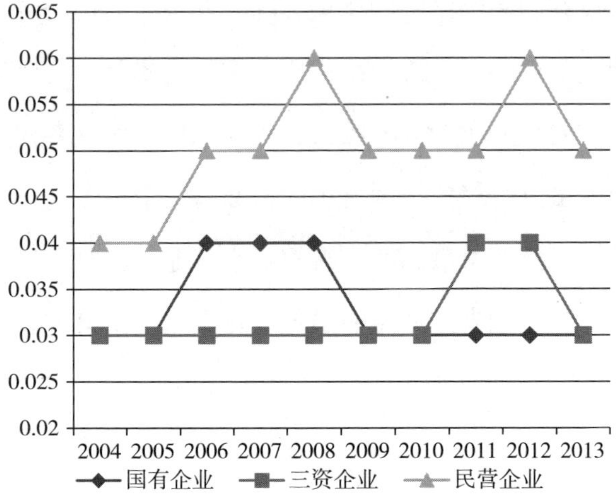


**图31　国有工业企业单位资产提供的增值税收低于民营企业**

数据来源：国家统计局。

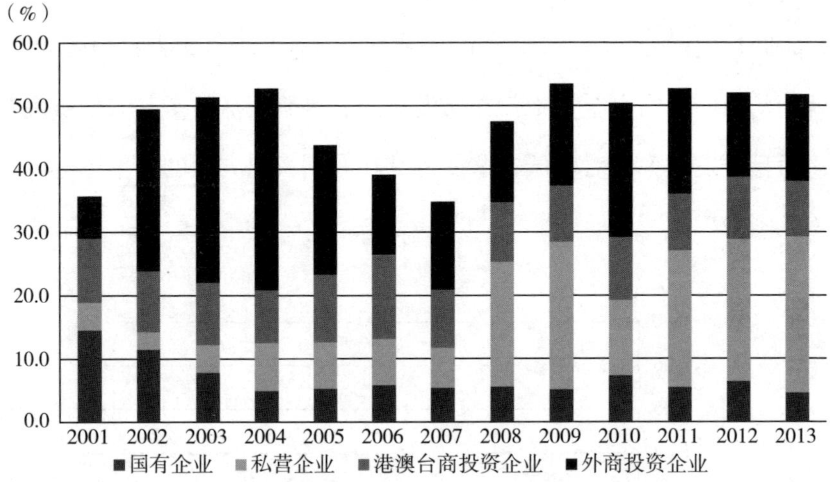


**图32　不同所有制企业申请发明专利数量的总体占比**

数据来源：《中国科技统计年鉴（2002～2014）》。

综上，这不仅印证了其他部分关于国有企业经营绩效低于非国有企业的判断，也说明了国有企业在促进经济增长方面的作用在“弱化”——当然，这一方面是由于非国有经济更具效率优势、发展更快；另一方面也是由于国有经济主动实施战略性调整的“有进有退”，客观上为民营经济腾挪出了更大发展空间。从这个角度出发，还不能简单地完全以国有企业在国民经济中的占比升降来判断其对经济增长的实际贡献。

## 四、国有企业“一股独大”问题仍较突出，国有资本流动性不强

国有企业的股权结构仍不够优化和平衡，“一股独大”问题仍普遍存在，导致公司治理失衡、内部监督缺失，提供了内部人控制的土壤；国有资本流动性不强，使得来自资本市场的监督和压力失灵，难以转化为治理能力和发展动力。

### （一）国有企业中国有股“一股独大”问题仍然突出

从全国整体情况来看，2014年全国国有企业中国有股权比重（按国有资本总量占企业净资产总量的比重来计算）的比例为79.96%，而且从2007年以来一直保持在80%左右，个别年份国有股比重甚至略有上升。

**表2　　2003～2014年全国国有企业国有股比重状况表**

| 年度 | 户数 | 所有者权益（亿元） | 国有资本（亿元） | 国有股比重（%） |
|---|---|---|---|---|
| 2003 | 145696 | 79489.91 | 68292.02 | 85.91 |
| 2004 | 136270 | 85609.72 | 72629.10 | 84.84 |
| 2005 | 125638 | 97637.18 | 82041.30 | 84.03 |
| 2006 | 116090 | 111807.09 | 92628.30 | 82.85 |
| 2007 | 111937 | 132227.06 | 107710.12 | 81.46 |
| 2008 | 109664 | 157065.36 | 126961.20 | 80.83 |
| 2009 | 110799 | 183858.23 | 148368.38 | 80.70 |
| 2010 | 113712 | 216618.20 | 172791.84 | 79.77 |

续表

| 年度 | 户数 | 所有者权益（亿元） | 国有资本（亿元） | 国有股比重（%） |
|---|---|---|---|---|
| 2011 | 135682 | 255883.59 | 203096.76 | 79.37 |
| 2012 | 146771 | 299940.85 | 240275.61 | 80.11 |
| 2013 | 155319 | 349895.51 | 280359.14 | 80.13 |
| 2014 | 160515 | 395150.27 | 315944.43 | 79.96 |

资料来源：根据财政部数据整理。

即使在国有上市公司中，国有股一股独大、股权结构集中等问题依然存在。如图33所示，2014年国有上市公司第一大股东所持股份占比平均达到了40%左右，高于非国有企业的32%；即国有上市企业第一大股东的持股比例高出非国有上市企业约25%。从趋势来看，虽然2003～2005年，国有企业第一大股东持股占比有所下降，但从2006年开始基本保持稳定态势。我们还采用了赫芬达尔—赫希曼指数作为衡量指标①，比较了国有企业与非国有企业前三大股东的持股集中度，结果如图34所示。可以看出，国有企业前三大股东的持股集中度高出非国有企业大概30%。

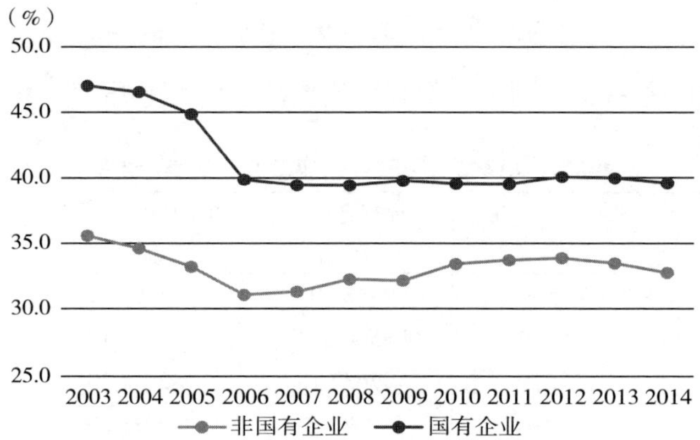


**图33　第一大股东持股占比**

数据来源：万德数据库。

① 具体算法如下：$HHI_3=\sum_{i=1}^{3}S_i^2$，其中，$HHI_3$为前三大股东的持股集中度。$S_i$为第i大股东的持股比例。该指标取值范围为0～1，越接近0表示股权越分散，越接近1表示股权越集中。

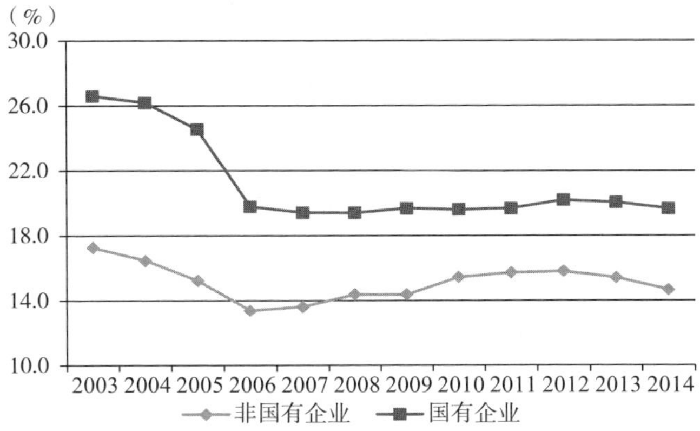


**图34 前三大股东持股集中度**

数据来源：万德数据库。

## （二）国有资本流动性相对过低[①]

2014年，国有资本控股的上市公司总资产95.94万亿、归属母公司所有者权益12.94万亿，占全部国有企业总资产的 86.16%和国有资本的40.96 %。也就是说，全国国有资本的证券化率大概在41%左右。

从中央层面看，目前中央工商类企业的资产证券化率大约在68%左右，国务院国资委希望在2015年央企资产证券化率达到80%。从地方上来看，目前多数省份的国资证券化率不到30%，如湖北国有资本证券化率在13%左右，广东省属国有企业证券化率在20%左右；即使是在国资证券化方面走在前列的上海，国资证券化率也只是在38%左右。目前已有20个省市明确了国有资产证券化率目标，一般都在50%以上。这说明我国国有资产虽然具备了一定的流动性条件，但条件还不是很好，实际流动性则更低。此外，我们利用上市公司的年

① 国有资本的流动性主要在两方面体现，一是要使国有资产具备流动的可能性，主要手段是国有资产股权化（通过公司制、股份制改造来完成）和国有股权证券化，以此赋予国有资产流动性；另一方面是国有股权要通过市场化交易实现正常流动，竞争性领域的国有资本也可以通过“以脚投票”等方式对企业经营层产生适当压力，交易价格能合理反映企业经营绩效。

日均换手率分析其资本流动性，结果发现，国有上市公司的日均换手率显著低于非国有上市公司的日均换手率：2003～2014这12年平均，非国有上市公司的日均换手率（0.034573%）比国有上市公司（0.022396%）高出54.37%。这也间接反映了国有企业的资本流动性明显低于非国有企业。

## 五、国有资本在竞争性领域大量分布并过多地集中于产能过剩行业，而在战略性新兴领域布局相对过少

当前国有经济布局仍然不尽合理，除了国有企业结构不合理外[①]，还突出地表现为国有资本的行业布局结构不合理。

### （一）国有企业和国有资本主要集中于竞争性领域且还在增加

从国有企业的户数行业分布来看，竞争性行业的国有企业占比在2003至2010年间呈下降趋势，在2010后开始上升；垄断性行业的国有企业占比在2003至2012年间呈平稳上升态势，2012年后基本保持稳定；公益性及其他行业的国有企业占比在2003至2010年间呈上升趋势，自2010后开始下降。可见，近几年新增的国有企业主要分布于竞争性和垄断性行业。

从国有资本的三大基本行业分布来看，垄断性行业占比显著下降，从2003年的49.44%下降到2014年的30.08%；公益性行业经历了一个先升后降然后趋于平稳的过程，在2010年占比达到高点17.05%，目前稳定在13.63%左右；竞争性行业的国有资本分布增加明显，从2003年的39.51%上升到2014年的

① 具体表现为：截至2014年底，国有中小企业和地方国有企业（尤其是县市级国有企业）仍然较多，户数占比分别为94.55%和66.27%；非公司制企业和国有独资企业占比分别仍有13.88%和37.34%。

56.29%。此外，无论是国有企业主营收入的行业分布和来源构成，还是国有企业的净利润来源构成，均主要来自竞争性行业。可见，国有资本不仅大量、广泛地分布于竞争性领域，而且不论是占比还是绝对量都还在显著增加。

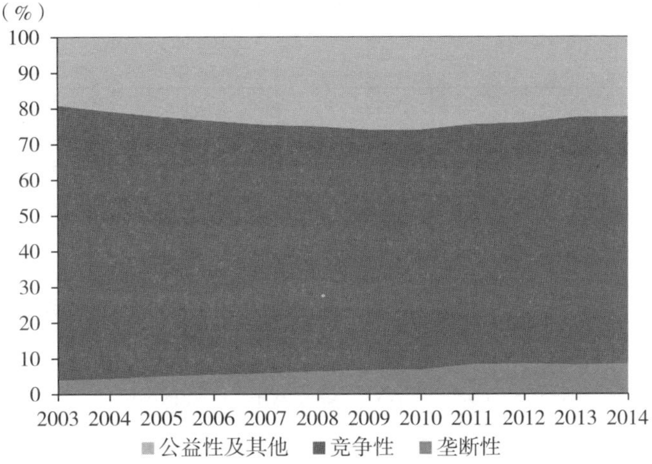


**图35　国有企业户数的行业分布变化**

数据来源：财政部。

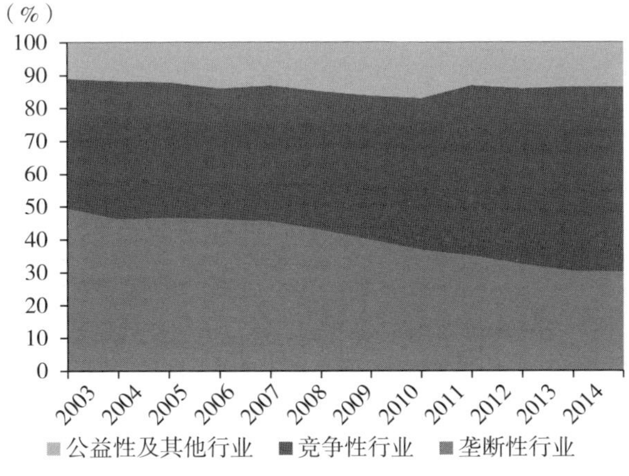


**图36　国有资本的行业分布变化情况**

数据来源：财政部。

再进一步细分，可以发现国有资产及与其密切相关的企业户数、从业人员等，主要分布在工业、社会服务业、交通运输仓储业、房地产业和建筑业。从国企分布最为集中的工业来看，国有资产又主要分布在石油石化、电力、机械、冶金和市政公用工业等领域，这其中以竞争性领域为主。

**表3　　2014年底全国国有企业行业分布表**

| 按行业分类 | 户数 | 户数占比（%） | 年末从业人员人数（万人） | 从业人员占比（%） | 年末合计国有资产总量（亿元） | 国有资产总量占比（%） |
|---|---|---|---|---|---|---|
| （一）农林牧副渔业 | 6775 | 4.22 | 377.9 | 8.49 | 3371.3 | 1.00 |
| （二）工业 | 42698 | 26.60 | 2169.2 | 48.74 | 112258.4 | 33.32 |
| （三）建筑业 | 9679 | 6.03 | 405.8 | 9.12 | 19728.7 | 5.86 |
| （四）地质勘查及水利业 | 1634 | 1.02 | 16.4 | 0.37 | 3493.6 | 1.04 |
| （五）交通运输仓储业 | 16992 | 10.59 | 520.0 | 11.68 | 44303.8 | 13.15 |
| （六）邮电通信业 | 1256 | 0.78 | 215.1 | 4.83 | 16802.6 | 4.99 |
| （七）批发和零售业 | 24448 | 15.23 | 251.5 | 5.65 | 14387.1 | 4.27 |
| （八）房地产业 | 14927 | 9.30 | 84.7 | 1.90 | 27232.4 | 8.08 |
| （九）信息技术服务业 | 1759 | 1.10 | 19.8 | 0.44 | 776.5 | 0.23 |
| （十）社会服务业 | 24165 | 15.05 | 206.2 | 4.63 | 81087.9 | 24.07 |
| （十一）机关社团及其他 | 16182 | 10.08 | 183.8 | 4.13 | 13505.6 | 4.01 |
| 合计 | 160515 | 100.00 | 4450 | 100.00 | 336948 | 100.00 |

资料来源：根据财政部数据整理计算。

**表4　　2014年底全国工业国有企业行业分布表**

| 工业子行业分类 | 户数 | 户数占比（%） | 年末从业人员人数（万人） | 从业人员占比（%） | 年末合计国有资产总量（亿元） | 国有资产总量占比（%） |
|---|---|---|---|---|---|---|
| 1. 煤炭工业 | 2528 | 5.92 | 332.6 | 15.33 | 7760.7 | 6.91 |
| 2. 石油和石化工业 | 836 | 1.96 | 214.0 | 9.87 | 28834.8 | 25.69 |
| 3. 冶金工业 | 2795 | 6.55 | 208.7 | 9.62 | 9912.1 | 8.83 |
| 其中：钢铁工业 | 1021 | 2.39 | 128.8 | 5.94 | 7318.5 | 6.52 |
| 4. 建材工业 | 2928 | 6.86 | 64.4 | 2.97 | 1437.4 | 1.28 |

**续表**

| 工业子行业分类 | 户数 | 户数占比（%） | 年末从业人员人数（万人） | 从业人员占比（%） | 年末合计国有资产总量（亿元） | 国有资产总量占比（%） |
|---|---|---|---|---|---|---|
| 5. 化学工业 | 3117 | 7.30 | 114.2 | 5.26 | 3309.0 | 2.95 |
| 6. 森林工业 | 169 | 0.40 | 2.0 | 0.09 | –14.3 | –0.01 |
| 7. 食品工业 | 2021 | 4.73 | 36.2 | 1.67 | 600.6 | 0.54 |
| 8. 烟草工业 | 161 | 0.38 | 22.4 | 1.03 | 6409.9 | 5.71 |
| 9. 纺织工业 | 509 | 1.19 | 20.4 | 0.94 | 302.2 | 0.27 |
| 10. 医药工业 | 841 | 1.97 | 30.7 | 1.42 | 777.1 | 0.69 |
| 11. 机械工业 | 7654 | 17.93 | 299.8 | 13.82 | 11208.5 | 9.98 |
| 其中：汽车工业 | 1334 | 3.12 | 103.7 | 4.78 | 4963.1 | 4.42 |
| 12. 军工工业 | 1106 | 2.59 | 70.1 | 3.23 | 4690.0 | 4.18 |
| 13. 电子工业 | 1844 | 4.32 | 65.1 | 3.00 | 2146.8 | 1.91 |
| 14. 电力工业 | 6833 | 16.00 | 240.9 | 11.11 | 22608.5 | 20.14 |
| 15. 市政公用工业 | 5150 | 12.06 | 84.2 | 3.88 | 8467.2 | 7.54 |
| 16. 其他工业 | 4206 | 9.85 | 363.4 | 16.75 | 3808.0 | 3.39 |
| 工业合计 | 42698 | 100.00 | 2169.10 | 100.00 | 112258.50 | 100.00 |

资料来源：根据财政部数据整理计算。

### （二）竞争性领域的国有资本又过多地集中于产能严重过剩行业

我们以上市公司为样本，分析了钢铁、水泥、平板玻璃、煤化工、多晶硅及风电等被国家发改委确认为产能严重过剩行业中的国有资产和国有资本占比。结果发现，无论是国有资产还是国有资本，其在产能过剩行业中的占比都显著高于其他行业：2003至2014这12年平均，国有资产在产能过剩和其他行业的占比分别是92.50%和69.37%，国有资本在产能过剩和其他行业的占比分别是92.14%和76.35%。

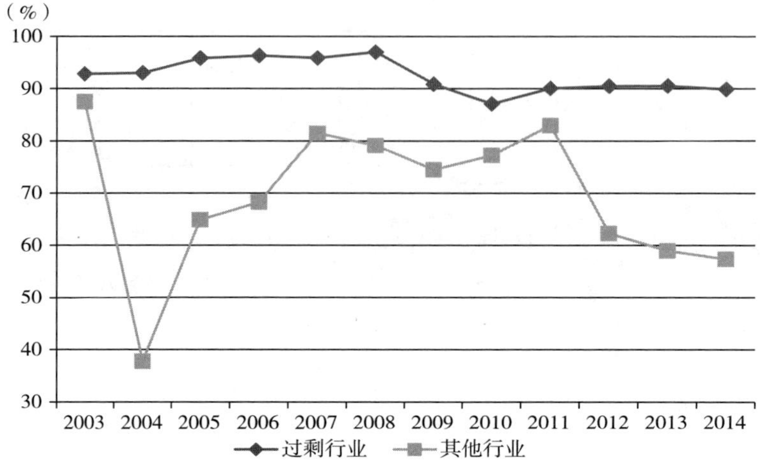


**图37　国有资产在产能过剩行业和其他行业的占比**

数据来源：万德数据库。

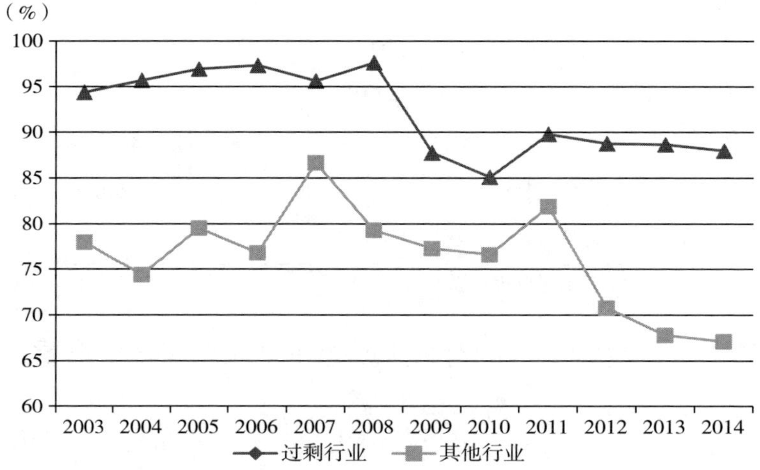


**图38　国有资本在产能过剩行业和其他行业的占比**

数据来源：万德数据库。

## （三）国有资本在战略性新兴领域分布较少

在上市公司中，我们挑选了移动互联网、互联网金融、新能源、新材料等、3D打印等40余类概念作为战略性新兴领域代表，结果同样发现，国有资产和国有资本在战略性新兴领域中的占比显著低于其他领域：2003～2014年这12年平均，国有资产在战略性新兴和其他领域的占比分别是41.89%和81.87%，国有资本在战略性新兴领域和其他领域的占比分别是50.50%和84.43%。

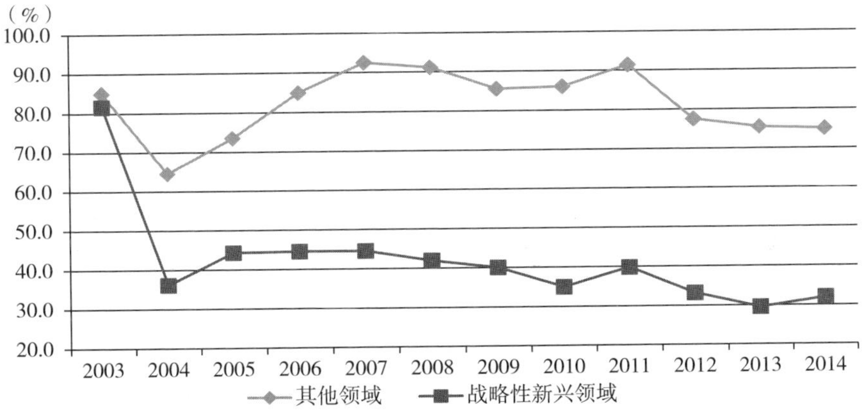


**图39 国有资产在战略性新兴领域和其他领域的占比**

数据来源：万德数据库。

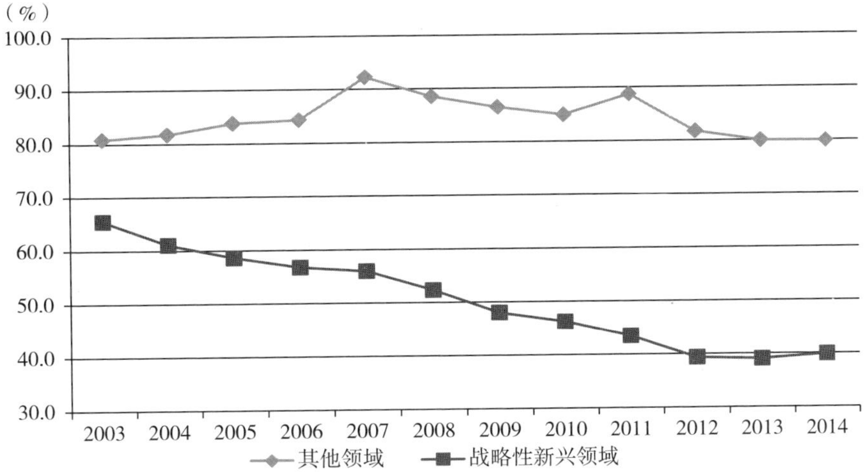


**图40 国有资本在战略性新兴领域和其他领域的占比**

数据来源：万德数据库。

我们进一步还发现，创业板中国有企业总资产与归属母公司所有者权益的占比都很低（见图41）。2014年，创业板中非国有企业总资产共计约5470亿元，而国有企业总资产仅约190亿元，占比仅为3.47%；同年创业板中非国有企业归属母公司所有者权益共计约3770亿元，而国有企业归属母公司所有者权益仅为120亿元，占比仅为3.18%。由于中国创业板市场重点关注“两高六新”企业，创业板上市企业一定程度代表了中国目前最活跃的高新科技企业群体，可近似视同为战略性新兴领域的一个缩影。因此，这也从另一个角度印证了国有资本在战略性新兴领域布局很少、占比很低。

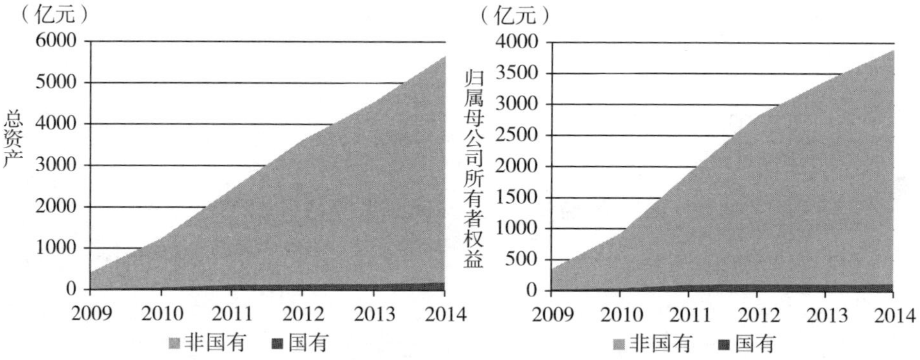


**图41　创业板中的企业总资产和归属母公司所有者权益——非国有VS国有**

数据来源：万德数据库。

## 六、国有资本需要提升公益性，国企群体需要提高公众认同

### （一）国有资本投向公益性领域的占比在减少

从国有企业户数的三大基本行业分布来看，公益性及其他行业的国有企业占比在2007至2010年间呈上升趋势，自2010后明显下降，目前占比约为22.5%；从国有资本的三大基本行业分布来看，公益性行业经历了一个先升后

降然后趋于平稳的过程，在2010年占比达到高点17.05%，目前稳定在13.63%左右；从国有企业主营收入的三大基本行业分布来看，公益性行业占比也以下降为主趋势，从2003年的5.34%下降到2014年的3.84%左右。2003～2014这12年平均，全国国有企业的营业收入主要来自竞争性行业，然后是垄断性行业、公益性及其他行业，占比依次分别是73.6%、22.1%和4.3%；利润来源顺序同样依次是竞争性行业、垄断性行业、公益性及其他行业，占比依次分别是51.9%、41.1%和7.0%。

可以看出，公益性行业除国有企业户数占比高于垄断性行业之外，其他各项占比指标均为公益性行业最低，而且总的趋势是在公益性行业各项占比都在降低，说明国有资本投向公益性领域的比例实际上在减少。十八届三中全会《决定》关于“国有资本投资运营要服务于国家战略目标，更多投向关系国家安全、国民经济命脉的重要行业和关键领域，重点提供公共服务等”的要求，还需要认真切实加以贯彻。

## （二）国有资本收益上交比例过低且主要在国有企业体系内循环

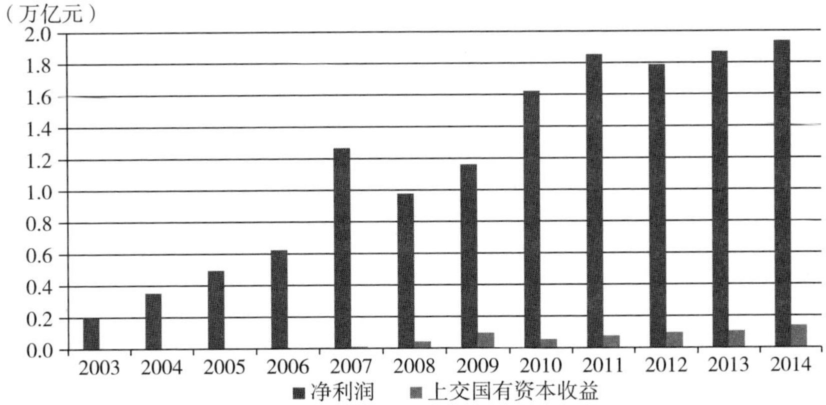


**图42　全国国有企业的净利润及上交国有资本收益**

数据来源：财政部。

2007年我国开始施行国有资本经营预算制度，全国国有企业上交国有资本收益从136.26亿增长到1410.91亿，增长了10.35倍。但是国有资本收益上交比例依然过低，2007～2014年这8年平均，国有资本收益上交率（上交国有资本收益/净利润）约为5%，远远低于发达国家国有企业30%～50%的分红比例。

此外，从我国的国有资本经营预算实践来看，不仅收缴比例较低，更为严重的是绝大部分预算支出仍在国有企业系统内循环，如仅有不到6%的中央国有资本经营预算进入公共财政预算，其他的大量返回国企体系[①]。以2013年为例，中央国有资本收益91.4%又返回国有企业。长期以来，国有资本收益在国企体系内循环，加剧了国有企业软预算约束、盲目投资、腐败浪费等问题。更严重的是，国有资本的公益性特别是国有资本经营预算支出中收益全民共享体现不足，公众无从感知国有企业和国有资本在保障和改善民生方面的贡献，导致国有企业群体难以获得更多公众认同。因此，十八届三中全会《决定》明确提出，“提高国有资本收益上缴公共财政比例，2020年提到30%，更多用于保障和改善民生”。

（本文完成于2015年，所以主要数据仅截至2015年中期。之后出现的一些新变化，未及备述）

① 从国际经验来看，国有资本收益通常都要纳入财政部统一预算管理成为公共财政收入的一部分，主要用于一般性公共支出；虽然政府可根据需要将一部分分红所得记入资本性再投入，如向某类企业注资、收购资产、成立特殊基金等，但资本性再投入并不是国有资本收益的主要支出方向。我国2010年、2011年、2012年国有资本经营预算分别拿出10亿元、40亿元、50亿元纳入公共财政预算，不足整体预算支出的6%，国有资本经营预算支出仍未体现出全民共享收益的一面。

# 国资国企改革40年历程、经验与挑战

中国国企改革40年历程，奉行务实的改革逻辑，坚持问题导向和底线思维等原则，在没有现成模式和成熟经验可资借鉴的情况下，走出了富有中国特色的渐进式改革路径：国有经济布局结构调整优化机制在实践中逐步得到完善；国资管理体制基本实现了从“五龙治水”到统一监管的转变，开始从“管企业”转向“管资本”；国有企业在政企关系、规模与实力等方面取得长足进步，初步建立起与社会主义市场经济体制相适应的企业制度框架。这些成果的取得，主要是由于国企改革的渐进式改革路径保证了没有出现颠覆性失误，重视推进改革的动力机制，较好地兼顾了改革、发展与稳定的关系，企业实践、理论研究和政策指导交互促进。但国有企业在提升效率和促进公平两方面，仍亟待深化改革、加快发展。

过去由于“社企不分、政企不分”，中国传统经济体制的各种弊端几乎都汇集于国有企业一身。这使得国企不改革就没有出路。同时，中国是世界上国有企业数目最多、国有资产规模最大、国资行业分布最广、国资管理体系最复杂的国家。国企改革没有现成模式甚至没有完整成熟的经验可资借鉴，改革的复杂性和艰巨性前所未有、世界罕见。因此，在中国经济体制改革从农村扩展到城市以后，国企改革成为并一直是中心环节，也是其中最有特色的领域之一。回顾四十年改革发展历程，在吸取过去经验教训的基础上，启动新一轮实质性、有力度的国企改革，对于我国建设现代化经济体系乃至推进现代化进程，具有重要意义。

## 一、国企改革历程：务实的改革逻辑、渐进式改革路径、问题导向和底线思维原则

广义的国企改革实际上是国有经济改革。改革开放后，中国国家战略调整为以经济建设为中心，开始了从计划经济向市场经济转型。在体制转轨过程中，国有企业从原来计划经济体制的重要支柱，变成为经济体制改革中心环节的主要改革对象。中国国企改革历程，大致可以总结为“一个主题、两条主线、三个要点、四个阶段”，总的特点是重大突破和试错、实验相互促进，在争论中曲折前进。

### （一）中国国企改革的基本主题是“实现国有经济与市场经济相融合”

改革开放伊始，经济体制改革经历了从“计划经济”到“计划经济为主，市场调节为辅”，到“有计划的商品经济”“国家调节市场，市场引导企业”，再到“计划经济与市场调节相结合”的快速变迁。在此大背景下，国企改革主要是将当时还是所谓的“国营企业”改造为发展社会主义商品经济的“相对独立的商品生产者”。实质上也是在探索国有经济如何与“市场经济”（当然当时还只是提商品经济）相容和结合。在1992年十四大提出建立“社会主义市场经济体制”目标之后，围绕“促进国有经济与市场经济相融合”这一

主题推进国企改革的特征则更为清晰，尽管阶段性重点工作有所不同。经过长期坚持不懈地努力，中发〔2015〕22号文指出，“改革开放以来，国有企业改革发展不断取得重大进展，总体上已经同市场经济相融合”。

### （二）中国国企改革的两条主线

围绕“实现国有经济与市场经济融合”的改革主题，中国国企改革有两条主线：一是在宏观层面构建适应市场经济的国资管理体制；二是在微观层面建设公平参与市场竞争的企业主体。在国家层面构建适应市场经济的国资管理体制，主要是探索国资管理和经营的合理形式与途径，以此来实现政资分开，进而实现政企分开——这经历了从经营国有企业到管理国有资产、再到管理国有资本的历程。在微观企业层面，主要是建立和完善现代企业制度，实现所有权和经营权分离，使企业成为独立的市场主体——这经历了从放权让利、转机建制到产权改革的历程。

### （三）中国国企改革的三个要点

中国的国企改革有三个要点：建立与完善现代企业制度，调整国有经济的结构和功能，建立适应市场经济的国有资产管理体制。建立现代企业制度，主要是利用所有权与经营权分离，构造独立的市场主体，实现“产权清晰、权责明确、政企分开、管理科学”。调整国有经济布局和功能，主要是使国有经济与时俱进，在国家不同发展阶段都能适应技术变革、市场变化和时代要求，有效发挥作用。建立适应市场经济的国资管理体制，主要是探索适应市场经济的“国有经济实现形式和国资管理方式”，这经历了一个从“五龙治水”到“三分开三统一三结合”、从“管企业”到“管资本”的过程。

## （四）中国国企改革的四阶段

1984年十二届三中全会提出“搞活国有企业是经济体制改革的中心环节”。自此之后，国企改革就一直是经济体制改革的中心环节，大致经历了四个阶段，均不同程度地反映了中国国企改革实用主义的基本逻辑、渐进式改革路径、坚持问题导向与底线思维的原则。

### 1.探索“两权分离”为主的放权让利阶段（1978～1992年）

“政企不分、社企不分”“权力过分集中，自上而下统得过死”和“吃大锅饭”等[①]，导致当时的国营企业普遍缺乏积极性、主动性和创造性。针对这种弊端，国企改革首先开始进行扩大企业自主权试点。“简政放权，企业分利”，为企业松绑和推行经济责任制；然后是从分配入手，调整国家、企业、职工三者利益关系，探索破解“企业吃国家大锅饭，职工吃企业大锅饭”问题。

“扩大企业自主权”取得了试点企业效益好转等成效，但也带来了“企业利用各种方式方法增加留成利润但上缴利润增长很少”等新问题。后来在地方经验的基础上将利润留成制度改为盈亏包干制度。经济责任制也则产生了“鞭打快牛”“逆向激励”等负面效果。这使得国务院于1983年初决定停止经济责任制规定的利润分配制度，开始实行“利改税”。这是政府角色的一次重要转变和政企关系的重大改革。

在此阶段后期（1985～1992年），放权让利改革延伸到企业内部制度改

① 具体表现有：在改革开放以前，国企基本谈不上有自主权，一切听从上级主管部门的指令行事——“上级下达计划、调拨物资，财政统收统支，产品统购包销，实行产品统一定价、人员统一调配、工资统一分配等”；“国有企业不仅是传统计划经济体制下政企不分的生产单位——按照国家计划提供产品和服务、上缴利润和税收、保障经济运转，而且是无产阶级专政的基层组织——承担解决就业、职工社会保障及稳定社会等大量的社会职能和一定的政治职能，是国有职工生老病死的依托”。——陈清泰、吴敬琏、蒋黔贵（2008）。

革，开始改革企业经营方式，主要是探索税利分流经营、承包经营、租赁经营、股份经营等“两权分离”的有效途径，增强企业活力。如1985年，开始将国企长期实行的“党委领导下的厂长负责制”转变为“厂长负责制”。

实施经济责任制和厂长负责制，为国企改革借鉴农村的承包制创造了条件，“两权分离”则为承包制提供了理论基础。1983年开始推行承包制并取得了短期成效，但实际上的“包赢不包亏”和重当期生产、轻长期投入的“短期行为”等弊端也逐渐显露，导致最后“富了和尚穷了庙”。

总的来看，“放权让利”改革取得了一定成效，但没有解决根本性问题，主要还是通过理论突破和实践探索来寻找改革方向，通过放权、让利、经营承包制等改革把国营企业引入市场，短期内可以调动企业经营者积极性，但导致“杀鸡取卵、涸泽而渔”等短期行为，出现企业发展后劲不足等问题。到1991年末，国营企业出现了明亏、暗亏、盈利各占1/3的“三三制”。可见，国企改革必须进行更加全面彻底的制度创新。

#### 2. 以建立现代企业制度和国有经济战略性调整为重点的制度创新和结构调整阶段（1993～2002年）

上一阶段放权让利改革的探索与实践，使大家认识到必须对企业制度进行实质性变革。1992年邓小平“南方讲话”和十四大提出“中国经济体制改革的目标是要建立社会主义市场经济体制”，为国有企业的市场化改革创造了氛围、奠定了基础。国企改革由此进入“转换国有企业经营机制、建立现代企业制度”（转机建制）的制度创新阶段。

十四届三中全会指出“建立现代企业制度是企业改革的目标”，将现代企业制度基本特征概括为“产权清晰、权责明确、政企分开、管理科学”。1993年12月，《公司法》出台，为建立现代企业制度和后来的公司制改革奠定了法律基础。国有企业建立现代企业制度具备了基本的政治、体制和法律条件。

针对20世纪90年代出现的国有企业大面积亏损和普遍经营困难问题，1995年秋，国家正式提出“抓大放小”改革，主要思路是收缩战线，对重要企业实施大企业、大集团战略，让国有中小企业退出，让困难企业破产。在此基础上，提出“要从战略上调整国有经济布局”，并于1998年实施“国有企业改革攻坚和扭亏脱困三年计划”。1999年9月，十五届四中全会《中共中央关于国有企业改革和发展若干重大问题的决定》提出，调整国有经济布局要“坚持有进有退，有所为有所不为”，确立了 “从战略上调整国有经济、推进国有企业战略性改组”的方针，同时实施“三改一加强”。

此阶段国企改革成效比较明显。一是国有企业建立和完善现代企业制度取得进展并持续深化，企业制度实质性变革取得成果，并较好地支撑了经济体制改革；二是国有大中型企业三年攻坚脱困目标在2000年末基本实现；三是实施国有经济战略性调整和国有企业战略性改组，保证了国有经济继续发展主导作用。

### 3. 以探索新的国资监管体制推动国企改革阶段（2003～2013年）

国有资产管理体制改革是国企改革的重要内容和核心部分，也是经济体制改革中的深层次改革，涉及行政体制改革和政府机构改革，涉及利益调整和权力重新分配。

在2003年以前，国务院是国有资产出资人的唯一代表，但实际上国有资产出资人职能分散在国务院组成机构的各委办局，国家计委、经贸委、财政部、劳动与社会保障部门、组织人事部门和大型企业工委等多个部委分割行使出资人职能。这种 “五龙治水”模式带来多头管理、实际各自为政而又无人负责的局面，更糟糕的是导致国家所有权虚置。

2002年，十六大明确要建立“三分开、三统一、三结合”的国资管理体制。按照“设立国有资产管理机构，对国有企业行使出资人所有权”的要求，国企改革在十六大之后进入了探索新的国资监管体制阶段。一是设立专责国有资产监督管理机构。新国资委不同于从前只是“账房先生”的国有资产管理局，而更接近“东家”角色——国资委履行出资人职能，实行“管资产和管人、管事相结合”。二是建立国资管理相关制度体系。陆续出台了从《企业国有资产监督管理暂行条例》到《中华人民共和国企业国有资产法》等一系列法规文件。三是初步建立国有资本经营预算制度，促进国有资本经营和维护所有者权益。

国资委的成立，改善了部门分割行使国有资产所有权职能的问题，使国企改革发展相关工作有了政策抓手；国资委的相关工作，帮助和促进国有企业抓住了随后一轮的经济景气周期，实现了规模扩张、实力增强。

新的国资监管体制产生了明显成效，但实践中也出现了一些新问题。如国资委虽然有效落实了出资人职责，但也存在越位越权问题，监管领域过宽，对企业直接干预过多，监管方式偏于行政化；国资委集公共管理和出资人代表职责于一身，成为政府实现各种政策目标的工具、向国有企业发号施令的“漏斗”，“老板加婆婆”双重角色使其难以履行纯粹出资人职能。因此，建议以“管资本为主”的原则来改革国资监管模式的呼声越来越高。

### 4. 全面深化改革的分类改革阶段（2013年至今）

以十八届三中全会《决定》为依据，国有企业进入了全面深化改革的新阶段，以分类改革为基础，开始向纵深推进。目前，国企改革的顶层设计基本完成，政策框架的四梁八柱确立，形成了以22号文为引领、22项文件为配套的“1+N”政策体系，为全面深化国企改革打下了制度基础。十八届三中全会确定的国企改革内容很丰富，其中最重要的是明确了新一轮国企改革的两个主攻方向：一是以管资本为主加强国有资产监管，即按“管资本”的要求进一步完善国资管理体制；二是发展混合所有制经济，即以产权层面的改革促进国企转变经营机制。此外，还涉及国企分类改革、深化公司制改革、完善公司治理、加强党建、推进市场化选聘国企经营管理者和提升国企透明度等多项工作。

此轮改革坚持问题导向和“宁慢勿乱”思路，采取了顶层设计、部门分工协作的改革方法。为形成共识度高的改革方案，方案设计和改革推进均更为审慎。同时，由于进入改革深水区，以及激励机制和容错纠错机制有待完善等因素影响，部分改革进展相对预期较为滞后。目前来看，全面深化改革还处于实施阶段，混改试点、市场化选聘、公司制改革、央企重组等取得较明显进展或成效，其他一些改革或试点的实施成效还需要进一步观察。

## 二、国有企业改革的成效与原因

四十年改革与发展历程中，国有企业在保持中国经济稳定增长、推进快速工业化和提高国家经济竞争力等方面发挥了重要作用。总体而言，国企改革的主要成果主要有以下四条。

### （一）国有企业在政企关系、规模与实力等方面取得了长足进步

从政府附属物转变为基本具有独立地位的市场主体，正逐步向市场经济体制下的现代企业——“新国企”转变。主要体现在以下几点：公司制改革基本完成；经过规范董事会建设等工作，不少国企的公司治理逐步规范化；企

业经营基本市场化，适应市场竞争要求的决策、执行、监督机制得到完善；通过深化劳动、人事、分配三项制度改革，大多数国有企业“三能”机制基本形成。国有企业从政府附属物转变为基本具有独立地位、自主经营权的经济单位，“总体上已同市场经济相融合”。当前，优秀国企正向市场经济体制下的现代企业——“新型国有企业”转变。

继续在国民经济中发挥主导作用。国有企业在贯彻落实国家宏观调控政策、实施国家重大战略、支持国防现代化建设、保障能源资源安全、保障就业、维护社会稳定等方面发挥了重要作用，支撑了经济社会发展。国企在国内很多基础性行业占据主体地位，如承担了国内几乎全部的原油、天然气和乙烯生产，提供了全部的基础电信服务，拥有覆盖全国的电力输配网络，发电量、民航运输总周转量、水运货物周转量均占全国的90%左右。国企在钢铁、煤炭、机械、造船、军工等支柱行业具有主导地位，粗钢行业产量前十名有9家是国有企业，全国十强汽车企业中7家是国有企业。

国企规模和实力不断增强，大型国企在一些领域已有一定国际竞争力。一是国企规模实力明显增强、经济效益不断提升。截至2018年底，全国国有企业资产总额178.8万亿元、所有者权益63.1万亿元，同比分别增长8.4%和9.0%；2018年，实现营业收入58.8万亿元、利润总额3.4万亿元，同比分别增长10.0% 和12.9%。相比1995年《财富》世界500强首次发榜时的3家企业上榜，2018年进入《财富》世界500强的国有企业有83家。二是国企的综合竞争力不断提高。不少国企规模位居世界前列，一些优秀国企的技术、管理、国际化等也走向世界前列，在载人航天、探月工程、深海探测、高速铁路、特高压输变电、第四代移动通信等领域取得了一批具有世界先进水平的科技创新成果。三是优秀国企的国际化程度在提高。国企是中国企业“走出去”的主力。自20世纪90年代国家提出“走出去”战略以来，国企一直是中国对外投资的先锋队和主力军。最近几年，大型国企结合“一带一路”建设，国际化经营迈出新步伐。

### （二）国有企业制度发生了深刻的变化：初步建立起与社会主义市场经济体制相适应的企业制度框架

随着改革开放大潮和经济体制改革推进，特别是国企改革进入制度创新阶段后，国有企业制度发生了根本性变化[①]：首先，在法律形式上，国企实现了从行政附属物到公司独立法人的转变；其次，在所有权结构上，实现了从国有独资到股权多元化、混合所有制和股份制的转变；第三，在经营组织上，实现了从工厂制向公司制的转变；最后，在公司治理上，实现了从“厂长经理负责制”到“董事会是公司决策机构和公司治理核心”的转变。

### （三）国资管理体制在实现“从五龙治水到统一监管”重要突破的基础上取得“从管企业到管资本”的阶段性进展

国有资产管理体制改革，经过尝试国有资产经营责任制的早期探索，到组建国有资产管理专司机构（国家国资局）和建立国有资产基础管理制度的中期探索，到建立集中行使所有权职能的出资人机构（国资委）和相关制度体系的新世纪改革，再到“以管资本为主完善国有资产监督管理体制”，经历了从控制权到所有权改革，实现了从国有资产的“五龙治水”到推进经营性国有资产统一监管的转变。在此基础上，开始了从“管资产与管人、管事相结合”向“管资本为主”的转变，并取得一些阶段性进展。

---

① 李兆熙：“建立与市场经济相适应的企业制度——30年国有企业基本制度的演变”，载于《重塑企业制度：30年企业制度变迁》，陈清泰、吴敬琏、蒋黔贵（2008）。

### （四）国有经济布局和结构调整机制逐渐完善

自20世纪90年代末中国提出战略性调整国有经济布局以来，国有经济布局和结构得到优化。在这一过程中，克服了“国退民进、国进民退”的争议，并初步形成“国民共进、协调发展”的共识。经过多年持续努力，国有资本持续向基础行业和关键领域集中；国有企业逐渐退出一般竞争性领域，聚焦主业发展；混合所有制企业成为国有企业的主要实现形式和国有企业中最有活力的部分。更重要的是，形成了国有经济布局和结构调整的机制，并在实践中逐步得到完善。总体来看，国有经济实现了从主体地位到发挥主导作用的转变，促进了形成多种所有制经济共同发展的格局。

## 三、国企改革的方法与经验

国企改革不是中国特有现象，世界各国几乎都在不断调整和改革国有企业。但放眼世界，像中国这样大规模、长时间持续的国企改革，则独此一家，积累了丰富的经验。

——中国奉行的是务实的改革逻辑，国企改革也莫能外。中国认识到传统国有企业存在生产和创新双重效率损失，对国有企业的资源倾斜和政策优惠会导致资源错配，制约国家经济增长。进行国企改革，可以提升国民经济整体效率，释放更大的增长空间。

——中国国企改革的价值观没有只停留在“以效率论英雄”上，而是更注重经济社会等多重目标的综合平衡。这是因为认识到国有企业具有多重属性、多重目标及存在天然缺陷等客观现实情况。

——改革方法论上，与“摸着石头过河”有所不同，中国国企改革更重视企业实践、理论研究和政策指导三者的互动促进。十八大后，则更多地采用以顶层设计、自上而下的“拉动式”改革为主的推进模式。

——坚持市场导向、问题导向、底线思维和基于国情等基本原则。其中主要的底线是不能出现国有资产流失、不允许出现改革倒退等。

具体而言，中国推进国企改革的经验主要有以下四条。

### （一）渐进式改革路径保证了不出现颠覆性失误

由于特殊国情及特定发展阶段，加上没有可参照的对象，以及缺乏可直接借鉴的成熟经验，“在不断探索中向前推进”是中国国企改革的明显特征，具有较强的“试错”色彩。特别是对国有企业的再认识和再理解需要有一个深化过程，改革的目标只能逐步明确或不得不分阶段明确。这决定了中国国企改革难以一蹴而就，自然采用渐进式改革的推进模式而非“休克疗法”，注重改革的探索性与秩序性、求实性的平衡。主要表现为：改革顺序一般遵循先易后难原则，如先试点后推广、先增量后存量、先实践后规范、先调整运行机制后制度创新、先竞争领域后垄断行业、先改小后改大等等；改革层面上，多数时间更重视自下而上的推动式改革，由点到面、步步推进，获取成熟经验后再战略性展开和全面推进。

渐进式国企改革意味着要支付相对较大的时间成本，有时甚至会出现停滞。但是通过时间换空间和积累经验，实现了国企改革的战略从无到有、目标从模糊到明确、对象从外围到核心，保证了改革的稳妥推进，不至于出现全局性、颠覆性失误或重大倒退。

### （二）重视推进改革的动力机制设计

四十年的国企改革，有一条颠扑不破的经验，就是当推进改革的动力机制设计到位的时候，国企改革推进就顺利，反之则困难重重。国企改革的进展，取决于是否发挥了中央和地方、政府和企业这两对主体的积极性，关键是如何释放人的积极性、激发企业发展活力。中国国企改革不同时期的动力源不同，但改革推进顺利期间的共同点主要有以下三个方面：

一是重视“公平效率兼顾、风险收益对称、激励约束结合、责权利相统一”的机制设计。比如十六大明确构建新的国资管理体制时，强调“充分发挥中央和地方两个积极性”和“权利、义务和责任相统一”；再比如十八届三中全会后，在推进国有企业经营管理者市场化选聘改革中，注重市场化选聘与契约化管理相衔接、激励约束相平衡、权责利尽可能相统一。

二是中央方针、政策与企业、地方实践的“双轮驱动”。国企改革是中央决策与地方探索上下结合的产物，是政府政策和企业实践互动发展的过程。在不同阶段，主要表现为自下而上推动和自上而下拉动两种方式。当前随着改革的深入，越来越需要发挥中央和地方的两个积极性，越来越需要将强调顶层设计指引作用的“拉动式”改革和重视地方探索、容许试错的“推动式”改革相结合。

三是坚持统筹推进与重点突破相结合。如在不同阶段，均坚持问题导向，根据所面临的重点问题，着力进行突破。同时，注重推进配套改革，避免某一单项改革长期“单兵突进”而难以为继问题。

### （三）较好地兼顾改革、发展与稳定的关系

国企改革是中国经济体制改革的中心环节和重点问题，也是一个公众议题和敏感问题，加上国有资本兼具资本性和公共性双重属性、国有企业身负多重目标，国企改革涉及利益关系复杂。因此，国企改革方案必须系统设计、统筹兼顾、协调配套，推进时必须高度重视处理好改革、发展和稳定的关系，兼顾

改革力度、发展速度和社会可承受度。

历史上，中国在国有企业改制重组、产权转让、关闭破产、厂办大集体改革、分离企业办社会职能等重要改革中，都注重确保在风险可控的前提下推进改革。如国企三年攻坚脱困时，对冗员过多国企坚持“无情调整、有情操作”，并建立下岗职工基本生活保障、失业人员失业保险、城镇居民最低生活保障“三条保障线”，在当时社保体系尚不健全、全国下岗职工高达2100万的情况下，既推进了改革，也较好地保持了社会稳定。2015年，国务院国资委下发《关于建立国有企业改革重大事项社会稳定风险评估机制的指导意见》，明确了坚持以人为本、统筹兼顾等原则。在最近几年推进供给侧结构性改革中，注重处理保持社会稳定和推进结构性改革的关系，提出“要尽可能多兼并重组、少破产清算，做好职工安置工作”。这些实际上也是“兼顾改革、发展与稳定”传统思路的延续。

较好地兼顾改革、发展与稳定的关系，注意保障职工合法权益、维护企业和社会稳定，减少了社会矛盾、促进了形成改革共识，使得利益相关者特别是广大职工更愿意参与改革、支持改革。

### （四）企业实践、理论研究和政策指导的交互促进

中国国企改革重视企业实践、理论研究和政策指导三者的互动促进。企业实践的探索，导致理论探讨的深入，加深了各界对市场经济和国企改革的理解，促进了“政企分开、政资分开”“国企改革坚持市场化方向”“坚持两个毫不动摇”等政策的出台；“两个都是”等理论上的突破，使得国企改革相关政策摆脱了意识形态对理性思辨的桎梏。

以发展混合所有制经济为例。混合所有制是一个中国特色很强的概念，在中国以外的其他国家不是普遍现象，国际学术界在此方面的讨论较少。但在

中国，混合所有制的企业实践、理论研究和政策表述均十分丰富，而且实践早于理论，正是在实践中出现了混合所有制企业，导致理论界和政府开始关注这类企业；理论的前进推动相关政策的出台，进而又进一步促进混合所有制企业的发展。实践、理论和政策就这样在交互中相互促进。再如20世纪末的国企三年攻坚脱困，实际上也是理论上的突破通过实践得到验证，并取得实实在在的成果。

得益于企业实践、理论研究和政策指导的循环交互促进，中国国企改革能始终保持在理性稳健的轨道上推进。

## 四、国有企业仍需进一步提升效率和促进公平

经过40年的改革和努力，国有企业在规模与实力、政企关系、公司治理等方面取得长足进步，但囿于过长的委托代理关系以及体制约束、机制失衡、历史遗留问题、政策性负担、多元化目标等影响或制约因素，其效率相对不高、管理相对粗放、公共属性体现不够等问题依然突出，其取得的成就与其拥有的资源、政府的要求、广大民众的期望仍有不小差距。总的来说，国有企业在提升效率与促进公平两方面，仍然亟待深化改革、加快发展。如何避免顾此失彼，系统性解决国企普遍存在的委托代理、道德风险、内部人控制和激励约束等问题，仍需深入探索。

### （一）效率问题导致经济抑制效应

毋庸讳言，国有企业“重资产、顺周期、难调整”的发展特征，兼具“资源优势与效率劣势”和存在“生产和创新双重效率损失”的特点，使得国企群

体整体效率相对较低问题非常明显[①]。但国有企业又能因为密切的政企关系而获得政策优惠和资源倾斜。资源更多配置到相对低效的国企，影响经济效率、妨碍创新创业并产生严重道德风险，导致经济抑制效应，拖累整体经济增长。同时，由于国家所有权政策体系还不完善，还存在国有资本行业分布不尽合理、公益性体现不够及流动性不强等问题。国有企业经营绩效和国有资本运营效率相对不高，具体表现为：①国有企业资产负债率偏高；国有资本实现了保值增值，但国有资本的增加来自企业经营积累的占比不到一半。②国有企业经营绩效逊于非国有企业。③国有企业在吸纳就业、上交税收、促进创新等促进经济增长方面的作用在弱化。④国有资本在竞争性领域大量分布并过多地集中于产能过剩行业，而在战略性新兴领域布局相对过少[②]。

### （二）公平问题影响公众认知认同

国企内外部均存在公平性争议等问题，主要表现在三个方面。

一是国有企业还需要更主动地公平参与竞争。虽然经过多年改革，中国对国企“溺爱、苛求”并存的特征仍然较为明显。这对内影响公平竞争，对外影响“走出去”。作为政府与市场“界面”的国有企业，如果不能更加主动地公平参与市场竞争，就难免会利用密切的政企关系去强化自己的“资源优势和政策优惠”。但国有企业不减少“被溺爱”，就难以避免 “被苛求”，就难以在中国谋求高质量发展、致力于建设现代化经济体系的进程中发挥积极作用，更难以适应政府影响微观经济方式开始从“以产业政策为主导”向“以竞

---

① 对于中国国有企业效率的研究大致分为三类：一是国有企业与其他所有制企业经营绩效的比较研究；二是国有企业改制前后的效率比较研究；三是国有企业的效率对于整体经济的影响。基本结论大体也分三类：无效率、有效率和效率悖论。主流意见是国有企业存在生产与创新双重效率损失，具有明显的资源优势但又未能充分发挥，过多存在、过泛分布会影响整体经济增长。

② 详细内容可参见上一章。

争政策为基础”的政策转型。

二是不同行业国企之间、国企内部不同岗位或不同层级之间，薪酬待遇等差异明显，但大多并不是因为能力或努力差异。推进垄断行业体制改革，打破固化的利益藩篱，仍然任重道远；国有企业负责人薪酬制度改革、高管人员市场化选聘机制、国企员工薪酬体系和收入分配制度、企业效益与职工工资增长联动机制等，在增加公众认同、实现有效激励约束和与绩效挂钩等方面，存在进一步完善和提升空间。

三是国有资本的公益性体现不够，国有资本经营效率、收益征收与使用等均存在问题。数据分析表明，相比垄断性和竞争性领域，国有资本投向公益性领域的占比不升反降。此外，国有资本还存在经营预算管理工作未实现纳入范围全覆盖、收益上缴比例偏低、收入结构不尽合理、支出在国企内部循环等问题，加剧了国有企业软预算约束、盲目投资、腐败浪费等问题。更严重的是，国有资本的公益性特别是国有资本经营预算支出中收益全民共享体现不足，公众难以感知国有企业和国有资本在保障和改善民生方面的贡献，影响公众对国有企业的认知认同。这也是为什么十八届三中全会提出“提高国有资本收益上缴公共财政比例，2020年提到30%，更多用于保障和改善民生”的原因之一。

### （三）体制约束和机制失灵

社会主义市场经济体制改革的整体步伐与相应的上层建筑完善程度，根本性地决定着国企改革的方向与成就。国企改革发展还存在较为明显的体制约束与机制失灵问题。主要有以下五点。

首先，国有资产管理体系存在条块分割问题。中央和地方层面，都还没有实现经营性国有资产统一监管，“条条”问题较为突出；“国家统一所有，政府分级管理”的国有资产管理体制实际相当程度上已经变为“分级所有”，“块块”问题导致大量绩效更不突出的中小型“地方国有企业”广泛存在。

其次，国资管理体制改革滞后于企业经营机制的转变，尚不适应企业转变机制的要求。传统国有资产管理体制中，政资不分、政企不分是两大根深蒂固的体制性问题，国有资本流动性不足、公益性不够是两大突出的机制性问题。此外，传统国资管理体制的制度安排相对而言更加重视国有资本和物质资本，存在轻视人力资本和忽视人的主观能动性问题。这都有待通过重构新的国有资本管理体制来完善。

第三，《企业国有资产法》等相关法律有待调整与完善。有必要修订《企业国有资产法》，如设专门章节规范国有资本监管机构及国有资本控股企业的信息公开行为，以法律形式明确相关主体的信息披露业务和责任；明确对国有资本参股的混合所有制企业转按《公司法》管理等。

第四，国企改革发展的容错纠错机制有待完善。严防国资流失的追责机制和保障性措施已经建立，但保护改革积极性的纠错容错机制相对滞后，导致出现“等看靠”现象和“改革空转”问题。在改革从方案设计阶段进入施工期之际，建立免责机制和完善追责机制同等重要。

最后，还出现一些需要探索的新议题。如基于股东授权的“董监高”三权分立体系的现代企业制度，与有关政治要求的平衡和结合；董事会“集体决策、个人负责”的决策机制与党组织集体决策制度的衔接等。

### （四）改革动力分化和阻力增强

国企改革进入深水区，改革动力分化和阻力增强问题开始凸显。一是利益问题。改革涉及利益格局调整，深化国企改革不可避免地会涉及一些利益集团，往往会遭遇各种似是而非或以“改革”之名阻碍实质性改革的阻力。同时，深水区改革，难以避免会有一些人群的短期利益受损，如果缺乏全面信息、准确判断和历史知识，短期利益受损人群也极有可能对深化改革形成短暂但强烈的阻力。二是认识不一致问题。当前出现的一些不理性甚至违背常识的声音，提醒我们在观念、改革方向乃至技术层面，新阶段的改革共识都还有待进一步凝聚和统一。

# 理论探讨

# 启动新一轮实质性、有力度的国企改革

如前所述，国有企业在提升效率和促进公平两方面，仍亟待深化改革、加快发展。我们需要按照十八届三中全会《决定》精神和十九大报告要求，适应新的、已经发生重大变化的经济和政策环境，适应竞争政策崛起与国际规则对国企公平参与竞争的要求，启动新一轮实质性、有力度的国企改革。这包括：提升改革目标，突出改革重点，聚焦主攻方向，坚持政企分开和政资分开，构建重视投资收益、可持续的国有资本管理体制，促进混改的战略性展开与深入推进，推进相关改革相关配套措施的跟进与匹配，改进国企改革推进方式、推动改革方案落地。

## 一、深化国企改革的目标和方向

启动新一轮实质性、有力度的国企改革，需要适应新的、已经发生重大变化的经济和政策环境，提升改革目标，突出改革重点，聚焦主攻方向，迈出实质性步伐。

### 提升改革目标

鉴于国有资本“全民所有”的基本属性，新一轮国企改革的目标不能就国企论国企、就国资论国资，而是要超越国有企业的本位目标，这样才能更好地落实“以人民为中心”的发展理念，与提升整体经济效率和社会福利最大化的发展目标一致起来。因此，国企改革需要适应已经发生重大变化的经济环境和政策环境，以“三个有利于”为标准，以提升国民经济整体效率和国家经济竞争力为目标，以提升国有资本效率、增强国有企业活力为中心，构建国民共进、协调发展的经济格局。国有企业需要在推动经济升级和高质量发展、促进社会和谐与文明进步中发挥更积极作用。国企改革不能仅局限于自身目标，否则市场经济体制将缺乏可靠的微观基础，不仅实质性改革难以展开，过去的改革成果甚至也可能得而复失。

### 突出改革重点

广义的国企改革是国有经济的改革，不能仅仅把企业作为改革的对象，尤其是当国企回归企业本性、接受竞争政策规制后，不能仍将企业当作改革重点。现在站在当前关口回头来看，新一轮国企改革的两大重点——“管资本”和混合所有制改革——都与国资管理体制改革相关，但目前“管资本”还缺乏突破性进展；对混改企业的管理沿袭传统监管体制，制约了混改的深入推进。因此，有必要及时将国企改革的重点转向以“管资本为主”完善国资管理体制，争取以重点突破带动全面推进与整体深入。只有通过“管资本”来重构国有资本管理体制、提升管资本能力，才能淡化所有制、强化所有权，才有可能使微观企业处于公平竞争地位，实现提升改革目标的任务。

### 聚焦改革方向

在总结前期系列试点工作的基础上，国企改革需要聚焦主要目标、力求重点突破，进而带动国企改革的全面推进。十九大提出了“做强做优做大国有资本”和“培育具有全球竞争力的世界一流企业”两大任务。相应地，“以管资本为主完善国资管理体制”和“以发展混合所有制经济转变国企经营机制”成为国企改革两大主攻方向。两者交互影响，围绕产权改革，共同对构建系统明确的国家所有权政策和国企公平参与竞争提出了要求。因为两者都要求构建更清晰的政企关系、更良性互动的“国民”关系。这有利于促进“国”与“民”的公平竞争和协调发展。当前阶段需要聚焦“管资本”和混改两大主攻方向，以重点突破带动全面推进，从专项试点走向综合改革。

## 二、下一步改革展望

要实现前述的新一轮国企改革目标，需要按照十八届三中全会的国企改革精神和十九大深化国企改革的要求，紧抓时机更主动地推进实质性国企改革。

新一轮国企改革必须是紧抓时间窗口的主动式改革，不能错失时机而沦为危机倒逼型的被动式改革。目前国企改革的顶层设计阶段基本结束，改革实施阶段到来，开始了从设计到施工阶段的转换。加之当前的国内外经济形势复杂，政策和市场环境处于剧变之中，国企改革的任务仍然繁重而艰巨，公平参与竞争的挑战真实而重大，需要攻坚克难。这要求按照十八届三中全会的国企改革精神和十九大深化国企改革的要求，紧抓时机更主动地深化改革，支持国企更公平地参与竞争。国企得益于供给侧结构性改革改善了经营绩效，为主动推进改革、公平参与竞争创造了有利条件。为此，需要抓住时机，凝聚共识，聚焦目标，启动一场有力度、实质性的改革，取得突破性进展，为国民经济发展提供新动能和释放新空间。

## 坚持政企分开和政资分开

首先，这要求进一步解放思想、升华理论、提升认识，弱化规模化导向，清除所有制歧视，淡化所有制强化所有权，淡化国有企业强调国有资本。其次，要构建更系统明确的国家所有权政策体系，按公平竞争原则处理“国民关系”，按政企分开、政资分开原则处理政企关系。第三，从利用国有企业向利用国有资本转变。发挥国有资本投资、运营公司的隔离层、防火墙和转换器作用，以其为界面推进政企分开、政资分开，减少政府过多的不当直接干预。第四，以竞争政策规范、约束政府行为。确保政府对企业的所有权以及其他政企之间的联系，不影响各种市场主体独立地公平参与竞争。如在清除软预算约束的同时也要清理政策性负担和减少多元化目标。这对国企而言，实际上是既限制“竞争优势”也清除“竞争劣势”，既避免“溺爱”又避免“苛求”。最后，以竞争政策保证各类企业之间的公平竞争。按照分类改革的思路对国企开展分类管理，淡化商业类国企的所有制色彩，不因其“国有”身份而给予变相补贴、资源倾斜或政策优惠；对商业类国企持高标准的透明度要求，接受竞争政策规制等。

## 构建重视投资收益、可持续的国有资本管理体制

以财务硬约束为核心，以提高透明度为基础，以提升管资本能力为重点，构建重视可持续投资收益的国有资本管理体制，为做强、做优、做大国有资本提供基础环境。一是国有资产监管机构按“管资本为主”要求转变职能和转换管理方式，提升国有资本效率和释放国有企业活力。二是改革国有资本授权经营体制，发挥两类公司的实质性作用，基于国有资本投资、运营公司这类公司制、市场化的出资人机构，构建基于市场化原则的委托代理关系，既要实现从行政委托到经济委托的转换，又要体现国有资本的资本性和公共性这双重属

性，还要实现政资分开和政企分开的“双重隔离”，保证“两类公司”具有管资本的专业能力和主动性，做积极、有限股东。三是构建以财务硬约束为核心的国有资本委托代理体制。分类管理国有资本，建立国有资本委托代理的财务制度和法律制度；适应“管资本”的要求，重构绩效评价体系和作为考核依据的财务指标体系。四是继续深入推进经营性国有资产统一监管。五是在高于实体企业的层面建立、完善国有资本布局政策和动态调整机制，规范政府对国有企业资本金调整机制。六是完善国有资本经营预算制度，进一步推动国有资本经营预算与公共预算的有机衔接，改善经营预算收入结构和支出结构。国有资本收益上交阶段要体现国有股东权益，国有资本收益支出阶段要更加体现国有资本公共属性，体现国有资本全民所有、收益全民共享。

### 混改的战略性展开与深入推进

三十多年的企业实践、理论研究和政策探索表明，中国发展混合所有制经济不是一种过渡性措施或短期行为，也不是不得已而为之，而是主动改革、积极推动的必然结果和发展趋势，是长远大计而非权宜之计。混改要促进构建国民共进、协调发展的经济格局，要与完善国资管理体制协同联动，与产权保护、释放人的积极性三位一体，同步推进。当前，混改已经具备了战略性展开、全面推进的基础，下一步需要继续推进如下三项工作。一是提升混改质量、层次与深度，避免形混神不混、防止名混实不混，防范潜在风险和避免可能的负面效果。其中，把优化股权结构作为核心工作，避免“一股独大”，以此为基础完善治理结构，提升公司治理水平。二是做强、做优、做大国有资本和发展混合所有制经济，两者的结合点是混合所有制企业。为更好地支持混合所有制企业发展，可明确除市场失灵和公共产品领域外，不再新设国有独资企业；国有资本主要以与社会资本混合的形式介入企业；国有资本参股的混合所有制企业不享受任何特权，也不承担特殊义务，政府对其不再当传统国企监管，转按公司法进行管理。三是企业混改后要及时转变和完善经营机制，以更完整地发挥混改的积极作用，使混改这一企业“基因改造技术”成为国企转变经营机制的重要途径，以确保取得预期进展和收获预期成效。

## 适应竞争政策崛起与国际规则对国企公平参与竞争的要求

国企改革对内要促进公平竞争，对外要助力企业培育全球竞争力。唯有如此，才可能为具有全球竞争力的世界一流企业创造环境。中国已经开始从“以产业政策为主导”向“以竞争政策为基础”的经济政策转型，国企需要主动适应“逐步确立竞争政策基础性地位”这一趋势，要更加尊重市场规律、商业原则和国际规则，主动接受竞争政策的规制。一是推进实质性改革以适应新的政策环境，特别是适应竞争政策“提升整体经济效率和社会福利最大化”的要求，提升国企改革目标。二是适应竞争政策规制的规律和进展，突出改革重点，更加重视完善国资管理体制。三是适应“不仅关注企业所有制，更关注政府对企业的影响和控制”的国际规则新趋势，坚持政企分开和政资分开，以克服制约竞争、影响公平的政策和体制障碍；既要以竞争政策规制国有企业，保证各类企业之间的公平竞争，也要以竞争政策规范、约束政府行为。四是考虑我国作为国有企业大国的实际国情，竞争政策可秉持竞争中立原则，充分容纳国企并让其发挥良性作用。

## 相关改革配套措施的跟进与匹配

推进国企改革相关改革配套措施的及时跟进与匹配，以巩固改革成果并进一步取得实质性进展。如加快推进垄断行业体制改革、解决国企历史遗留问题并避免其反复再回潮、完善国企信息披露制度等。国有资本出资人代表机构可加强与相关部委的联系和协调，以“不因推进改革增加企业负担”为原则，推动土地处置、债务核销、资产评估、资质变更等相关配套政策的跟进与完善，明确实施细则；及时清理已经过期或不适应新形势而需要调整的相关政策。

## 改进国企改革推进方式，推动改革方案落地

需要在总结过去几年经验教训的基础上完善国企改革的推进方式。一是国企改革需要协调好顶层设计与基层探索、中央与地方、部门之间以及立新与废旧之间的关系，为改革提供制度保障和可持续动力，推动改革方案落地，巩固改革成果并更完整地释放改革红利。在顶层设计基本完成、国企改革政策体系四梁八柱框架基本确立的情况下，要更重视鼓励探索、激发地方改革活力，将强调顶层设计指引作用的“拉动式”改革和重视地方探索、容许试错的“推动式”改革相结合，加强中央和地方的互动，允许地方因地制宜、先行先试，及时总结并形成可复制、可推广的成功国企改革经验，降低国企改革的探索和试错成本。二是要注重改革实效和时效，国企改革应针对真实问题、解决实际问题，避免“等看靠”和“改革空转”等现象。三是要重视改革推进的机制设计，注意实现激励兼容，尤其是要考虑调动人的主观能动性等问题，切实释放人的积极性、激发创造性劳动，改变过去重视国有资本和物质资本、轻视人力资本、忽视人的主观能动性等惯性思维。重点是完善改革容错纠错机制，建立改革失误申诉机制和专业评判制度；关键是实现激励兼容和真实信息揭示，消除改革执行层面的顾虑，以落实“三个区分开来”原则和实现“允许改革有失误，但不允许不改革”，推动改革方案落地。

# 国企改革的制度基础与主攻方向

新一轮国企改革需要适应新的、已经发生重大变化的经济环境，以“三个有利于”为标准，以提升国民经济整体效率和国家竞争力为目标，以提升国有资本效率、增强国有企业活力为中心，构建国民共进、协调发展的经济格局。要实现这一目标，新一轮国企改革需要构建系统、明确的国家所有权政策体系，为深化国企改革提供更完善的制度基础；混改试点开始发挥以点促面作用，具备了战略性展开的基础，可以推进混合所有制改革促进国有企业转变经营机制；做强、做优、做大国有资本，要求强化国有资本的收益性功能，需要提升管资本能力，以管资本为主完善国有资本管理体制。这是深化国企改革的两个主攻方向。

新一轮国企改革需要攻坚克难，任务仍然繁重而艰巨，必须是紧抓时间窗口的主动式改革，不能错失时机而沦为危机倒逼型的被动式改革，需要凝聚共识、聚焦目标，迈出实质性步伐。

## 一、新一轮国企改革的目标、制度基础与主攻方向

新一轮国企改革需要适应已经发生重大变化的新的经济环境。一是中国经济进入了发展新阶段，增长方式转型和经济结构变化，要求作为微观基础的企业结构相应调整。国有企业的功能定位和国有资本的布局结构等需要做出适应性调整。二是在国有企业规模实力快速扩张的同时，中国已经成长起来一批充满活力、增长强劲的民营企业，各种类型企业之间公平竞争已成必然要求。三是作为受托人的政府，对内坚持“两个都是”和“两个毫不动摇”，对外更积极地参与全球经济治理，对国资、国企有新的要求和期望；作为终极所有者的全体公民，对国有资本的“全民所有、全民共享”有新的期待。四是包括国企在内的中国企业在加快国际化进程，我们必须适应和参与制定相关国际规则。

有鉴于此，国企改革的目标不能就国企而论国企、就国资而论国资，不能仅仅局限于国资、国企的本位目标，而应以“三个有利于”为标准，以提升国民经济整体效率和国家经济竞争力为目标，以提升国有资本效率、增强国有企业活力为中心，构建国民共进、协调发展的经济格局，在推动经济增长与转型、促进社会和谐与文明进步中发挥更积极作用。

要实现这一目标，新一轮国企改革需要完善一个制度基础、聚焦两个主攻方向：构建系统、明确的国家所有权政策体系，为深化国企改革提供更完善的制度基础；将“以发展混合所有制经济促进国有企业转变经营机制，以管资本为主完善国有资本管理体制”作为两个主攻方向。“管资本”为发展混合所有制经济提供了条件，发展混合所有制经济对“管资本”提出了能力要求。两者交互影响，并且都要求构建更清晰的政企关系、更良性互动的“国民”关系，

因此又都与国家所有权政策密切相关。

## 二、构建更系统、更明确的国家所有权政策体系

国家所有权政策指国家作为所有者，关于国家出资和国有企业的公共政策，说明国家投资兴办企业或出资的目标、功能、作用和领域，明确国有企业的治理方针和实施方式，明确处理国有企业与其他企业关系的基本规则，是与国资、国企相关的重要的基础性政策。我国已制定了系列国家所有权相关的政策系列，但问题是这些政策散布在各个部门、不同层级的制度体系中，缺乏系统性和明确性。

系统、明确且具有指导性和可操作性的国家所有权政策，是顶层设计的重要内容，也是深化国有企业改革必要的制度基础。在中国经济发展进入新阶段之际，需要促进国有企业与其他类型企业的相互理解和互动，增进国民对国资、国企的认知和认同。为了使“国家”能作为知情、积极的所有者行事，政府有必要系统梳理并公布清晰一致的所有权政策，明确国家所有权目标以及如何实施所有权政策，国家如何在国有企业公司治理中发挥作用，如何保障国有企业公司治理的专业化和有效性，并以信息透明和问责等方式贯彻落实。

因此，需要将目前分散的国家所有权政策系统化，结合财税政策、竞争政策和产业政策等公共政策，系统阐述关于国有企业的功能、分布，从根本上理顺国家与国企的关系，明确如何处理国有资本与非国有资本、国有企业与非国有企业的关系等重大问题。明确关于国家出资和国有资本运作的国家所有权政策，也有利于国企摆脱不当干预，促进自身的改革发展。

第一，国家所有权政策作为高阶位的公共政策，基本依据是《公司法》和

《企业国有资产法》，主要按资本规则作为，分为总体政策和具体政策两个层面，包括政策目标和工具手段两个方面。包括：①明确提出国家作为所有者的总体目标，包括设定所有权机构和国有资本的目标。总体目标还可以分解，并可以具体到按行业分类提出。②明确所有权机构的受托责任、主要职能、组织结构及其履行国家所有权权利的主要原则，如明确政府机构内分别履行所有权政策制定、执行和监督职能的部门等。③营造与民营经济公平竞争的环境。中国经济发展到当前阶段，国家所有权政策有必要有意识地强调竞争中立。如在处理“国民”关系上，政府秉持中立态度、保证政策中性，确保各种类型企业之间的公平竞争。

第二，国家所有权政策作为关于国家出资企业的政策，要说明国家出资的领域以及国家出资的方式，明确国家的责任及作用，明确与国有资本相关的重要关系的处理原则，建立国有企业的经营绩效评估、审计、报告和信息披露机制，制定并完善国有企业负责人的薪酬制度等。目前这部分的内容主要分散于从党的代表大会报告到相关部委制定的文件等不同层面之中，有必要做一次系统的梳理、整合和完善。

第三，除了整理形成系统化的国家所有权政策体系外，还需要构建促使国家所有权政策不断完善、有效实施的组织体系，完善保障国家所有权政策得以有效实施的法律体系。

此外，国家所有权政策还可以成为政府保持公共沟通的有效工具，通过建立国有资本国家报告制度和完善国有企业信息披露制度等，使公司、市场和公众明确了解国家作为所有者的战略目标及长期承诺，了解国有资本整体经营状况、经营决算和收益分配等情况。

## 三、构建重视投资收益的国有资本管理体制

完善国资管理体制，目标之一是为国有经济可持续发展提供可持续的国有资本投资收益，并成为公共财政的补充来源；目标之二是利用资本的流动性实现国有经济的有序进退和布局结构优化调整。这要求淡化国有资本的“工具”和“抓手”功能，强化国有经营性资本的收益性功能，做强、做优、做大国有资本。

完善国资管理体制的首要问题或者前提条件是国有资产监管机构转变职能和转换管理方式，为提升国有资本效率和释放国有企业活力创造基本环境。某种意义上来说，当前深化国有企业改革的主要对象已经不仅仅是国有企业，更包括国有资本及其之后的党政机构。就国资监管机构而言，一方面，需要将与所有权政策制定及其他公共管理相关的职能移交给其他相关政府部门，摆脱“股东加公共管理者”双重角色于一身的定位，以更为纯粹地履行出资人代表和所有权执行机构的职责；另一方面，适应“管资本”的要求，调整组织结构和人员结构，提升管资本能力，从偏重于行政化管理转向以市场化管理为主。更长远地，可考虑向具有独立民商法主体地位的公司制、市场化出资人机构转型。此外，国资管理体制改革的节奏和力度，不能取决于作为所有权政策执行机构的国资监管机构，而应由所有权政策制定机构来主导相关的政策制定和方案设计。

有必要同时均等地进行间接和直接两种国有资本授权经营模式试点。间接授权指由国资监管机构授权国有资本投资、运营公司履行部分出资人职责，这有利于弱化直接干预和强化监督；直接授权指由政府直接授权国有资本投资、运营公司履行出资人职责，这有利于简化层级、提高效率。两者各有

利弊。目前的国企改革偏重于间接授权，忽视了直接授权。同时均等地进行间接和直接两种国有资本授权经营模式试点，有助于引入制度竞争，使得试点成为有竞争、能比较、可评估的“赛马机制”，有利于将来在更大范围内择优推广成功模式和先进经验，或者更有针对性地分类选择合适的授权经营模式，具有现实价值和政策意义。在实践中，一些地方的一级国企数量在20~30家左右，具备了探索直接授权的条件，个别地区已经开始直接授权试点。在实践中我们也发现，对一些已经基本实现了整体上市的国有企业，再进行国有资本投资、运营公司试点，要么对其直接授权，要么彻底实现整体上市，可能才更有改革意义。

构建以财务硬约束为核心的国有资本委托代理体制。首先，明确国有资本委托代理的首要目标，是提高国有资本投资收益和经营效率，这要求降低委托代理成本，提供有效激励约束。其次，可将国有资本分类管理，如分为商业和公益两类。第三，建立国有资本委托代理的财务制度和法律制度，形成有法律保障、可追溯产权责任的委托代理关系，实现产权制度所要求的“权责明确”。最后，重构绩效评价体系和作为考核依据的财务指标体系，新的财务指标体系以股东回报率为核心，尽可能简单、直观但能形成财务硬约束；考核周期应适应资本“募投管退”规律性特征，更加注重中长期绩效表现。总之，构建国有资本委托代理体制，要以财务约束为主线，以提高透明度为基础，重点是强化国有股东权益保护，防范可能的权能失控风险，关键是保持一定压力下的动力可持续性。

创新委托代理关系。一是，基于国有资本投资、运营公司这类公司制、市场化的出资人机构，构建基于市场化原则的委托代理关系，这是完善国资管理体系和实现“以管资本为主”的核心环节。二是，党政系统依附于国有资本的行政委托代理关系到“两类公司”为止，自此以下转换为市场化的经济委托代理关系。三是，“两类公司”既要实现从行政委托到经济委托的转换，又要体现国有资本的资本性和公共性这双重属性，还要实现政资分开和政企分开的“双重隔离”，保证“两类公司”具有管资本的专业能力和主动性。

在高于实体企业的层面建立、完善国有资本布局政策和动态调整机制。这方面的工作包括与国家发展战略和产业政策相结合来调整国有资本布局和流动，规范政府对国有企业资本金调整机制，构建国有资本特殊股管理制度等。当前阶段，在一般竞争领域，国有资本应更多地提倡“搭混合所有制企业便车”，不追求控股权；发挥国有资本强调规范、重视社会效益的作用，利用民营资本机制灵活、重视财务效益的优势。在十八届三中全会《决定》明确的重要行业和关键领域，国有资本要重点投入，以服务国家战略目标、体现国家意志。在民生与公益领域，国有资本要加大投入，发挥克服市场失灵作用，体现“全民所有、全民共享”属性。

完善国有资本经营预算制度，进一步推动国有资本经营预算与公共预算的有机衔接，改善经营预算收入结构和支出结构。国有资本收益上交阶段要体现国有股东权益，国有资本收益支出阶段要更加体现国有资本公共属性，如在国有资本经营预算支出项中设立专项用于保障和改善民生，体现国有资本全民所有、收益全民共享。

## 四、混合所有制经济是主动改革的必然结果和发展趋势

混改试点开始发挥以点促面的作用，具备了战略性展开的基础。实践表明，混合所有制企业是整合不同所有制优势而形成的具有新机制的全新企业，对体制也有新要求，将成为国有经济的主要存在形式。

混改要进行战略性展开，首先要解决认识问题。三十多年的探索表明，中国发展混合所有制经济不是一种过渡性措施或短期行为，也不是不得已而为之，而是主动改革、积极推动的必然结果和发展趋势。建议以“两个毫不动摇”为导向，实现国民经济协调发展和国民共进、互利共赢为重点，加强混改舆论宣传、政策解读，阐明目标方向和重要意义，引导地方政府和各类企业对混改加深理解，提升认识，消除顾虑，将混合所有制经济作为中国特色社会主义经济的重要体现和重要内容。

其次，要推进混改相关配套政策的及时跟进。以“不因推进改革增加企业负担”为原则，推动土地处置、债务核销、资产评估、资质变更等相关配套政策的跟进与完善，明确实施细则；及时清理已经过期或不适应新形势而需要调整的相关政策。

第三，发展混合所有制经济有多种形式，包括从企业和项目不同层面采用多种方式推进，既包括在企业层面推进双向式进入、股权所有制性质多元化的混合所有制改革，也包括在基础设施建设等领域的PPP等。

最后，明确混改的目标之一是促进企业转换机制。企业混改之后应及时改制。一是在推动股权多元化和优化股权结构的基础上，完善治理结构、健全公司治理，促进国有企业转变经营机制。二是重构国有资本出资人代表机构与混合所有制企业的关系，国有股东应以公司治理为渠道，以派出专职股权董事为手段，按市场化方式履职行权，实现国有股东人格化，做积极股东，但不干预混改后企业的日常经营。三是在符合条件的混合所有制企业，通过员工持股实现企业与骨干员工的利益和风险绑定，使最关心企业效益、了解内部信息的利益相关者成为股东。四是持续跟踪与支持混改后的企业发展，促进转机制落实到位。五是实现各种所有制资本取长补短、相互促进、共同发展，使转机制能产生实际成效。此外，由于国有企业经营机制的转变必然涉及国有资本管理体制的完善，这就要求国有资本管理体制改革先行，为深化国企改革优化环境、创造条件。

国企改革已经进入攻坚阶段，需要重点突破也需要配套跟进。因此，国企改革取得实质性进展还需要相关改革配套措施的跟进与匹配，如加快推进垄断行业体制改革、完善信息披露制度、释放人的积极性等等。此外，还需要完善国企改革的推进方式，协调好顶层设计与基层探索、中央与地方、立新与废旧之间的关系，推动改革方案落地。

# 制度基础

# 国有经济与民营经济关系

“明确如何处理国有资本与非国有资本、国有企业与非国有企业的关系”，是国家所有权政策体系的重点任务之一。我们建议坚持“两个毫不动摇”方针，按公平竞争原则、秉持竞争中立态度处理“国民关系”，促进“国民共进”和协调发展。

## 一、中央已经明确了“两个毫不动摇”的基本方针

改革开放以来，“国民关系”经历了从“大公无私”逐步向“国民共进”不断调整的过程。在这一过程中，国家所有权政策体系不断完善和民营经济政策体系逐步改善，以适应环境变化和实现协调发展。“国民关系”具象投射到企业层面，主要表现为国有企业持续改革和民营企业蓬勃发展的演进历程。

中央明确了基本经济制度必须坚持 “两个毫不动摇” 。自1978年以来，中国的“国民关系”发展历程虽然较为曲折，但“国”与“民”两者共同奔向公平竞争的市场地位的整体方向从未逆转。民营经济从不允许存在到得到承认，从“公有制的必要的和有益的补充”到“社会主义市场经济的重要组成部分”，进而跃进到平等享受“国民待遇”的市场主体，实现了从“资本主义尾巴”到微观基础的历史性飞越。与此同时，国有经济通过战略性调整布局结构

“有进有退”、完善国有资产管理体制等举措，在国民经济中发生了从绝对主体地位到发挥主导作用的转变。

在这一过程中，国有企业主要是为了摆脱政企不分的桎梏，获取独立的市场主体地位，民营企业主要是争取平等的“国民待遇”地位。“国民关系”也因而经历了“主体与补充”“两个毫不动摇”“两个平等”“两个都是”的逐步调整和渐进发展。十八届三中全会已将“国民关系”明确为“两个都是，两个毫不动摇，平等、公开公平公正、同等”[①]，在中央文件层面，两者关系已经完全平等。同时需要注意的是，虽然国家通过修订宪法，制定《公司法》《企业国有资产法》和《中小企业促进法》等，不断强化对改进“国民关系”的法制支撑，但由于法律修订的相对滞后性，公有产权主体与私有产权主体的法律地位在现有法律框架内仍有一些方面是不平等的[②]。

**表1　改革开放以来中央文件关于“国民”关系的论述的演进**

| 主要观点 | 时间 | 基本论述 | 背景 |
|---|---|---|---|
| 承认民营经济 | 1978年十一届三中全会公报 | ● 社员自留地、家庭副业和集市贸易是社会主义经济的必要补充，任何人不得乱加干涉 | ● 改革开放初期个体私营经济的发端雏形 |
| | 1982年十二大报告 | ● 坚持国营经济的主导地位和发展多种经济形式<br>● 在农村和城市，都要鼓励劳动者个体经济在国家规定的范围内和工商行政管理下适当发展，作为公有制的必要的和有益的补充 | ● 十二大：计划经济为主，市场调节为辅<br>● 十二届三中全会：社会主义经济是公有制基础上的有计划的商品经济 |
| | 1982年12月五届人大第五次会议 | ● 把发展和保护个体经济写入《宪法》：“在法律规定范围内的城乡劳动者个体经济，是社会主义公有制经济的补充。国家保护个体经济的合法的权利和利益 | |

① 即“公有制经济和非公有制经济都是社会主义市场经济的重要组成部分，都是我国经济社会发展的重要基础”，“必须毫不动摇巩固和发展公有制经济。必须毫不动摇鼓励、支持、引导非公有制经济发展”，“国家保护各种所有制经济产权和合法利益，保证各种所有制经济依法平等使用生产要素、公开公平公正参与市场竞争、同等受到法律保护，依法监管各种所有制经济”，“公有制经济财产权不可侵犯，非公有制经济财产权同样不可侵犯”。

② 主要体现为法律优先保护国有产权。这不仅体现在宪法对不同权利保护的表述不同上，更体现在民事法律和刑事法律对不同权利的保护程度不同上，有时候也表现为还会直接立法或出台具体政策排斥民营竞争者。

**续表**

| 主要观点 | 时间 | 基本论述 | 背景 |
|---|---|---|---|
| 民营经济是有益补充 | 1987年十三大报告 | ● 在公有制为主体的前提下继续发展多种所有制经济<br>● 私营经济是存在雇佣劳动关系的经济成分，是公有制的必要的和有益的补充。必须尽快制订有关私营经济的政策和法律，保护它们的合法利益，加强对它们的引导、监督和管理 | ● 十三大提出社会主义有计划商品经济的体制应该是计划与市场内在统一的体制<br>● 十三届四中全会后：建立适应有计划商品经济发展的计划经济与市场调节相结合的经济体制和运行机制 |
| | 1988年对1982年宪法进行了第一次修正 | ● 首次承认私营经济合法地位，规定“国家允许私营经济在法律规定的范围内存在和发展。私营经济是社会主义公有制经济的补充。国家保护私营经济的合法权利和利益，对私营经济实行引导、监督和管理” | |
| | 1992年党的十四大 | ● 以公有制包括全民所有制和集体所有制经济为主体，个体经济、私营经济、外资经济为补充，多种经济成份长期共同发展，不同经济成份还可以自愿实行多种形式的联合经营 | ● 十四大：我国经济体制改革的目标是建立社会主义市场经济体制<br>● 1994年出台《公司法》 |
| 非公经济是市场经济的重要组成部分 | 1997年十五大报告 | ● 坚持和完善社会主义公有制为主体、多种所有制经济共同发展的基本经济制度<br>● 非公有制经济是我国社会主义市场经济的重要组成部分；非公有制经济对促进国民经济的发展有重要作用 | |
| | 1999年第二次宪法修正案 | ● 承认私营经济是社会主义市场经济的重要组成部分 | |
| “两个毫不动摇” | 2002年十六大报告 | ● 必须毫不动摇地巩固和发展公有制经济<br>● 必须毫不动摇地鼓励、支持和引导非公有制经济发展<br>● 坚持公有制为主体，促进非公有制经济发展，统一于社会主义现代化建设的进程中，不能把这两者对立起来 | 2001年允许民营企业家入党 |

续表

| 主要观点 | 时间 | 基本论述 | 背景 |
|---|---|---|---|
| “两个毫不动摇”；“平等保护”“平等竞争” | 2007年十七大报告 | ● 坚持和完善公有制为主体、多种所有制经济共同发展的基本经济制度，毫不动摇地巩固和发展公有制经济，毫不动摇地鼓励、支持、引导非公有制经济发展，坚持平等保护物权，形成各种所有制经济平等竞争、相互促进新格局。 | |
| “两个毫不动摇”；“平等使用”“公平竞争”“同等保护” | 2012年十八大报告 | ● 要毫不动摇巩固和发展公有制经济<br>● 毫不动摇地鼓励、支持、引导非公有制经济发展，保证各种所有制经济依法平等使用生产要素，公平参与市场竞争，同等享受法律保护 | |
| “两个都是”，“两个毫不动摇”，“平等、三公、同等” | 2013年十八届三中全会 | ● 公有制经济和非公有制经济都是社会主义市场经济的重要组成部分，都是我国经济社会发展的重要基础<br>● 必须毫不动摇地巩固和发展公有制经济，坚持公有制主体地位，发挥国有经济主导作用，不断增强国有经济活力、控制力、影响力。必须毫不动摇地鼓励、支持、引导非公有制经济发展，激发非公有制经济活力和创造力<br>● 公有制经济财产权不可侵犯，非公有制经济财产权同样不可侵犯<br>● 国家保护各种所有制经济产权和合法利益，保证各种所有制经济依法平等使用生产要素、公开公平公正参与市场竞争、同等受到法律保护，依法监管各种所有制经济 | |

## 二、“国民关系”不是简单地此消彼长而是相互促进

改革开放以来，国有经济在国民经济中的占比的总体趋势是下降，这主要是由于民营经济更快速的发展和国有经济主动进行的战略性调整。国有经济

的战略性调整，为民营经济在一些竞争性领域腾出了成长空间；国有企业“抓大放小”等举措，为民营企业成长和规模化发展创造了条件；国企改革的溢出效应，提升了民营企业的技术水平和人员素质。政策的放松、国有企业腾挪出的发展空间，加上民营企业自身具有的机制优势，使得民营经济实现了从无到有、从小到大、从弱到强的跃迁。民营经济快速发展与壮大，则对国有经济产生了“鲶鱼效应”。国有经济在国民经济中的的比重虽然降低，但活力、控制力、影响力和抗风险能力得到增强，国有资本实现了保值增值。国有经济与民营经济都是经济发展的“工具”，二者辩证的对立统一关系，统一于中国社会主义市场经济的发展中，在相互竞争、相互促进中呈现出共进态势，共同支撑了中国经济近40年的快速增长。

## 三、“国民关系”的趋势是相互融合而非绝缘独立

自20世纪90年代以来，国有企业通过改制上市、引入非国有资本新设合资企业、员工持股等多种形式开展了混合所有制实践。十八届三中全会明确混合所有制经济是我国基本经济制度的重要实现形式。混合所有制成为各种资本取长补短、相互融合、共同发展的有效途径。很多地方国企的混合所有制比例已经很高，如截至2016年底，上海市整体已达到60%~70%；广东2711户省属国企中，混合所有制企业约为51%，其中广州、深圳分别超过70%和75%。中央企业群体中，混合所有制企业户数占比接近60%，中央企业资产总额的56%、净资产的70%、营业收入的62%在上市公司。总的来看，国有经济与民营经济通过双向进入式地发展混合所有制经济，已经你中有我、我中有你，而且相互融合程度在逐步加深。

## 四、“国民关系”的调整和变化，是企业实践的结果，也是理论升华促进相关政策调整、影响和引导的结果

“国民关系”的向前发展，源于各界对国有经济和民营经济认识的深入，以理论创新去适应或引导两者的发展，政府与时俱进地调整相关政策。国家通过修订宪法，制定《公司法》《企业国有资产法》和《中小企业促进法》等，不断强化对改进二者关系的法制支撑。理论、政策和实践的交互促进，使得中国在坚持公有制为主体、多种所有制经济共同发展的基本经济制度框架内，形成了“国”与“民”双轮驱动的经济格局。

## 五、“国”与“民”应在各自优势领域发挥作用，实现“国民共进”

在国民经济中，国有经济发挥主导作用，民营经济成为主体力量，形成了国有企业顶天立地、民营企业铺天盖地的竞相发展的企业格局，提升了国民经济整体效率和协调发展能力，增强了国民经济的国际竞争力。两者在各自优势领域发挥作用，公平竞争，才能相得益彰。站在历史的新关口，我们需要进一步完善国家所有权政策体系、更好地改善和落实促进民营经济发展政策，进一步清除各种形式的所有制歧视，淡化所有制色彩，弱化规模化导向，强化公平竞争意识，平等保护产权，打破行政垄断，放松管制，鼓励竞争，支持创新，激发和保护企业家精神，提振企业家发展信心、增强其安全感，促进企业提升稳定预期和增加长期行为，更好地构建国民共进、协调发展的经济格局。

# 国有企业与竞争政策

理论上而言，国有化本来与规制、反垄断立法一道，是政府解决因垄断而导致市场失灵的方法之一。但在各国实践中，特别是在那些政企关系不清晰、相关法律和政策不完善或者未能及时适应发展阶段而调整滞后的国家，国有化有时候不但没有很好地解决市场失灵问题，反而制造了更多的市场失灵、扭曲了市场机制，影响了公平竞争，导致资源浪费、成本提高和低效率。

中国是世界上国有企业最多、国资规模最庞大、国有资本行业分布最广泛、国资管理体系最复杂的国家，国企改革发展的经验教训尤其丰富深刻。长期以来，中国国企改革的重要任务之一就是促进国有企业与市场经济的融合、公平地参与市场竞争。

## 一、“溺爱式”国企政策影响公平竞争

我国国有经济比重较高。政府的“父爱主义”以及被视为“共和国长子”的国有企业，使得国企政策具有被“溺爱”特征，导致国有企业具有利用优势地位、政企关系和规模实力等妨碍公平竞争的能力。

## （一）国企相对民企具有优先发展的政策优势

改革国有企业和发展民营经济是中国经济体制改革的核心内容之一。改革开放以来，“国民关系”发展历程虽然较为曲折，但“国”与“民”两者关系向公平竞争的方向发展从未逆转。在中央文件层面，两者关系已经完全平等。但在实际的市场竞争中，由于政策惯性和传统思维，所有制歧视和规模化导向仍然不同程度存在，民营企业仍然时常感受到难以与国有企业开展真正的公平竞争。国企利用密切的政企关系，获得了政策优惠、资源倾斜，在市场准入、融资、土地和矿产等自然资源等方面对民企具有明显优势，具备对民企实施全方位压制的能力。主要具体表现为以下4点。

（1）法律优先保护国有产权。这不仅体现在宪法对不同权利保护的表述不同上，更体现在民事法律和刑事法律对不同权利的保护程度不同上，有时候也表现为一些地方或部门出台具体政策排斥民营竞争者。

（2）政策优先优惠国有企业。作为“共和国长子”，国有企业更多地享受了政府的“父爱”，这体现在：产业政策一直以国有企业为重要实施主体和主要作用对象；金融政策一直将支持国有企业改革和发展作为重点之一；资本市场着重为国有企业改革发展提供融资服务和支持；对国企改制实施资金扶持、财政支持和税收优惠等，对经营难以维持的国企实施补贴、剥离不良资产、债转股、政策性破产等。

（3）自然资源更多向国有企业倾斜。相较于民营企业，国有企业一般更容易获取土地、矿产等资源。

（4）融资优先优惠国有企业。“借贷两侧预算软约束”使得国有企业在获取金融资源方面具有明显优势。直接融资中，截至2015年底，在我国A股上市公司中，国有控股上市公司数量占35.93%，市值占上市公司总市值的

47.09%；间接融资的80%流向国有企业。而在市场竞争中，国有企业难以避免地有冲动去利用这些优势和能力，采取一些限制、压制、排斥民营竞争者的做法。

总之，大型国有企业或利用规模实力和资源优势，或利用垄断地位，或利用政企关系，具有影响甚至改变市场竞争格局的能力。一般民营企业实际上很难与其公平竞争。

### （二）国企的排斥影响外企融入中国经济

外企融入中国经济是一个趋势，也对中国经济发展发生作用、做出贡献。其中之一是其在市场竞争中发挥了“鲇鱼效应”。但有些国有企业或出于减轻外企进入中国市场所带来的直接冲击等考虑，或出于对外资的不信任，或担心产业安全等，而利用政企关系、政策优惠、资源倾斜等，对外企在参与市场竞争等一些方面持排斥态度。此外，在政策执行层面，有时候也会出于“保护民族产业、保护消费者权益”等考虑，将外资企业作为垄断管制和市场集中调查的重点对象。

开放可以促改革，外企融合发展对中国提升经济竞争力仍然具有重要作用。近几年的外企撤离与我国的主动经济转型和利用外资政策调整有关，但也与营商环境不如预期有关。我们对这些批评、指责需要重视和保持警醒。

### （三）国企行业垄断导致一些领域难以实现公平竞争

目前我国国有企业垄断的主要形式是行政垄断。行政垄断中，主要表现形式是以国有企业为主体的行业垄断，突出表现在电力、电信、民航、铁路、石化等行业领域。近年来，这些领域的国有企业虽然在不同程度地加深改革，但行业垄断格局仍然没有从根本上被打破。行业垄断造成了较严重的负面影响：

（1）行业垄断限制了行业竞争。在国企垄断领域或垄断国企，资源浪费、经营效率低、部分产品价格居高不下、服务质量难以提高等问题较为常见。

（2）行业垄断滋生了既得利益集团，常常以各种借口阻碍、延缓改革。少数垄断行业的在位国有企业，不仅影响公平竞争，有的也由于盘根错节的复杂政商关系，“绑架”政府，甚至有时候还影响和干预政治。

（3）行业垄断导致行业工资差异大，形成不公平。

### （四）不公平竞争导致的危害

从实践上来看，由于根深蒂固的规模化导向和所有制歧视，过去30多年，中国政府在资源投入和行业干预等方面一直优先呵护大型国有企业；大型国有企业比中小民营企业更容易获取资源，更容易与政府形成紧密的政企关系。国有企业若不公平竞争，将影响经济效率、妨碍创新创业，并产生严重道德风险。

（1）抑制经济。囿于委托代理、体制约束、机制失衡、政策性负担和多元化目标等影响或制约因素，国有企业大多存在生产与创新双重效率损失，经济抑制效应拖累整体经济增长。一是政策偏好和过多的资源配置到并不具备效率优势的国有企业，降低了经济效率，影响国民经济整体效率和协调发展，加剧宏观经济的不稳定性；二是国有企业与政府的密切关系，可能导致扭曲市场机制、异化资源配置、影响公平竞争；三是区域性、结构性的“国进民退”，导致经济脆性整体较高；四是在某些以国有企业为主体的垄断领域，部分存在“排斥竞争、阻碍改革，破坏市场规则、扭曲市场秩序”等现象，实际上很难建立公平竞争环境。五是一些国有企业仍然存在管理行政化、组织机关化等现象，效率低下、服务较差，腐败问题、分配问题突出。

（2）影响公平。不仅体现在其他所有制类型企业难以与国有企业公平竞争上，也反映在收益分配上。一方面国有资本经营收益上交比例偏低，另一方面国有资本收益还长期在国企体系内循环，这不但加剧了国有企业软预算约束、盲目投资、腐败浪费等问题，更严重的是，全民所有的国有资本收益全民共享体现不足，民众对国有企业的贡献缺乏直接感知，缺乏认知导致缺乏认同。此外，行业间工资差异大。由于行业垄断，不同行业的国有企业的工资差异巨大；同一行业内国有企业与非国企的工资存在差异，而且往往差异越大，越非由于能力和努力造成；国有企业内部，因劳动用工性质和身份不同也导致工资差异巨大。

（3）阻碍激发企业家精神。一方面是国有企业自身机关化、官僚化的倾向以及政企之间的“旋转门”，导致国企群体很难产生真正意义上的企业家；另一方面，国资管理体系的不完善，导致对国有企业很容易出现官僚主义压制企业家精神的现象。而较为广泛、普遍存在的国有企业相对非国有企业的不公平竞争，影响了更大范围企业家精神的保护和激发。这进而会影响创新驱动发展战略和产业转型升级。

（4）容易滋生腐败和产生道德风险。国企与政府间的密切关系、国企作为总承包商与分包商之间的关系，容易滋生腐败及产生各种隐形的利益输送，扭曲政商关系，破坏营商环境。

## 二、竞争政策与国有企业：国际经验

法国的国有经济占比较高，采取国家主导型的市场经济模式，在尊重市场经济主导地位的同时，也有着强烈的国家调控性特征。北欧国家的国有企业规模及其在国民经济发展中的地位明显高于其他发达国家。这些国家的政府如何有效规制国有企业、国有企业如何公平参与竞争，相关经验具有一定借鉴作用。

## （一）确立竞争政策的优先地位，建立公平竞争的市场环境

在欧盟，竞争政策具有优先于产业政策的地位：欧共体条约规定，当欧共体产业政策与竞争政策发生冲突时，优先适用竞争政策。自20世纪80年代开始，欧洲统一市场开始兴起，取消了国家对价格的管制，建立了竞争监管机制。在这种背景下，欧盟国家更注重建立公平竞争的市场环境。如法国政府对国有企业没有任何价格或其他优惠政策，国有企业只能遵循市场规律，在公平的竞争环境满足用户需求及股东和员工的期望。在挪威，竞争性的国有股份有限公司、混合持股企业同其他企业完全一样，没有任何特殊优惠。

在这样的环境下，国有企业只能公平参与竞争。首先，国有企业不是无限制地广泛布局。如法国政府于2004年决定，把国有经济集中在垄断性的公用服务及部分与国防相关的行业。目前，法国国有企业主要分布在港口、机场等基础设施、能源、航空航天和国防军工等基础领域。其次，国有企业普遍实行股权多元化改造和引入竞争机制，实行市场化经营，学习私营企业的管理模式。法国对一些过去完全由政府垄断的处于公用事业领域的行业和企业（如法国电力、法国电信、法国航空、法国燃气等）实行资本开放，通过改制在国际资本市场上市扩大融资来源，通过建立健全公司治理改进经营模式和适应国际竞争。最后，推行自主经营、自主决策、自担风险的自由企业制度，落实经营责任，国有企业特别是竞争性国有企业，既不存在政策性负担，也不存

在软预算约束。

### （二）重视监督

法国和北欧国家都重视构建针对国有企业的监督体系。

一是内部监督，如法国政府为防止国有资产流失并有效督促国企管理者，有四个部门对国有企业开展监督管理：议会的监管主要是宏观性和政策性的，决定国有企业的设立、撤销、所有权处置等事宜；财政部下属的国家参股局行使国家股东的各项权力，并对企业的经营管理进行监督；业务主管部门向国有企业派出政府特派员进行行业监管，主要监督对国家政策法规和行业标准的执行情况；审计机构对国有企业进行财务和绩效的双重审计。

二是外部监督，对于国有参股企业，政府可通过外部审计、专项审计等方式，对国有资本的经营效率进行评估。对于国有独资和控股企业，在开展审计监督的同时，根据需要派驻监察组，对此类企业的经营活动和财务管理进行监督。此外，还对国有股权管理机构的行为进行监督。

三是民主监督。公众作为国家的主人，是国有资本的最终持有主体，政府只是代理民众行使出资人职能。因此，对于宏观层面涉及国有企业的法律、政策、监督机制，以及微观层面国有企业运营状况和国有资产经营情况，都需要向公众公开，接受公众的监督，公众有权对相关问题开展质询。国际经验表明，越是国有企业较多的国家，民主监督、公开透明越是重要，越需要建立相应机制保障公众作为国有资本最终持有者的权利。

### （三）增强透明度

法国和北欧国家均重视国有企业的信息披露工作，执行《OECD国有企业公司治理指引》对国有企业信息披露相关要求（包括信息披露内容、渠道、对象和原则等），国有企业的信息披露主体和披露范围都很广；在信息披露内容和渠道上，一般是以上市公司为基准并兼顾国有企业特点。公开透明是瑞典国有企业最重要特点。瑞典国有企业向议会提交年度报告，对国有企业的季度报告也有固定的要求；瑞典公民均可参加国有企业股东大会，并有权提出质询，体现全民所有。

### （四）政企分开、分权管理、分类管理

法国和北欧国家都较好地实现了“政企分开”——其核心是“所有权”“经营权”和“监督权”分离。作为国有股东，政府设立专门机构行使出资人权利，对国有企业开展股权管理。委派代表进入企业董事会和监事会，参与企业的经营决策，并对企业经营情况进行监督。政府委派的董事同时承担企业与政府股东之间沟通协调的角色。对于公益性垄断行业的企业，政府委任的董监事还承担向企业传达政府政策等职责。但经营权则完全交给企业，保障董事会在企业决策中的核心主体作用。监督权由政府独立部门行使，主要负责对董事会、管理层的审计与监督，以及监督垄断行业国企贯彻执行政府要求的情况。分权管理方式隔断了行政命令对国有企业的影响。国有企业得以摆脱政府的不当干预，以独立市场主体的身份公平参与竞争。

分权管理方式保证了政企分离。以挪威为例，政府对国有企业的管理主要分两级。一是国家议会对国有企业实行法律管理职能，议会通过制定法律对企业行为进行规范，同时政府通过社会管理职能对各类企业实行间接管理。二是政府对各类国有企业的所有者职能，主要通过影响企业董事会来实现，政府主管部门通过董事会对企业进行间接管理，不干预企业日常经营活动，一切商业行为都由董事会负责。为解决所有者和监管者同一主体的问题，将所有权控

制和监管职能分配到主管部门以外的分立机构。此外，议会还设有专门的审计署，超越政府直接对国家有限公司实施定期独立的价值评估，测算这些公司的国有资本收益情况。瑞典在国有企业运行机制上采取分权管理模式。瑞典工业部下设国有企业管理局，其委任的代表加入国企董事会，但不享有特权，不向企业直接下达任何指令，不能代表政府指挥董事会，而只起到沟通信息的作用。芬兰情况也类似，由总理办公室的国有产权管理部对国有企业进行监督管理，但仅限于制订国企政策、对下属国企行使所有者权利、实施国有企业股权混改、分支机构重组、股票投资、协调国家各部委国有企业管理与合作等。

按照竞争和非竞争针对国企开展分类管理。无论是法国还是北欧国家，均按照国有企业在国民经济中的不同性质和地位，对国有企业开展分类管理，将非竞争性领域的垄断行业与一般竞争性行业相区分。对于非竞争性领域的公益、公共和服务性国有企业，政府可较多采取直接管理的办法；而对于竞争性行业，总的原则是应以市场为基础，主要实行间接控制，对这类企业的所有权管理具体体现为股权管理。

### （五）国有资本主要以混合所有制形式介入企业

挪威的国有资本主要以三种形式介入企业：一是国有独资的公益性垄断企业，如铁路、邮电等企业；二是国家股份有限公司，指经议会审议批准由政府间接管理，国家直接投资并持有股份的企业，如国家石油公司和挪威电讯公司等分别由能源部和交通部间接管理；三是国家与私人混合持股企业，这是挪威国有资本存在的主要形式。在瑞典，约1000余家国有控股或参股企业中，国有独资的只有70～80家，其他绝大多数实行不同程度的混合持股，而且国家股份份额呈不断下降趋势。在芬兰，国有企业也采取了国家控股、私人参股的形式，其中既有社会保险机构的股份，也有私人企业和个人的股份。政府对国有企业完全按照公司法进行管理，与私营企业享有完全相同的权利和义务。国有企业不享受任何特权，但也不承担特殊义务。

### （六）逐步完善国资管理体制

法国国有企业的管理体制，经历了从“行政管理”到“合同化管理”再到“国家股东管理”为主的转变。2004年，法国正式建立了国家股东代表机构——国家参股局（APE），这标志着法国国资管理体制实现了从“管企业”到“管资本”的转变。

## 三、确立竞争政策优先和基础性地位，坚持竞争中立原则，消除不公平竞争

国有企业基于优势地位可能影响公平竞争。从国际经验来看，在尽可能保证与其承担的社会义务相一致的情况下，让国有企业与民营企业受到相似竞争规则的约束非常重要。这包括竞争法和竞争中立政策，两者不可偏废。从各国实践来看，单独适用竞争法还不足以保证为国有和非国有企业建立公平的竞争环境，竞争中立政策还要同时发挥关键性作用。

### （一）确立竞争政策优先和基础性地位

对中国而言，确立竞争政策的优先地位和基础性地位，是市场经济的根本要求，也是应对经济全球化挑战的现实需要，还是对欧美日等国历史经验客观总结和对我国产业政策实践反思的结果。建立现代化经济体系，关键之一是确立竞争政策在经济政策体系中的基础性地位。

确立竞争政策的优先和基础性地位，意味着在未来的中国经济政策体系中，产业政策是特例，竞争政策是基础。同时，确立竞争政策的优先地位，也并不意味以竞争政策代替产业政策和两者的绝对对立。而是要促进产业政策与竞争政策的兼容、协调和融合。关键是建立竞争政策与产业政策的协调机制，原则是产业政策不能削弱和扭曲竞争。欧盟“产业政策被明确规定不能包含导致竞争扭曲的内容”，不仅确立了竞争政策优先于产业政策的地位，也使得两者的协调性大于冲突性。

对于国有企业，竞争政策优先意味着国有企业不得不面临真正的来自于市场竞争的挑战，首当其冲的就是过去所获得的行政垄断地位和资源配置优先地位等将面临挑战。如发展混合所有制经济的“三个允许”，将使国有经济和其他所有制经济形成你中有我、我中有你的格局，所有制概念将被淡化、藩篱被打破，这也意味着政策上的所有制歧视将被弱化；“进一步破除各种形式的行政垄断”使国有企业过去获得的行政垄断地位面临挑战。更重要的是，国有资本投向的调整、产业政策和金融机构对国有企业偏爱的弱化、垄断行业体制改革的深入推进，将使国有企业回归平等市场主体地位并退出不符合国家所有权政策的行业。十九大报告提出要“做强做优做大国有资本”，意味着国有企业难以持续接受国有资本流动性不足的庇护，来自资本市场的监督和压力将增强。

### （二）坚持竞争中立原则

“竞争中立”指不受外来因素干扰的市场竞争，保证在国有企业和非国有企业之间实现公平竞争，包括税收中立、债务中立、规则中立等。政府对国有企业和私营企业一视同仁，市场上所有商业经营者公平竞争。这一概念源自澳大利亚，经由OECD 推广，与我国国有企业改革方向基本一致，如要求政府秉持中立态度、保证政策中性，确保各类企业之间的公平竞争；淡化商业类国有企业的所有制色彩，不因其“国有”身份而再给予变相补贴、资源倾斜或政策优惠；等等。同时，“竞争中立”并不要求国有企业在竞争中主动谦让，国有企业可以正常参与竞争、追求利润，同时还需维持正常的商业回报率，只是不得利用“国有”身份谋求额外好处。这也适合我国当前阶段国企众多、国资庞大、布局广泛的实际国情，使得我们可以逐步调整、完善而非一蹴而就，有利于我们更好地坚持“两个毫不动摇”、更好地处理公有制经济与非公有制经济关系。正视并适当吸收、引用“竞争中立”概念，既有助于我们对内深化国企改革，也有利于对外应对相关国际协议国企条款挑战时在价值观、话语权等方面争取主动地位，有利于我们争取可能的豁免或例外待遇。

因此，政府有必要秉持价值中立原则，坚持以保证国有企业与私营企业公平竞争为核心理念的“竞争中立”原则，构建容纳国有企业并让其发挥良性作用的竞争政策体系。当然，我们倡导的“竞争中立”应回归其保证国有企业和私营企业公平竞争的本源属性和原旨，是真正的、不偏不倚的“竞争中立”。如澳大利亚模式的“国有企业回归企业本性”和WTO的“所有制中立”，更适合我国当前发展阶段和现实国企改革与发展的需要，其主要的制度安排也与中国当前国有企业改革方向相一致，可以适当借鉴和应用。

### （三）推进实质性国企改革，使国有企业作为独立市场主体公平参与市场竞争

要实现公平竞争，需要进一步打破垄断、放松管制、放宽准入、开放市场、鼓励竞争，既要发挥市场在资源配置中的决定性作用，又要更好地发挥政

府作用，意味着作为政府与市场“界面”的国有企业必须获得完整的独立市场主体地位，公平参与市场竞争。这要求淡化国有企业的“国有”色彩，恢复国有企业作为“企业”的根本属性，将其作为普通企业进行要求。这也意味着还要深化国有企业改革，力求取得实质性、突破性进展。

因此，国有企业需要适应已经发生重大变化的新的经济环境。新一轮国企改革的目标不能就国企而论国企、就国资而论国资，不能仅仅局限于国有企业的本位目标，而应以“三个有利于”为标准，以提升国民经济整体效率和国家经济竞争力为目标，以提升国有资本效率、增强国有企业活力为中心，构建国民共进、协调发展的经济格局，在推动经济增长与转型、促进社会和谐与文明进步中发挥更积极作用。

要实现这一目标，新一轮国企改革需要聚焦两个主攻方向：以发展混合所有制经济促进国有企业转变经营机制，“以管资本为主”完善国有资本管理体制。后者为前者提供了条件，前者对后者提出了“管资本”的能力要求。两者交互影响，构成新一轮国企改革的两大主翼，为培育世界一流企业提供动力。而且，这两大主攻方向实质上对国有企业必须公平参与市场竞争提出了明确要求，因为两者都要求构建更清晰的政企关系、更良性互动的“国民”关系，促进“国”与“民”协调发展。

混合所有制改革是国企成长为具有全球竞争力世界一流企业的重要途径。对于具有明显资源优势但又具有天然缺陷的国有企业而言，混合所有制改革类似于基因改造技术，只要体制合适和机制转变到位，将促进国有企业发生脱胎换骨式的变化。国有企业群体中要成长出具有全球竞争力世界一流企业，混合所有制改革将发挥关键性作用。过去几年混改试点积累了丰富经验，开始发挥以点促面的作用，现在已经具备了战略性展开的基础。

混改要进行战略性展开，首先，要解决认识问题。混改是长远大计而非权宜之计，中国发展混合所有制经济是主动改革、积极推动的必然结果和发展趋势，将混合所有制经济作为中国特色社会主义经济的重要体现和重要内容，混改要促进构建国民共进、协调发展的经济格局。其次，以“不因推进改革增加企业负担”为原则，推进混改相关配套政策的及时跟进。第三，明确混改不是“为混而混”，关键要促使企业转换机制，企业混改之后应及时转变和完善经营机制。这实际上对优化股权结构、破除传统国有企业“一股独大”问题和引入有制衡能力的新股东提出了要求，否则难以取得预期成效。最后，需要注意的是，混改必须与产权保护、释放人的积极性同步推进，否则很难取得预期进展。

由于国有企业经营机制的转变必然涉及国有资本管理体制的完善，这就要求国有资本管理体制改革先行，为深化国企改革优化环境、创造条件。因此，需要构建重视投资收益的国资管理体制，为做强、做优、做大国有资本和促进国有企业成为公平竞争的独立市场主体提供基础环境。推进国有资本做强、做优做大，需要进一步完善现有国有资产管理体制，淡化国有资本的“工具”和“抓手”功能，强化国有经营性资本的收益性功能。完善国资管理体制的首要问题或者前提条件是国有资产监管机构转变职能和转换管理方式，为提升国有资本效率和释放国有企业活力创造基本环境。其次，要构建以财务硬约束为核心、提高透明度为基础的国有资本委托代理体制，创新委托代理关系。再次，要在高于实体企业的层面建立，完善国有资本布局政策和动态调整机制。最后，需要进一步完善国有资本经营预算制度。

国际经验表明，信息披露是实现国有企业健康发展的有效办法。从我国上市公司监管转型的经验来看，以信息披露为主的监管体制也受到欢迎。对我国国有企业而言，需要进一步利用信息公开提高透明度。透明既是对其最好的监督，也是对其最好的保护（如有助于警醒政府减少对国企过多过度的直接干预等）。一是要充分利用资本市场提升国有企业透明度。二是以法律形式明确国资监管机构及国有资本控股企业等的信息披露业务和责任。三是建立国家报告制度。四是对非上市的国有资本控股企业明确具体的信息披露要求或建立制度。五是完善内外相结合的信息披露监管机制，加强社会监督。

# 国有企业与产业政策

20世纪80年代后期以来，产业政策在中国备受重视，政府出台大量产业政策，形成了庞大复杂、比较完整的产业政策体系，使中国成为世界上运用产业政策最多的国家之一。同样地，如何看待及未来如何调整中国产业政策，多年来一直存在较大争议。

## 一、中国产业政策的特点以及国有企业的“宠儿”地位

相较于其他国家，中国产业政策体系复杂性的体现之一是其制定主体的多元化和表现形式的多样化。除政策文件以外，还有法令、条例、措施、规划、计划、纲要、指南、目录、管理办法和通知等形式。其中比较重要或比较有中国特色的是：中央政府发布的正式政策[①]、中央部门发布的正式政策、地方政府和政府部门发布的正式政策、部门决议、会议决议、领导书面批示与口头指示、专项检查和专项整顿等七种。也就是说，中国产业政策体系的多层级性，决定了其具有“政策边界模糊，覆盖面过广”“行为方式不规范，直接干预市

① 与此相当甚至层级更高的产业政策表现方式还有法律和党的工作报告；这两种国家意志的体现有时也非常具体，对涉及的产业影响巨大。

场”“选择性明显”等特征。总的来看，中国产业政策具有较为明显的规模化导向，重点工作聚焦于抑制部分产业产能过剩和防止过度竞争，鼓励大型企业兼并重组、提高产业集中度，鼓励技术进步和创新，常常采取多部门联合行动及综合性行政干预措施，常常对微观经济进行直接行政干预。

在这种选择性、倾斜性和刚性的产业政策之中，国有企业具有优先地位，国有企业享有较多的政策便利和资源倾斜，更容易获得资源和拥有更多的机会。这使中国国有企业的规模与实力有了长足进步，在国民经济中发挥着支柱性作用，为经济社会健康发展做出了贡献。但囿于委托代理、体制约束、机制失衡、政策性负担和多元化目标等影响或制约因素，国有企业经营绩效相对不高问题仍然突出；由于国家所有权政策体系还不完善，同时还存在国有资本行业分布不尽合理、公益性体现不够及流动性不强等问题。政策偏好和过多的资源配置到并不具备效率优势的国有企业，扭曲了市场机制，异化了资源配置，影响了公平竞争，降低了经济效率。具体表现为：目前国有企业群体仍然拥有最多的资产，但没有创造出最多的价值；国有资本实现了保值增值，但国有资本的增加来自企业经营积累的占比不到一半；国有企业经营绩效远逊于非国有企业；国有资本在竞争性领域大量分布并过多地集中于产能过剩行业，而在战略性新兴领域布局相对过少。

上述种种问题的存在，要求我们进一步消除所有制歧视和弱化规模化导向，减轻国有企业兼具“效率弱势和资源优势”对经济增长的抑制。相应地，这要求我国的产业政策作出重大调整。

## 二、关于中国产业政策的基本结论：有失有得，亟待转型

在对中国产业政策效果的评价中，大多数研究结果都倾向于认为中国的产

业政策的作用和效果有限，只有部分产业政策在特定时期和追赶阶段起到了较大的作用，许多产业政策的制定和实施反而带来了较大的负面影响，甚至阻碍了产业结构升级和创新能力的增强。具体而言，表现为：结构政策和组织政策常常难以实现预定目标，对产业和对企业的扶持措施效果不佳，扶大抑小导致资源配置扭曲，并未能避免因集中度低和过度竞争导致的资源浪费，经常性的行政干预导致企业缺乏稳定预期和长期行为。

总体而言，改革开放40年以来，随着计划经济体制的逐步消亡，政府对产业发展的行政指挥作用和直接安排能力显著降低了。但是一方面，作为后起的工业化国家，政府希望行政力量能够在促进产业快速发展方面发挥重要的推动作用；另一方面，政府部门的权力意识和利益冲动仍然强烈存在，并往往借助于产业政策的形式来表达权力和实现利益。以各种形式存在的中国产业政策形成了一个复杂体系。

首先，整体上看，计划经济思想的惯性、认识上的误区、利益集团的干预、各层级政府之间的相互竞争，使中国产业政策很多时候难以达到目的和实现良好意愿，更多时候反而劣化了资源配置，扭曲了市场机制。其次，中国的产业政策很难找到切实的理论依据，“市场失灵”和“经济赶超需要”等理论依据或不充分或本身就存在问题；以政府意志代替市场竞争性集中过程和优胜劣汰机制，使竞争的学习机制和筛选机制失去作用，阻碍了创新与效率。第三，中国产业政策对微观经济的直接行政干预、多部门的联合行动及综合性行政干预措施、执行时的刚性强制，导致诸多抵触和批评，影响了其作用发挥，使实际情况往往偏离了产业政策预设目标。最后，从结果来看，中国产业政策的成效不佳。因此，中国产业政策需要简化和尽快转型。

一是应该极大地简化产业政策，将产业政策限定在市场失灵等特定领域。

二是中国的产业政策应加快“从选择性向功能性、从倾斜性向竞争性、从纵向向横向、从刚性向柔性”转型。三是要尽快建立公平竞争的审查制度，以保证产业政策促进竞争而非削弱或扭曲竞争。四是产业政策的施政选择要从“挑选赢家”转到提供服务。五是产业政策的重点在于促进知识溢出。六是产业政策应该强化社会性规制。七是就提升产业政策的绩效可度量性。八是应强化产业政策的可问责性。

## 三、国企政策要适应竞争政策基础性地位逐步确立的趋势，国有企业要主动适应促进公平竞争的政策取向

竞争政策与产业政策是政府规范市场经济的两种工具，但竞争政策更多地体现市场“看不见的手”的作用，产业政策的背后实质是政府“看得见的手”。因此，发挥市场在资源配置中的决定性作用，更好而不是更多地发挥政府作用，必须处理好产业政策与竞争政策的关系。我们认为，中国发展到当前阶段，产业政策与竞争政策两者的关系应定位为：**竞争政策优先、产业政策有限，促进两者的协调与融合**。核心是确立竞争政策的优先和基础性地位，关键是建立竞争政策与产业政策的协调机制，原则是产业政策不能削弱和扭曲竞争。这意味着在未来的中国经济政策体系中，产业政策是特例，竞争政策是基础，两者融合的趋势值得关注。

相应地，国企政策要适应竞争政策基础性地位逐步确立的趋势，国有企业要主动适应促进公平竞争的政策取向。国有企业作为政府和市场的“界面”，既要发挥市场在资源配置中的决定性作用，又要更好地发挥政府作用，要求国有企业公平参与竞争。

为此，我们需要适应中国经济政策体系从“以产业政策为中心”向“确立竞争政策基础性地位”的重大转变，重启新一轮实质性、有力度的国企改革。同时，我们既要避免国内对非国有企业的所有制歧视，也要避免在国际上一些国家针对国有企业的“竞争限制”和“所有制歧视”。从这一点出发，我们有必要认真研讨实施“竞争中立”原则的可行性。

# 产业政策与公平竞争

由于产业政策时间上的阶段性、空间上的差异性、主体上的层次性、成效测度上的模糊性和问责机制的事后性，使得如何看待及未来如何完善、调整产业政策，国际上多年来一直存在较大争议。

一方面，由于规模经济（垄断）、公共产品、外部性和非传统型市场失灵等问题的存在，单纯依赖市场在一些领域难以达到预期结果，为政府利用产业政策进行宏观调控、应对市场失灵提供了理论依据；同时，现实中“产业政策既存在于历史和当下的时间轴，也存在于发达国家和发展中国家的空间轴”，使得任何一个经济体都未能置身产业政策之外。但另一方面，信息不对称、激励不兼容、逆向选择、道德风险等，也为批判产业政策提供了理论工具；而从实际成效来看，产业政策往往收效甚微甚至事与愿违，使其广受诟病。

总的来看，各界从理论上，对于市场存在失灵和产业政策存在一定积极意义这一点，基本形成了较为一致的观点。但对于产业政策应多大程度干预市场和产业发展，政府应该制定什么样的产业政策和如何实施，尚存在很大分歧。

## 一、在一定发展阶段，产业政策是必要的

由于市场机制存在局限性，产业政策有助于应对市场失灵，有针对性的产业政策是能分辨市场缺陷或者溢出效应的有条理的重要手段。市场失灵和斯蒂格利茨提出的“非传统型失灵”为包括产业政策在内的积极政府干预主义提供了宽广的学理基础；罗德里克关于涉及信息外部性和协调外部性的市场失灵，论证了产业政策的必要性。而在现实中，产业发展过程中市场失灵现象又屡见不鲜，再加上产业政策与竞争政策融合的趋势，使得产业政策尽管饱受批评，但仍然在世界范围内被广泛使用。总之，学理上和实践中，由于存在市场失灵和外部性，需要政府宏观调控进行干预或弥补，而产业政策成为宏观调控实施微观干预的重要手段。

尤其是在发展中经济体，产业政策被认为有助于某些产业的快速发展和赶超。如辛格和斯蒂格利茨认为，产业政策为东亚国家的工业发展有效巩固了生产结构，弥补了市场的缺失与不完整性。陈清泰（2017）总结认为，中国改革开放以来实行的产业政策，在中国不同发展阶段取得了完全不同的结果：在经济发展的追赶前期，产业政策实施得大于失，在市场失灵领域效果较好①。中国改革开放的经验还表明，在早期计划经济破冰时期，作为增量改革的配套，选择性、倾斜性的产业政策曾经发挥过其作用。

但实施产业政策要注意其阶段性特征：对于发展中经济体而言，在其追赶阶段前期（一般也是快速发展期），具有调理性、竞争促进型的产业政策，通过增强市场型的施政方式，能较好引导和促进产业发展。对于处于领跑阶段的

① 当然，他也指出在经济发展追赶的中后期，产业政策的实施有失有得，失大于得，我们将在后文论述。

发达经济体，以促进信息共享、知识外溢、技能提升等为核心的产业政策，一般而言，有助于产业发展、激励创新、经济增长和社会福利。但随着产业的成长和市场的成熟，选择性的产业政策要少用、慎用，建立和完善竞争性的市场环境则变得越来越重要。

## 二、产业政策发挥作用存在一定条件

尽管无论是发达国家还是发展中国家，无论是在发展的何种阶段，产业政策都广泛存在。但从产业政策的制定和实施的逻辑来看，政策制定者是有信息、认知和利益局限性的，不可能制定出“完美”的政策；即便制定出了理想的政策，选择性解读与扭曲式执行等也常导致政策设计与初衷不相一致。

从历史经验来看，不同产业政策，手段方式不同、干预深度不同，可能获得的结果也大相径庭。同样的产业政策，在不同的发展阶段使用，获得的结果可能也大有差异。因此，产业政策发挥作用是有其特定条件的。即便产业政策可以达到理论上的设定，尽管产业政策有着促进经济发展的巨大潜力，但也只能在环境合适、条件具备等特定条件下才可以发挥作用。

（1）产业政策应局限于市场失灵领域或市场机制暂时难以发挥作用、市场难以启动阶段。产业政策的功能是在产业发展过程中弥补市场不足、矫正市场失灵。其立足之基在于市场机制充分发挥在资源配置中的决定性作用。因此，产业政策的施政，决不是替代市场，而是为市场主导的产业发展提供服务。因为市场虽然时常失灵，但政府也可能出现失误。

（2）产业政策的有限性局限在模仿型产业或赶超型产业。不少经济学家有保留地认可产业政策的积极作用，认为产业政策的有限性局限在模仿型产业或赶超型产业。对于创新，产业政策或政府干预的空间很小。

（3）产业政策的范围和实施方式受竞争政策的明确限定。如欧盟规定，产业政策不得有导致竞争扭曲的内容，实施产业政策不能采取可能导致竞争扭曲的措施，产业政策借用竞争政策的工具实施自己的目的，实施产业政策更加强调为所有产业营造良好环境的横向政策。

（4）以更分散、更有利于竞争的方式实施产业政策，才更能发挥其积极作用。阿吉翁等基于中国的数据，通过计量分析，发现在竞争性部门实施的产业政策、旨在维持或者促进竞争的产业政策，对生产率增长具有更显著的促进作用。促进竞争的产业政策，应是面向某个产业中所有企业的分散型辅助政策，或鼓励新企业和更高效企业的政策措施，这有助于弱化产业内在位的利益集团对产业政策施加影响。

上述特征在陈清泰（2017）一文中有较好的印证。该文指出，在中国经济发展的追赶前期，政府针对某些特定产业制定了相应的产业政策，这些产业政策在应对市场失灵领域效果较好。这些产业具备以下几个特点：一是都是国家安全和经济发展的重大需求，如载人航天、大规模集成电路、生产装备、基础软件等等；二是都有后发追赶的性质，政府有一定的信息判断力；三是从长远看，有可能形成或裂变出有市场前景的产品和产业；四是都是投资规模特别大、短期很难产生平均利润率、市场投资者近期没有投资意愿的领域。政府选择这类重大项目，以较大的政策力度支持其发展，为产业升级打下基础，又不会对市场竞争产生大的负面影响，是实施纵向产业政策的较好实例。

## 三、产业政策是特例，竞争政策是基础，两者融合值得关注

竞争政策与产业政策是政府规范市场经济的两种工具，但竞争政策更多地体现市场“看不见的手”的作用，产业政策的背后实质是政府“看得见的

手”。因此，发挥市场在资源配置中的决定性作用，更好而不是更多地发挥政府作用，必须处理好产业政策与竞争政策的关系。我们认为，中国发展到当前阶段，产业政策与竞争政策两者的关系应定位为：**竞争政策优先、产业政策有限，促进两者的协调与融合**。核心是确立竞争政策的优先和基础性地位，关键是建立竞争政策与产业政策的协调机制，原则是产业政策不能削弱和扭曲竞争。

确立竞争政策的优先地位。在欧盟，竞争政策具有优先于产业政策的地位：欧共体条约规定，当欧共体产业政策与竞争政策发生冲突时，优先适用欧共体竞争政策。对中国而言，建立现代化经济体系，关键之一是确立竞争政策在经济政策体系中的基础性地位；《关于在市场体系建设中建立公平竞争审查制度的意见》等文件均已明确要“确立竞争政策基础性地位”。经济发展的需要、国家政策的保障、法治建设的推进、价值目标的融合、社会的转型均为竞争政策优先打下了基础，也为竞争政策的后续推进和扩展提供了可能。

确立竞争政策的优先和基础性地位，意味着在未来的中国经济政策体系中，产业政策是特例，竞争政策是基础。但这并不代表完全放弃产业政策。更好而不是更多地发挥政府的作用，还有赖于产业政策在市场失灵领域，进行有效弥补。

将产业政策限定在特定领域。产业政策应以弥补市场失灵为主。产业发展的外部性包括基础设施（基础产业）领域、产业发展的共性技术创新领域、某些自然垄断性行业等，产品的技术质量标准和安全性等，这些领域存在较明显的市场失灵现象，需要产业政策的干预和支持。

产业政策应以功能性为主，不断精简选择性产业政策。产业政策的作用对象应从以企业微观市场主体为主向以产业为主转变。在自然垄断、外部性、公共物品等存在市场失灵的领域，强化功能性产业政策的运用，选择性产业政策要不断精简范围。

促进产业政策与竞争政策的协调、融合。确立竞争政策的优先地位，也并不意味以竞争政策代替产业政策。我们认为，产业政策与竞争政策并不绝对对立，两者融合可能更值得关注。如阿吉翁就认为，产业政策与竞争政策并不必然相悖，两者融合至关重要——“将两者割裂或视之为相互替代的关系，乃旧时之见”。在欧盟，“产业政策被明确规定不能包含导致竞争扭曲的内容”的要求，不仅确立了竞争政策优先于产业政策的地位，也使得欧盟的产业政策和竞争政策具有了协调性大于冲突性的特点。即使是独立的产业政策，其成功的关键也在于重视和促进竞争——即“竞争友好型”或“竞争促进型”产业政策才是我们所需；而竞争政策也都或多或少地存在着产业政策的因子。在特定发展阶段，推动产业政策与竞争政策从矛盾走向兼容，是世界各主要经济体几乎都经历过的必然发展进程①。中国的竞争政策和产业政策必须适应新阶段、新环境，强化兼容、促进融合，最大限度地发挥两者兼容、协调和融合的合力，促进经济持续发展和社会福利增加。

## 四、关于中国产业政策的相关调整建议：简化和转型

不论是从中国产业政策的特点来看，还是从其实施“有失有得”的成效来看，特别是在进入新的发展阶段后，中国产业政策亟待转型。

对产业政策的辩论实际上并不是要不要产业政策之争，而是政府职能改革之争，是是否要从全能型、发展型的有为政府转向维护型、服务型的有限政

---

① “美国以罗斯福新政和里根供给侧改革为标志性节点，曾经先后经历了竞争政策放松兼容产业政策和产业政策弱化兼容竞争政策的两轮政策兼容性调整；日本以20世纪90年代经济国际化和安倍经济学为标志性节点，也先后经历了压倒性产业政策收缩兼容竞争政策和压倒性竞争政策退让兼容产业政策的两轮政策兼容性调整。”

府之争。“就产业政策而言，真正的问题是，如何通过制度建设和建立激励机制，政府才能更好地为产业发展提供有效的服务。”

首先，我们建议中国应该极大地简化产业政策。尽量减少各种形式的产业政策，更多地让市场发挥决定性作用，而不是依靠政府的产业政策来选择和培育支柱产业、规定和控制产业规模、设定和提高产业集中度，因为事实已经证明产业政策很难发挥预想的作用。中国的产业政策需要更加妥善处理好政府与市场的关系，需要更加重视体现“探索知识、积累经验”、作为必要过程的市场竞争，尽可能避免用政府的判断和选择来代替市场机制。政府的角色，有必要从“领航员”转变为“服务员”。当然，政府并不是无所作为，政府应该是更好而不是更多地发挥帮助性作用，为市场的良好运行提供支持性条件和弥补不足，让市场机制在资源配置中发挥决定性作用。

其次，中国的产业政策应加快“从选择性向功能性、从倾斜性向竞争性、从纵向向横向、从刚性向柔性”转型；产业政策应从选择性为主转向以功能性为主，不断精简选择性产业政策。基于“竞争政策优先、产业政策有限”原则，促进产业政策与竞争政策和创新政策的兼容、协调和融合。未来的产业政策应定位于致力创造“促进公平竞争、鼓励创新”的市场环境。

再次，要尽快建立公平竞争审查制度，以保证产业政策促进竞争而非削弱或扭曲竞争。根据《国务院关于在市场体系建设中建立公平竞争审查制度的意见》，国家发改委等五部委制定和印发了《公平竞争审查制度实施细则（暂行）》。下一步，需要根据意见和细则，规范产业政策的制定，防止在市场准入、产业发展等方面出台排斥、限制竞争的政策措施，清理废除妨碍公平竞争的规定和做法。另一方面，需要进一步完善细则，真正建立健全公平竞争审查制度。

第四，产业政策的施政选择要从“挑选赢家”转到提供服务。要限制基于

“挑选赢家”的战略选择型产业政策模式，而提倡强调协商、沟通和咨询的政策过程型产业政策模式。关键在于政府与企业建立制度化的合作伙伴关系，鼓励和促进更广泛的企业参与制定产业政策的过程，“政府既不是高高在上的产业政策制定者，也不是受到特定产业利益集团俘获的租金设置者”

第五，产业政策的重点在于促进知识溢出。“知识和能力积累是经济发展和结构升级的核心，政府在推进知识和能力积累上有相当大的作为空间，尤其是为企业技术研发和创新方面提供特殊的正向激励。”政府应强化信息搜集、过滤和整合的能力，完善在技能提升、基础设施建设和长期融资等方面的协调能力。这方面，重点是办好教育、加强基础科学研究并深化科教体制改革，改革金融体制和发展资本市场，完善产业发展的基本条件。

第六，产业政策应该强化社会性规制。也就是说，产业政策应从经济型规制转向以社会性规制为主，可以在控制产业发展对环境的影响、降低资源消耗和能源消耗、提高安全生产标准等方面发挥更大的作用，但对不产生负外部性的企业活动不加干预。

第七，提升产业政策的绩效可度量性。“政府可以发挥组织重要工程和重大项目对于一些产业发展的带动作用，从需求侧来促进产业技术水平的提高和产业竞争力的增强。”但要将所有政府支持与可度量的绩效指标联系起来，并且明确失败标准和终止条款。

最后，强化产业政策的可问责性。建立健全产业政策的问责机制，关键是产业政策从制定、实施、评估到考核、追责全过程的公开透明，基础是完善产业政策的公共治理。在决策、实施、评估等环节，都需要独立第三方的专业评估和社会舆论监督，降低产业政策的寻租风险。

# 借鉴竞争中立原则应对TPP协议国企条款挑战*

TPP协议国企条款在企业层面集中地反映了美国重构竞争优势和利益格局的战略意图，即彰显跨国公司权利，限制国有企业竞争优势。其核心思想不是“竞争中立”，而是对国有企业一定程度的“竞争限制”。我们要看到TPP协议国企条款的不合理之处，也要借鉴“竞争中立”的积极内容，淡化所有制色彩，对内促进实质性国企改革，为确保各类企业公平竞争创造条件，对外为国有企业争取有利的国际环境和发展空间。实际上，如果我们切实贯彻“以管资本为主”和“积极发展混合所有制经济”的改革思路，更多地强调国有资本，更好地发展混合所有制企业，那么来自TPP协议国企条款的压力很大程度上就能被化解于无形。

中美经贸关系逐渐走向规范化、机制化的同时，也从浅层次的摩擦转为深层次的体制性冲突。由于中美两国政治体制与经济发展模式差异较大，这些冲突集中体现在两者如何处理政府与市场的关系上。国有企业作为政府与市场的界面，在成为TPP协议的关键议题之一后，引起普遍关注。

---

* TPP协议国企条款主要规制从事商业活动的国有企业。因此本报告仅讨论商业类国有企业，公益类国有企业不在本报告讨论范畴。

## 一、TPP国企条款的核心思想不是“竞争中立”而是对国有企业的“竞争限制”

我国研究人员过去关于TPP协议国企条款的主流观点认为其核心精神可能是“竞争中立”，即政府对国有企业和私营企业一视同仁，市场上所有商业经营者公平竞争。但从最新披露的TPP协议正式文本来看，TPP协议国企条款的核心思想不仅不是“竞争中立”，而一定程度上实质是对国有企业的“竞争限制”[①]。

### （一）TPP国企条款的重点是推崇私营企业的“商业考虑”和限制对国有企业的“非商业资助”

在2012年的TPP第十二轮谈判中，美国提出增加国有企业条款，由此形成了TPP协议的第十七章，由15节和6个附件构成[②]。这些条文的核心内容是第4节“非歧视待遇和商业考虑”、第6节“非商业资助”和第10节“透明度”。

“非歧视待遇和商业考虑”要求各缔约方政府保证其国有企业和指定垄断企业（designated monopoly）在从事商业活动时，必须按“商业考虑”原则开展产品或服务的购销活动。“非商业资助”要求任何缔约方都不得通过对其国有企业进行直接或间接的非商业资助，从而对其他缔约方造成不利影响。“透

① 世界银行竞争政策研究小组的一份工作文稿也指出，“该（TPP）框架放大了一些TPP缔约方（如澳大利亚和美国）实施竞争中立原则的经验”。美国兰德公司的学者最近在与国务院发展研究中心研究人员的交流中也表示，他们将关注“TPP成员中的发展中国家如何降低国有企业的作用（reducing the role of SOEs）以满足TPP要求”。

② 15节条文所涉议题分别为“定义、范围、授予职权、非歧视待遇和商业考虑、法院和行政机构、非商业资助、不利影响、损害、缔约方特定附件、透明度、技术合作、国有企业和指定垄断企业委员会、例外、进一步谈判和信息形成过程”；6个附件分别为“门槛金额计算、关于国有企业和指定垄断企业的信息形成过程、进一步谈判、对次中央国有企业和指定垄断企业的适用、新加坡及马来西亚和不符活动”。

明度”要求缔约方公布其国有企业、指定垄断企业及非商业资助等相关信息。可见，TPP协议国企条款的关键词是“商业考虑”和“非商业资助”。

其中，“商业考虑”指“价格、质量、可获性、适销性、运输和其他购销条件，或相关的私营企业在商业决策中通常考虑的其他因素”（也就是说，“商业考虑”在难以测度时，可以私营企业为参照标准）。“价格、质量、可获性、适销性、运输和其他购销条件”基本上继承了GATT 1994第17条国营贸易企业条款的要求；但与TPP协议国企条款的“相关的私营企业在商业决策中通常考虑的其他因素”条件不同，GATT 1994国营贸易企业条款关于“商业考虑”的第二个条件是“依照商业惯例给予其他缔约方的企业参与此类购销的充分竞争机会”，并未将私营企业作为“商业考虑”的参照标准。TPP协议国企条款在GATT 1994国营贸易企业条款的基础上，提升了私营企业的地位。

“非商业资助”指“因国有企业的政府所有权或控制权而给予的资助”，具体而言，“资助”指资金的直接转移、潜在的资金或债务的直接转移[①]，或以比市场可获得的更优惠的条件给予该企业的货物或服务。这一定义基本借用了WTO《补贴与反补贴措施协定》中“财政资助”的定义。但相较于WTO规则，TPP协议有两大扩展、一个收缩：①WTO规则认为一项财政资助构成补贴，要求相关企业拥有比市场上可获得的更优惠的条件；而TPP协议国企条款进一步明确为是与私营企业交易条件相比更优惠的条件。②WTO的补贴规则目前主要适用于货物贸易领域；TPP协议国企条款扩展到服务贸易领域。③WTO的补贴规则是约束政府给予所有企业补贴的行为；TPP协议国企条款的“非商业资助”并不针对所有企业，而是只针对政府给予国有企业的“非商业资助”行为，予以规制。

---

① 具体包括：拨款或债务减免；以比市场可获得的更优惠的条件给予该企业的贷款、货款担保或其他形式的融资；与私营投资者投资惯例（包括提供风险资本）不相一致的权益资本。

## （二）TPP国企条款超越了“竞争中立”原则，将重点转向了对国有企业的“竞争限制”

TPP协议国企条款仅在第11条“技术合作”中唯一一次提到“竞争中立”，并且只不过是轻描淡写地提出“缔约方应在适当情况下开展相互同意的技术合作，包括：……分享政策方法的最佳实践，以保证国有企业和私有企业的平等竞争，包括竞争中立相关政策”。可以认为，TPP协议国企条款基本上放弃了“竞争中立”原则，将重点转向了对国有企业的“竞争限制”。主要表现为：

（1）如前所述，TPP协议国企条款当中并不包含真正的竞争中立条约文本。

（2）TPP协议国企条款将“指定垄断企业”分为私有垄断者和政府垄断者两类。对于私有垄断者而言，只有TPP协议生效后被指定的才算指定垄断企业；而对政府垄断者而言，在TPP协议生效前后被指定的均算作指定垄断企业。这显然是一种双重标准考量。由于TPP协议国企条款针对“指定垄断企业”在购销垄断货物或服务以及利用垄断地位时均有明确的规制，这一双重标准显然对主要以国有企业为代表的政府垄断者的规制范围远远大于私有垄断者。可以设想，如果按此规则来认定指定垄断企业，那么在TPP协议生效之际，将会出现“只有政府垄断者而不存在私有垄断者”的局面，这与各国市场实际竞争格局难以相符。实际上，各国都存在垄断企业，只是有些国家以政府垄断者居多、而另一些国家以私有垄断者为主。我们不做价值判断，但对二者认定上的区别对待明显有悖于“竞争中立”原则。

（3）TPP协议国企条款所定义的术语“商业活动”，其主体明确为一般意义上的“企业”，并不作所有制区分。但对“非商业资助”，则将主体明确为“国有企业”。这是否意味着非国有企业就一定不存在“非商业资助”？或者对非国有企业就可以进行“非商业资助”？实际上，很多国家对私营企业同样存在着大量补贴，如ABCD四大粮商长期接受着各自母国的巨额农业补贴。

（4）TPP协议国企条款明确“非商业资助”情形之一指“与私营投资者的投资惯例不相一致的权益资本的转移”，将“私营企业在商业决策中通常考虑的其他因素”作为衡量是否是“商业考虑”的重要参考。这些显然是将私营投资者和私营企业置于商业行为标准的地位。但实际上，即使是私营企业（如华尔街金融寡头和底特律汽车巨头们），也同样会有非理性行为和非商业操作。如果从“竞争中立”原则出发，不宜将一种所有制类型企业置于另一种所有制类型企业之上。

显然，TPP协议国企条款很难谈得上是真正的竞争中立。那么，“竞争中立”这一源自澳大利亚，经由OECD推广，再被美国在OECD、UNCTAD等国际组织中大力宣扬，并试图在双边和多边贸易投资协定中加入相关条款的概念，为何在TPP协议国企条款中被淡化了呢？

## 二、TPP国企条款淡化“竞争中立”在于该概念原旨并不更有利于美国重构竞争优势和利益格局

### （一）“竞争中立”原旨的核心理念是保证国有企业与私营企业公平竞争

追根溯源，“竞争中立”思想源自澳大利亚的国内实践。澳大利亚模式的“竞争中立”偏重于规制国有企业的商业行为，核心理念是“国有企业与私营企业公平竞争，政府秉持中立态度、保证政策中性”；并探索出了税收中立、

债务中立、监管中立和要求国有企业保持正常商业回报率等多种实现途径，在联邦与州层面建立了申诉与行政审查程序，使得“竞争中立”成为一项可实施的法律规则。可以看出，澳大利亚模式“竞争中立”的核心内容是要将国有企业作为“普通企业”对待。国有企业可以正常参与竞争、追求利润，同时还需维持正常的商业回报率，但不得利用“国有”身份谋求资源倾斜或政策优惠等额外好处。实质上是要淡化国有企业的“国有”色彩，恢复国有企业作为“企业”的根本属性，将其作为普通企业进行要求。澳大利亚模式的“竞争中立”政策在国际社会上获得了广泛好评，其基本理念与我国当前国有企业改革的主要方向和基本原则也大体是一致的。

### （二）美国模式的“竞争中立”脱离了竞争中立的本源属性

虽然美国也在国际场合倡议“竞争中立”，但是迥然有别于澳大利亚模式的“竞争中立”：澳大利亚模式的“竞争中立”更多地偏重于国内实践；而美国模式更多地是将“竞争中立”这一本国并无实践的制度，通过双边或多边协定扩展为国际主张，并以个别承诺的方式约束他国而非本国[①]（这既是博弈的结果，也与美国国有企业极少且主要是地方国有企业有关）。

美国模式的“竞争中立”更多地倾向限制国有企业的竞争能力，这有悖“竞争中立”原旨。相较于澳大利亚模式“竞争中立”的“国有企业回归企业本性”和WTO的所有制中立，TPP协议国企条款实际上具有了一定程度的所有制歧视，已经不局限于“竞争中立”的国内实施，而是转向了“限制国企”的国际主张；已经脱离了“竞争中立”的本源属性，并构成了实质上的非制度中性。

---

① 美国缺乏“竞争中立”的相应国内法律实践，也没有澳大利亚模式的违规审查程序；《美澳FTA》当中的竞争中立条款，更多的是澳大利亚的单方面承诺。

### （三）TPP国企条款集中反映了美国彰显跨国公司权力、限制国有企业竞争优势的战略意图

总的来看，TPP规则有其广覆盖、高标准等积极的一面，但其一定程度上也是美国经贸政策的法律化和部分国内规则的国际化。表现在企业层面，则是一方面要强化自己在跨国公司等领域的竞争优势，而另一方面要弱化自己在国有企业方面的竞争劣势[①]，并将其转化为规则植入TPP成员国的国内政策和体制体系。反映在TPP协议争端解决机制上，体现为对跨国公司的权力扩张和权益保护；反映在TPP协议国企条款上，则体现为对国有企业的限制。这是典型的“扬长避短”思路，以强化自己的竞争优势、弱化自己的竞争劣势。

为何会如此？究其根本，我们可以追溯一下美国参与和主导TPP的动因：①争夺全球经贸规则制定权。奥巴马在TPP协议基本达成后，明确表示“不能由中国在全球经济增长最快的地区制定规则...... 定规则的应该是我们”。②东南亚经济快速发展及东亚经济一体化进程加快，使美国产生了被排除在外的担忧，美国绝不希望在其西翼再出现一个类似欧盟那样、而自己再次被排除在外的经济共同体，需要强化自己在亚太地区的存在感和主导权。③以大国兴衰历史经验为鉴，使得美国认识到“离中东、返亚太”兼具了直接遏制中国崛起的作用[②]。

参与TPP谈判就自然而然地成为美国实施“亚太再平衡”战略在经贸领域的突破点。美国参与之后不久即开始主导TPP规则，体现的是美国价值观和以美国利益为主、兼顾其他成员国利益，其根本思路是经济全球化要符合其国家

① 此处仅指狭义的、以国有企业代表的国家之间的国际竞争力比较，而不牵涉到国有企业对本国经济增长的拖累、抑制或促进、提振。

② 对与伊斯兰文明冲突的力不从心和倦烦，加上页岩气开采等能源技术上的突破使摆脱石油依赖成为可能等等，促使美国加快了脱离中东泥淖的步伐。

利益，否则就要通过游戏规则的调整，乃至弃置既有国际组织的制度安排而另起炉灶，来重构新的竞争优势与利益格局。TPP协议特别是其中的国有企业条款，就是这一思路的最好注脚。

既然“竞争中立”的本源属性并不符合美国利用TPP协议重构竞争优势与利益格局的意图，美国在TPP协议国企条款上，自然不得不“忍痛割爱”，转而弱化“竞争中立”概念的存在感。

## 三、适当吸收引用“竞争中立”有利于我国国企改革发展需要，也有利于应对TPP国企条款挑战

“竞争中立”在TPP协议国企条款中被淡化，并非其不符合TPP规则的高标准要求。如果我们适当吸收、利用“竞争中立”理念，对我国国企改革发展和应对TPP挑战都具有借鉴意义和参考价值。

首先，我们认为澳大利亚模式的“竞争中立”更有借鉴意义，也更适合于我国当前发展阶段和现实国企改革与发展的需要，其某些制度安排也与中国当前改革方向相一致。我国历史积累形成的庞大经营性国有资产是客观存在，当前国有经济占比较高，国有企业仍然大量分布于竞争领域，要求商业类国有企业在竞争中主动“谦让”既不现实也不明智，更何况还要应对国际竞争。真正的“竞争中立”照顾了我国当前阶段的实际国情，逐步调整、完善而非一蹴而就，有利于我们更好地坚持“两个毫不动摇”，更好地处理公有制经济与非公有制经济关系，应适当借鉴和应用。

其次，“竞争中立”要求我们淡化商业类国有企业的所有制色彩，不因其“国有”身份而再给予变相补贴、资源倾斜或政策优惠。当然，同时也要避免政府对其不当的行政干预，保证其经营自主权。政府需要秉持中立态度，保证

政策中性，确保各类企业之间的公平竞争。

第三，TPP协议国企条款的所有制歧视，与我们自我批评的并且正在努力消除的对非国有企业的歧视不同，它实际上在一定程度上是对国有企业的歧视，并形成了对国有企业的竞争限制。在未来，如果我们进行TPP谈判，正视并适当吸收、引用“竞争中立”概念，既有助于我们在价值观、话语权等方面争夺有利地位，也有利于我们争取可能的豁免或例外待遇①。

最后，中国国企改革需要按照自身国情开展顶层设计和基层探索，务实理性地推进，不需要也不应该在国外压力下被动进行。但我们也应秉持价值中立原则，认真考虑如何应对TPP协议国企条款带来的挑战，并借鉴其有益部分，对内促进实质性国企改革和完善企业公平竞争的制度环境（如提升国有企业透明度、规范政府与国有企业之间的关系等等），对外为国有企业争取有利的国际环境和发展空间（如坚持“竞争中立”原则和其本源属性）。实际上，由于TPP协议主要针对国有企业进行规制，如果我们能切实贯彻“以管资本为主”和“积极发展混合所有制经济”的改革思路，更多地强调国有资本，更好地发展混合所有制企业，那么来自TPP协议国企条款的压力很大程度上就被化解于无形了。

国务院发展研究中心调研报告，2016年第50号（总4933号）

---

① 加入TPP的一些东南亚国家，也有较多国有企业。它们之所以能够接受TPP，原因之一就在于TPP国企条款中存在着大量的国别豁免或例外。

# 国企改革发展要主动适应促进公平竞争的政策取向

在我国开始从重视产业政策向重视竞争政策的经济政策转型过程中，国企需要深入推进实质性改革以适应新的政策环境，主动接受竞争政策的规制：适应竞争政策“提升整体经济效率和社会福利最大化”的要求，提升国企改革目标；适应竞争政策规制的规律和进展，突出改革重点，更加重视完善国资管理体制；聚焦“管资本”和混改两大主攻方向，以重点突破带动全面推进，从专项试点走向综合改革；坚持政企分开和政资分开，以克服制约竞争、影响公平的政策和体制障碍。同时，竞争政策应考虑我国作为国有企业大国的实际国情，秉持竞争中立原则，充分容纳国企并让其发挥良性作用。

尽管竞争政策在实践中还存在不少问题，还面临着新经济和保护主义带来的国际社会协同治理和区域执法合作等新挑战，但其基础性地位在逐步确立；尽管国有企业总体上已经与市场经济相融合，但在促进公平和提升效率等方面仍然存在很大改进空间。在政府影响微观经济方式开始从“以产业政策为主导”向“以竞争政策为基础”的转型过程中，国企需要加快改革以适应新的政策环境，主动适应竞争政策的规制。竞争政策应考虑我国作为国有企业大国的实际国情，秉持竞争中立原则，充分容纳国企并让其发挥良性作用。

## 一、国有企业要主动适应促进公平竞争的政策取向

中国的国有企业是原计划体制的支柱，虽然经过多年改革，相关政策对国企“溺爱、苛求”并存的特征仍然较为明显。这对内影响公平竞争，对外影响“走出去”。在中国谋求高质量发展、致力于建设现代化经济体系的当前阶段，国企需要更加主动地公平参与竞争，这实际上也有利于其提升经营效率和适应国际规则。

### （一）改革开放以来的“国民关系”向公平竞争的方向发展从未逆转

改革开放以来，中国的“国民关系”经历了从“大公无私”逐步向“国民共进”不断调整的过程，虽然发展历程较为曲折，但“国”与“民”两者共同奔向公平竞争的市场地位的整体方向从未逆转。

民营经济从不允许存在到得到承认，从“公有制的必要的和有益的补充”到“社会主义市场经济的重要组成部分”，进而跃进到在诸多竞争性领域确立主体地位。与此同时，国有经济通过“有进有退”的战略性布局结构调整和完善国资管理体制等举措，在国民经济中发生了从绝对主体地位到发挥主导作用的转变。

“国民关系”投射到企业层面，主要表现为国有企业持续改革和民营企业蓬勃发展的演进历程。在这一过程中，国企改革的主要目标之一就是要使绝大多数布局于竞争领域的国企摆脱政企不分的桎梏，获取真正独立的市场主体地位，重要任务之一就是促进国企与市场经济融合并公平参与市场竞争；民营企

业则主要是争取平等的“国民待遇”地位，实现了从“资本主义尾巴”到微观基础的历史性飞越。

“国民关系”因而经历了“主体与补充”“两个毫不动摇”“两个平等”“两个都是”的逐步调整和渐进发展。可以说，在中央文件层面，两者关系已经完全平等。“各种所有制经济依法平等使用生产要素、公平公开公正参与市场竞争、同等受到法律保护”已成基本共识。

各种所有制类型企业的公平竞争对中国经济发展具有战略性意义——因为基本经济制度要求“多种所有制经济共同发展”，如果无法实现微观基础的公平竞争，就无法保证多种所有制经济共同发展的可持续性。更重要的是，中国40年的改革实践展示了竞争的成效，论证了公平竞争的重要性。这决定了“国”与“民”两者关系向公平竞争的方向发展不可逆转。

当然，由于政策惯性和传统思维，政策层面的所有制歧视仍然一定程度存在，规模化导向仍然较为明显；在企业经营实践和一些公共政策执行层面，也仍然存在竞争不充分、不公平等现象。这要求竞争政策对企业行为的平等规制和对政府行为的相应约束。

### （二）竞争政策在中国经济政策体系中的基础性地位正在逐步确立

不论是为了适应市场经济的基本要求，还是应对经济全球化挑战的现实需要，或是对我国产业政策实践的客观反思、对欧美日等经济体历史经验的借鉴以及认识的升华，中国已经越来越清楚地认识到确立竞争政策在经济政策体系中基础性地位的重要性。

中国过去的经济政策体系高度重视产业政策，而产业政策又以国有企业为基础。但主要矛盾的转变、发展阶段的变化、发展模式的转换、全面改革的深化，使得过去被广泛应用的产业政策的阶段性、局限性愈加显现。中国经济政策体系已经开始从过去的“以产业政策为主导”向“以竞争政策为基础”转型。这使国企从过去的产业政策实施主要工具和主要作用对象，变为平等接受竞争政策规制的市场主体，面临着真正的来自市场竞争的挑战。

这可能对国企带来暂时的困难，但这更有利于提升国民经济的整体效率，而且也可能更有利于国企提升可持续发展能力。因为竞争政策不仅有助于促进国企管理上去行政化、经营上加市场化，也有助于减少来自政府的过多的不当直接干预。

经济发展、国家政策、法治建设、社会转型及价值目标融合等已经为竞争政策优先打下了基础，也为竞争政策的后续推进和扩展提供了可能。可以预见，竞争政策价值体系将纳入更多的经济社会政策，竞争理念也将日益深入地影响这些公共政策的制定与实施。国企必须适应这一重大政策环境调整。

### （三）国有企业作为政府和市场的“界面”，需要公平参与竞争

要使“市场在资源配置中起决定性作用和更好发挥政府作用”这一理论突破和重大决策得到贯彻落实，需要确立竞争政策在经济政策体系中的基础性地位。而竞争政策鼓励有效竞争和限制不正当竞争，意味着要进一步打破垄断、放松管制、放宽准入、开放市场、鼓励竞争。在中国，所有这些环节的关键节点均与国企有关。这要求作为政府与市场“界面”的国企要以独立的市场主体地位公平参与市场竞争。

在实践中，国企虽然在一些行业内具有在位者和支配者地位，拥有政策优惠和资源倾斜，但在面对政府干预的时候，却又居于被支配的地位。需要按照政企分开、政资分开的原则进一步完善政企关系，以解除两者的捆绑关系，使政府超脱对国企承担的无限责任，否则难以做到平等对待不同类型企业。这也

有利于国企摆脱政府附属物地位，强化竞争意识和公平参与竞争的心理需求。

因此，国企公平参与竞争，一方面需要淡化一般竞争领域国企的“国有”色彩，恢复国企作为“企业”的根本属性，将其作为普通企业进行要求，接受竞争政策规制；另一方面，也要求政府行为接受竞争政策的规范和约束。这可利用竞争政策来规制政府经济政策制定行为、评判政府行为是否符合竞争政策标准。

### （四）国企“走出去”需要适应正在重构的国际竞争规则

以竞争中立制度在国际经贸治理领域的兴起为标志，国际竞争新规则对国企参与商业活动提出了更高的要求和标准。随着“走出去”进程加快和作为“一带一路”倡议的实施主体，国企面临着越来越多的来自国际竞争规则的新挑战。

为更好地应对外部冲击及更顺利地走出去，我们应在坚持国家经济主权原则的基础上，秉持价值中立原则，认真考虑如何应对一些国际协议国企条款带来的挑战，做出及时响应和主动调整；并借鉴其有益部分，对内促进实质性国企改革和完善公平竞争的制度环境，对外争取有利的国际环境和发展空间。

从对内促公平竞争的国际经验来看，法国和北欧等国有经济占比高的西方国家和地区，均注重确立竞争政策的优先地位，以此规制国企和促进公平竞争。从对外拓展发展空间而言，根据淡马锡等企业的经验，一是建立良性互信、公开透明的政企关系，二是国企要有完善的公司治理体系和高度市场化的经营机制，三是不主动违背或触碰东道国外国投资委员会等审查机构的相关规则。

## 二、竞争政策对国有企业应秉持竞争中立原则

广义竞争政策的适用范围本身就包含对国企的规制。两者的互动关系，要

求考虑以下两个方面的问题。

一是竞争政策如何有效地将国企纳入规制框架。由于国企的特殊属性和优势地位，仅仅依靠反垄断法和反不正当竞争法，实际上难以有效解决国企公平参与竞争问题。国际经验也表明，单独适用竞争法还不足以保证为国企和非国企建立公平的竞争环境，同时还需要竞争中立政策发挥关键作用，两者不可偏废。

二是中国的竞争政策必须考虑中国国情和制度环境，在实际国情与公平竞争之间寻找平衡，以适应国内面临的特殊挑战和全球经济竞争格局。中国是世界上国有企业最多、国有资产最庞大、国有资本行业分布最广泛、国资管理体系最复杂的国家。在历史积累形成的庞大经营性国有资产成为客观存在、国有经济占比较高、国有企业仍大量分布于竞争领域的情况下，要求国企在竞争中主动“谦让”，就国内而言尚不现实，就应对国际竞争而言也难谓明智。这决定了竞争政策体系在当前阶段必须能充分容纳国企而非对其实施“竞争限制”。

基于上述考虑，我们建议中国的竞争政策体系对国企秉持竞争中立原则、充分容纳并发挥其良性作用。“竞争中立”指政府秉持中立态度、保证政策中性（包括税收中立、债务中立、规则中立等），对各类企业一视同仁，在尽可能保证与承担的社会义务相一致的情况下，各类企业受到相似竞争规则的约束，不受外来因素干扰开展公平竞争。

“竞争中立”以公平竞争权为法理基础，以政府与市场关系、公平竞争以及经济民主等学说为学理基础，核心精神是公平竞争。这在改革开放后的中国，实际上已被长期倡导和广泛接受，符合中国经济体制改革方向，有助于更好地坚持“两个毫不动摇”；其主要制度安排与当前我国国企改革方向基本一致，能更好地促进国企政策与竞争政策兼容。更重要的是，“竞争中立”并不要求国企在竞争中主动谦让，国企可以正常参与竞争、追求利润，同时还需维持正常的商业回报率，只是不得利用“国有”身份谋求额外好处。这适合我国当前阶段国企众多、国资庞大、布局广泛的现实国情，使得我们可以从容调整、逐步完善。

有鉴于此，政府有必要秉持以保证各种类型企业公平竞争为核心理念的“竞争中立”原则，构建容纳国企并让其发挥良性作用的竞争政策体系，将国企更充分地纳入其中，与其他类型企业平等接受竞争规则的约束。

需要强调的是，我们倡导的“竞争中立”应回归其保证国企和私企公平竞争的本源属性和原旨，是真正不偏不倚的“竞争中立”。澳大利亚模式的“国企回归企业本性”和WTO的“所有制中立”，对我国当前实践和现实国企改革发展有一定参考价值，可适当借鉴和应用。我们的竞争中立政策，要既能促进国内的公平竞争，又能接轨国际竞争规则，同时也要避免国际上针对国企的竞争限制和另外一种形式的“所有制歧视”。

## 三、推进实质性国企改革，使国企成为接受竞争政策规制、公平参与市场竞争的独立市场主体

竞争政策在中国经济政策体系当中的崛起，对深化国企改革既提出了要求，也提供了契机。国企已经开始向适应竞争政策的方向调整，根本性措施是深入推进实质性改革，克服制约竞争、影响公平的政策和体制障碍；重点是“政策竞争中性、企业公平竞争”，实现对内促进公平竞争、对外利于企业培育全球竞争力。

提升改革目标。鉴于国有资本“全民所有”的基本属性，国企改革必须超越本位目标，这样才能更好地与竞争政策提升整体经济效率和社会福利最大化

的目标一致起来。因此，国企改革需要适应已经发生重大变化的经济环境和政策环境，以“三个有利于”为标准，以提升国民经济整体效率和国家经济竞争力为目标，以提升国有资本效率、增强国有企业活力为中心，构建国民共进、协调发展的经济格局，在推动高质量发展、促进社会和谐与文明进步中发挥更积极作用。国企改革如果仅仅局限于自身目标，不仅实质性改革难以展开，公平竞争也会失去微观基础。

突出改革重点。广义的国企改革是国有经济的改革，包含国有经济管理体制改革和国有经济实现形式的改革，不能仅仅把企业作为改革的对象，尤其是当国企回归企业本性、接受竞争政策规制后，不能仍将企业当作改革重点。现在回头来看，新一轮国企改革的两大重点——“管资本”和混合所有制改革——都与国资管理体制改革相关，但目前“管资本”还缺乏突破性进展；对混改企业的管理沿袭传统监管体制，制约了混改的深入推进。因此，有必要及时将国企改革的重点转向以管资本为主完善国资管理体制。只有通过“管资本”和重构国有资本管理体制，才能淡化所有制、强化所有权，才有可能使微观企业居于公平竞争地位。

聚焦“管资本”和混改两大主攻方向，以重点突破带动全面推进，从专项试点走向综合改革。在总结前期系列试点工作的基础上，国企改革需要聚焦目标、力求重点突破，进而带动国企改革的全面推进。十九大提出了“做强做优做大国有资本”和“培育具有全球竞争力的世界一流企业”两大任务。相应地，“以管资本为主完善国资管理体制”和“以发展混合所有制经济转变国企经营机制”成为国企改革两大主攻方向。两者交互影响，共同对国企公平参与竞争提出了要求。因为两者都要求构建更清晰的政企关系、更良性互动的“国民”关系。这有利于促进“国”与“民”的公平竞争和协调发展。下一步，一方面要以财务硬约束为核心、以提高透明度为基础、以提升管资本能力为重点，构建重视可持续投资收益的国有资本管理体制，为做强做优做大国有资本提供基础环境；另一方面，将推进混改与保护产权、释放人的积极性相结合，三位一体同步推进，提升混改质量、层次与深度，使混改这一企业“基因改造技术”成为国企转变经营机制的重要途径。

更好地支持混合所有制企业发展。做强、做优、做大国有资本和发展混合所有制经济，两者的结合点是混合所有制企业。可明确除市场失灵和公共产品领域外，不再新设国有独资企业；国有资本主要以与社会资本混合的形式介入企业。国有资本参股的混合所有制企业不享受任何特权，也不承担特殊义务，政府对其不再当传统国企监管，转按《公司法》进行管理。强调国有资本和发展混合所有制企业而淡化国有企业概念，有两个好处：对内促公平竞争和实现“国民共进”；对外为企业开辟国际发展空间，因为相关国际协议主要针对国企进行规制，如果我们能更多地强调国有资本、更好地发展混合所有制企业，不仅可缓解部分来自国际协议国企条款的压力，还有利于在国有企业相关议题争取价值观、话语权等方面的主动地位。

坚持政企分开和政资分开。一是以竞争政策规范、约束政府行为。确保政府与企业的联系、对企业的所有权以及对市场活动的参与，不给其他市场主体带来不当的竞争优势。如在清除软预算约束的同时也要清理政策性负担和减少多元化目标。这对国企而言，实际上是既限制“竞争优势”也清除“竞争劣势”，既避免“溺爱”又避免“苛求”。二是以竞争政策保证各类企业之间的公平竞争。按照分类改革的思路对国企开展分类管理，淡化商业类国企的所有制色彩，不因其“国有”身份而给予变相补贴、资源倾斜或政策优惠；对商业类国企持高标准的透明度要求，接受竞争政策规制等。三是从利用国有企业向利用国有资本转变。发挥国有资本投资、运营公司的隔离层、防火墙和转换器作用，以其为界面推进政企分开、政资分开，减少政府过多的不当直接干预。

四是构建更系统明确的国家所有权政策体系，按公平竞争原则处理“国民关系”，按政企分开、政资分开原则处理政企关系。这也有利于我们应对“不仅关注企业所有制，更关注政府对企业的影响和控制”的国际规则新趋势。

当前，国企得益于供给侧结构性改革改善了经营绩效，为主动推进改革、公平参与竞争创造了有利条件。但国企改革的任务仍然繁重而艰巨，公平竞争的挑战真实而重大。这要求国企按照十八届三中全会的国企改革精神和十九大提出的“竞争公平有序”要求，紧抓时机更主动地深化改革，更公平地参与竞争，以实质性、突破性进展，为国民经济发展提供新动能和释放新空间。

国务院发展研究中心调研报告，2018年第109号（总5384号）

# 主攻方向一：混合所有制改革

# 对进一步推进混改的几点认识

三十多年的企业实践、理论研究和政策探索表明，中国发展混合所有制经济不是一种过渡性措施或短期行为，也不是不得已而为之，而是主动改革、积极推动的必然结果和发展趋势，是长远大计而非权宜之计。混改要促进构建国民共进、协调发展的经济格局，要与完善国资管理体制协同联动，与产权保护、释放人的积极性同步推进，企业混改后要及时转变和完善经营机制，以更完整地发挥混改的积极作用，否则难以取得预期进展或收获预期成效。混改已经具备了战略性展开、全面推进的基础，下一步需要把优化股权结构作为核心工作，完善混改机制设计，改进改革落实方式，实现激励兼容；推进相关配套政策的及时跟进，避免形混神不混，防止名混实不混，防范潜在风险和避免可能的负面效果。

我们最近对混改试点企业做了一些调研，深刻感受到混改给企业带来的积极变化。以下是我们对混改重要性、积极意义以及如何进一步推进的几点理解和认识。

## 一、混改是长远大计而非权宜之计

混合所有制是最具中国特色的概念之一，在中国并不是新概念，它的正式提出可以追溯到20世纪80年代，十四大、十五大、十六大报告中都有论述。十八届三中全会将混合所有制经济上升到“基本经济制度的重要实现形式”的高度，提出“三个允许”和积极发展混合所有制经济。《国务院关于国有企业发展混合所有制经济的意见》明确了“三因三宜三不”的推进原则。

目前，全国国有企业发展混合所有制经济的比例已经较高，按资本测算整体超过了40%，有些竞争类国企甚至达到80%以上，上海等一些地方已基本形成以混合所有制经济为主的格局。截至2016年底，中央企业混合所有制企业户数占比为68%，上市公司的资产、营业收入和利润总额在中央企业整体占比分别达到61.3%、62.8%和76.2%。

十九大报告再次明确“发展混合所有制经济”。在国有企业混合所有制比例已经比较高的基础上，中国为何仍然如此重视混合所有制改革？主要在于其重要的实践价值、丰富的政策内涵，而且还有很大的改进空间。

首先，开放是所有制先进性的体现。所有制需要适应生产力发展，开放的所有制能适时调整、缓解生产关系与生产力的冲突，从而有利于生产力的发展。作为一种更开放、更具兼容力的所有权运行的制度安排，混合所有制是与社会化大生产相适应的一种主体多元化、运行社会化的财产制度，不仅适应我国当前以公有制经济为主体、多种所有制经济相互并存、共同发展的经济格局，也适合当前我国现实生产力发展水平。发展混合所有制经济，既是所有制适应生产力发展的需要，也有助于突破公私对立的思维定式。

其次，混合所有制源于合资企业，但与国企改革结合后，很快成为国企改革的主攻方向之一。混合所有制的产权基础和制度特点，提供了国有经济同市场经济相结合的新途径，使国有制找到了能有效促进生产力发展的实现形式。同时，混改成为国企回归“企业”根本属性、成为普通企业的重要途径，有利于重构微观市场主体和塑造公平竞争环境。

第三，混合所有制改革还没有到位。一是深入的结构性分析表明，混改仍有深入推进空间。二是混合所有制企业的股权结构很多仍不合理或有待优化，国有资本“一股独大”仍较普遍，导致其他股东难以具备制衡能力或成为主动的“积极股东”。三是目前的混改企业大多在二三级及以下企业层面，大型国有企业在集团层面绝大多数仍然保持国有独资或全资；同时，国资代表机构与混合所有制企业的关系尚未调整到位。“老体制下难出新机制”，导致混合所有制企业的机制还没有出现根本性转变，混改效应还未得到有效充分释放。

三十多年的企业实践、理论研究和政策探索表明，混合所有制在中国出现具有历史必然性和逻辑合理性。中国发展混合所有制经济不是一种过渡性措施或短期行为，也不是不得已而为之，更不是为了“扬汤止沸”，而是主动改革、积极推动的必然结果和发展趋势。推进混改仍然任重道远，不能放松。

## 二、混改要促进构建国民共进、协调发展的经济格局

国企改革和发展需要以提升国民经济整体效率和国家经济竞争力为目标，以提升国有资本效率、增强国有企业活力为中心，构建国民共进、协调发展的经济格局。要实现这一目标，必须处理好国有资本与非国有资本的关系。这需要发挥混合所有制在构建更良性互动的“国民”关系、更协调的经济格局等方面的积极作用，因为发挥不同所有制资本优势正是混合所有制的优势所在。

国有资本与非国有资本的混合，提供了两者取长补短、扬长避短和产生协

同效应的机会，有助于两者的相互融合、相互促进和共同发展。如发挥国有资本强调规范、重视社会效益的作用，利用民营资本机制灵活、重视财务效益的优势，有助于兼顾公平与效率的平衡。

混改实践也表明，混合所有制有助于实现国有企业丰富生产要素与民营企业灵活经营机制的互补，促进了国有企业的管理去行政化、与市场经济更好地融合，也促进了民营企业的管理去家族化和规范化发展。混合所有制企业的蓬勃发展，还有助于弥合所有制鸿沟，创造各种所有制类型企业公平竞争、协调发展的政策环境，促进包容性增长。

当然，在发展混合所有制经济的过程中，也要注意防范潜在风险和避免可能的负面效果。需要重视文化融合，避免不同企业文化、经营理念等方面的冲突；需要完善资产评估、信息披露、竞价和产权交易机制，如由产权所有者选聘资产评估机构、主导评估过程等，规范操作、避免“手拉手”进场现象；平衡战略性产业的对外资开放与产业安全考虑等。

## 三、混改后企业要及时转变和完善经营机制

对于适合混改的国有企业而言，混改类似于基因改造技术，只要体制合适和机制转变到位，将促使具有明显资源优势但又具有天然缺陷的国有企业发生脱胎换骨式的变化，成为整合不同所有制优势而形成具有新机制、对体制也有新要求的正常企业。

但是，混合所有制潜在的优势不会无条件地自动实现。实践表明，如混改企业不能及时转换和完善机制，混改的作用和意义就会大打折扣，难以取得预期成效。混改要避免形混神不混，防止名混实不混，不能是仅停留在形式上的混合，不是简单的国有资本加民营资本，更不是“为混而混”，而是要通过股

权结构的调整与优化，完善公司治理体系，解决传统国有企业机制失灵问题。

因此，企业不要将混改仅仅定位为引资，而应是并重引资引制，混改之后应及时转变和完善公司治理机制、经营决策机制和激励约束机制。前提是推动股权多元化、优化股权结构和完善公司治理，关键在于破除传统国有企业“一股独大”问题。

推进混改，首先需要把优化股权结构作为核心工作。这样才可能引入具有制衡能力和提升企业发展能力的股东，能“用手投票”而非仅仅只能“用脚投票”。同时，国有资本可根据适用情况采取不同创新方式参与混改，如采取“金股”保障国有资本在不控股情况下对特定事项的影响力，采取特殊管理股保证国有资本对特殊企业的有效控制，采取优先股保障布局在一般竞争领域的国有资本的收益权。

在优化股权结构的基础上，完善“三会一层”公司治理结构，优化董事会结构和落实董事会职权，以健全公司治理体系和运行机制，提升决策效率和科学性。同时，利用混改契机完善激励约束机制，如结合国企负责人市场化选聘改革探索建立职业经理人制度，完善市场化劳动用工制度和开展员工持股，建立适应“做强做优做大国有资本”的绩效考核体系等。

其次，混合所有制企业既要避免传统国有企业管理上的行政化和机关化，也要避免一般民营企业管理上的家族化，还要重构国有股东与混合所有制企业的关系，减少行政干预，避免将混合所有制企业等同于传统国有企业来管理。

此外，政府不宜过度强调混合所有制经济比例这一指标，不能简单地一混了之，而忽视后续跟进支持与及时转制。政府相关部门需要持续跟踪与支持混改后的企业发展，促进转机制落实到位并产生实际成效。

最后，还需要注意的是，由于国企转变机制必然涉及完善国有资本管理体制，这要求国有资本管理体制改革先行，为推进混改优化环境、创造条件。

## 四、混改要求进一步完善国资管理体制

混改如只局限于试点层面或只停留在企业层面，主要还只是释放了单个国企活力和发挥“以点促面”作用。要想让混改更完整和更广泛地发挥积极作用，必须与完善国资管理体制协同联动。这是发展混合所有制经济的基础条件，也是混合所有制企业完善治理机制和转变经营机制的要求。

首先，国有资本出资人代表机构需要适应“做强做优做大国有资本”的要求，将发展混合所有制经济作为“做强做优做大国有资本”的主渠道之一，把两项工作有机结合起来。当前可以着手以提升管资本能力为标准，调整组织结构，优化人员结构，及时转变职能和转换管理方式。

其次，构建以财务约束为主线、以提升透明度为基础的国有资本委托代理体制。对布局于竞争性领域的国有资本，要淡化“工具”和“抓手”功能，强化收益功能；在一般竞争领域不追求“控制”而主要谋求“收益”，为发展混合所有制经济开辟更大空间。

第三，创新委托代理关系。主要是发挥“两类公司”这种市场化、公司制出资人机构的作用，为混合所有制企业提供按市场化方式和商业规则履职行权的积极、有限国有股东。

第四，完善国有资本布局政策和动态调整优化机制，完善资产评估、定价和产权交易制度，在更规范的制度框架下推进混改，使之成为做强做优做大国有资本的渠道。

第五，避免将混合所有制企业等同于传统国有企业来管理。对国有资本不控股的混合所有制企业，不再沿袭对传统国有企业的管理，避免传统体制阻碍混改企业转变机制。同时，重构国有资本出资人代表机构与混合所有制企业的

关系，减少行政干预；直接面对实体企业的国有股东要从强调集团管控向重视公司治理转变，从构建业务体系向管理投资组合转变。

第六，推进混改相关改革配套措施的及时跟进与匹配，以巩固混改成果并进一步取得实质性进展。如加快推进垄断行业体制改革、解决国企历史遗留问题、完善信息披露制度等。此外，国有资本出资人代表机构可加强与相关部委的联系和协调，以“不因推进改革增加企业负担”为原则，推动土地处置、债务核销、资产评估、资质变更等相关配套政策的跟进与完善，明确实施细则；及时清理已经过期或不适应新形势而需要调整的相关政策。

最后，完善混改的机制设计，改进改革落实方式。提高各类所有制经济主体参与混改的积极性，进一步完善国企改革的推进方式，协调好顶层设计与基层探索、中央与地方、立新与废旧之间的关系，及时总结并形成可复制、可推广的成功混改经验，降低混改的探索和试错成本。

## 五、混改必须与产权保护、释放人的积极性同步推进

混改被当作新一轮国企改革的突破口，促进了垄断行业体制改革、供给侧结构性改革、解决国企历史遗留问题、三项制度改革等多项改革的推进。但改革需要重点突破也需要配套跟进，避免单兵突进而难以为继。因此，进一步推进混改也需要相关改革的跟进与配套，尤其是要与产权保护和释放人的积极性三位一体、同步推进，否则难以取得预期进展。

产权是所有制的核心。混合所有制改革意味着各种性质产权的开放、流转、重组与合作，没有同等保护就难以有产权的开放，更难以有混改。近些年来，我国进行了一系列的改革以解决公有产权主体和私有产权主体平等保护的问题，但两者的法律地位在现有法律框架内仍有一些方面是不平等的。这不仅

体现在宪法对不同产权保护的表述不同上，也体现在民事法律对不同产权的保护程度不同上，更体现在现行刑法从犯罪主体、罪名设置等方面对公有和私有财产的差别保护上。我国不同所有制的产权保护强度不一致的情况，阻碍了混合所有制改革的深入推进。

另一方面，改革意味着重大利益关系调整，相关问题的复杂性和任务的艰巨性，使得改革者面临不少改革风险。混改尤其是如此。由于混改的容错纠错机制尚不完善，执行机制没有很好地实现激励兼容，目前还存在着“人”的积极性未能有效充分释放的问题，改革中“等看靠”现象和“空转”问题比较突出。

中央近期先后发文，强调“依法保护产权”及“激发和保护企业家精神”，使得解决这两个问题具备了条件。

要想混改取得预期进展和预期成效，首先，一方面需要推进对产权人平等保护的刑事司法改革，另一方面需要引导混合所有制企业利用公司章程来保护中小股东利益，如坚持同股同权，各类股东以出资额为限、以公司治理为渠道、依法履职行权。

其次，要完善改革容错纠错机制，建立改革失误申诉机制和专家评判团制度，重点是实现激励兼容和真实信息揭示，消除改革执行层面的顾虑。

最后，要缓解委托人道德风险，为混改企业提供积极而有限的国有股东；建立兼顾利益、晋升和荣誉的企业家激励体系，提供制度性激励、制度化保护，实施控制权激励，提高企业家对涉企政策的话语权；推进职业经理人制度改革，在符合条件的混合所有制企业实施员工持股等。

总之，需要从物质和精神、体制和机制、长期和短期、激励和约束多个方面，调动包括国有股东、企业负责人、骨干员工等在内的“人”的积极性，激发创造性劳动，形成共推改革、共谋发展的合力和氛围。

总的来看，混改试点在过去几年积累了丰富经验，已经开始发挥以点促面的作用，具备了战略性展开、全面推进的基础。只要我们切实解决突出问题、及时总结并推广成功经验，混改一定会为中国经济健康发展贡献力量，发挥积极作用和释放正面成效。

国务院发展研究中心调研报告，2018年第40号（总5315号）

# 国企混合所有制改革试点的历程与进展

中国改革开放以来所有制结构变化，主要表现之一就是混合所有制经济的蓬勃发展：在宏观层面，由过去的单一公有制经济发展为多种所有制经济相互并存、共同发展的基本格局；在微观层面，多种经济成分之间相互渗透、相互融合，混合所有制企业逐步出现与发展。混合所有制是与社会化大生产相适应的一种主体多元化、运行市场化的财产制度。从中国企业多年的实践来看，混合所有制在促经济发展方面发挥了积极作用，具有明显优势。这也是为什么十八届三中全会将发展混合所有制经济提高到“基本经济制度的重要实现形式”这一高度的主要原因之一。

## 一、混合所有制的理论基础[①]

混合所有制经济指不同所有制性质的资本参股或相互联合、融合而形成的经济成分，一般采取股份制的资本组织方式。它以社会中存在多种所有制经济成分为前提，通过各类性质的产权在市场中以多种形式自主流动和重组形成，

① 一、二两部分参考了曹立教授的“混合所有制改革历程及其总体评价”，工作文稿（2016）。

并适应竞争的需要不断变化资本结构。

从混合所有制经济产生的根源来看，它是一种次生的所有制形态，指由两种或两种以上原生或基本所有制形式通过联合、重组而产生的一种新的所有制形式。

对混合所有制经济，可以从宏观角度考察，即整个社会（或国家）存在多种所有制经济；也可以从微观角度考察，即存在不同所有制性质投资主体共同出资组建的企业。

因此，混合所有制经济包括两重涵义：一是指整个社会的多种所有制形式和经济成分并存的格局；二是指不同所有制性质的资本在同一企业中的“混合”。

混合所有制作为一种新的所有制类型，打破了各种所有制之间自我封闭的界限，突破了单一所有制筹集资金渠道的局限，从而促进企业结构、产业结构和所有制结构的调整。

## 二、2013年以前的混合所有制改革历程

我国出现和发展混合所有制经济，肇始于合资企业，以后主要源于国有企业改革，源于寻找国有经济同市场经济相结合的形式和途径。

国有企业改革的要点之一是建立现代企业制度，基础是现代公司制，而规范的现代公司制一般均是股权多元化的。因此，就国有企业而言，除原有的国有资本之外，还要吸收其他非国有资本作为战略投资者，公司公开上市还会有更广泛的不同投资主体持有公司股票。国有企业进行公司制、股份制改革，促进了国有经济同市场经济的有机结合，使国有经济找到了能有效促进生产力发展的实现形式。

同时，由于我国经济近40年的快速发展，积累了大量社会资本。这些资本

一方面有拓宽投资渠道的自身要求，另一方面也为发展混合所有制经济提供了现实条件。

这段时期，国有资本、集体资本和非公有资本交叉持股、相互融合的混合所有制经济发展迅速，显示出旺盛的生命力。以银行业为例，据银监会年报，截至2012年底，股份制商业银行和城市商业银行总股本中，民间资本占比分别为41%和54%。农村中小金融机构股本中，民间资本占比超过90%。

2012年时，我国2494家境内上市公司中，相当一部分由国有资本控股或参股，它们是典型的混合所有制经济——时有国有控股上市公司953家，占中国A股上市公司数38.2%，市值占比51.4%。

此外，根据历年《中国税务年鉴》，从1999年到2011年，混合所有制经济对全国税收的贡献率逐年提高，从1999年的11.68%逐步上升到2005年的36.57%、2011年的48.52%。这些都反映了混合所有制经济在中国迅速发展的基本情况。

**表1　混合所有制改革的政策层面表述（改革开放至十八届三中全会召开前）**

| 时间 | 内容 |
| --- | --- |
| 1993年 | 党的十四届三中全会提出："随着产权的流动和重组，财产混合所有的经济单位越来越多，将会形成新的财产所有结构。" |
| 1997年 | 党的十五大报告提出："公有制实现形式可以而且应当多样化"，"要努力寻找能够极大促进生产力发展的公有制实现形式。股份制是现代企业的一种资本组织形式，有利于所有权和经营权的分离，有利于提高企业和资本的运作效率，资本主义可以用，社会主义也可以用"。 |
| 1999年 | 党的十五届四中全会指出："国有大中型企业尤其是优势企业，宜于实行股份制的，要通过规范上市、中外合资和企业相互参股等形式，改为股份制企业，发展混合所有制经济。" |
| 2002年 | 党的十六大报告提出："除极少数必须由国家独资经营的企业外，积极推行股份制，发展混合所有制经济。" |
| 2003年 | 党的十六届三中全会提出："要适应经济市场化不断发展的趋势，进一步增强公有制经济的活力，大力发展国有资本、集体资本和非公有资本等参股的混合所有制经济，实现投资主体多元化，使股份制成为公有制的主要实现形式。" |

## 三、十八届三中全会以来中央层面发展混合所有制经济的进展

2013年11月，中共十八届三中全会《决定》提出“积极发展混合所有制经济”后，掀起了关注新一轮混合所有制改革的高潮。十八届三中全会提出的发展混合所有制经济，侧重于微观角度。新一轮混合所有制改革的新要求主要体现在三个标志性文件中。

（1）《决定》将发展混合所有制经济定义为国企入股民企、民企入股国企和混合所有制企业员工持股三个方面。

（2）2015年9月，《中共中央、国务院关于深化国有企业改革的指导意见》将“发展混合所有制经济”列为国企改革四个主要目标之一，并阐述了发展混合所有制经济的四条具体措施。

（3）2015年9月，《国务院关于国有企业发展混合所有制经济的意见》明确了国有企业发展混合所有制经济五方面的工作任务：分类推进国有企业混合所有制改革，分层推进国有企业混合所有制改革，鼓励各类资本参与国有企业混合所有制改革，建立健全混合所有制企业治理机制，建立依法合规的操作规则。

中央层面重视混合所有制改革试点工作，2016年的中央经济工作会议要求混改遵循“完善治理、强化激励、突出主业、提高效率”方针，抓好混合所有制改革试点，在电力、石油、天然气、铁路、民航、电信、军工等领域迈出实质性步伐，形成一批典型案例，形成可复制可推广的经验。

随着顶层设计政策体系的逐步完善，混合所有制改革逐步成为国有企业改革的主攻方向之一。

**国资委十项试点之一**。2015年9月，《关于深化国有企业改革的指导意

见》要求推进国有企业混合所有制改革。据此，国务院国资委提出了深化国有企业改革的十项试点，其中之一就是“部分重要领域混合所有制改革试点”。截至2016年底，中央企业混合所有制企业户数占比为68%，上市公司的资产、营业收入和利润总额在中央企业整体占比分别达到61.3%、62.8%和76.2%。

**发改委的七大领域、三批试点。**2016年国家发改委会同国务院国资委等相关部门，结合垄断行业体制改革，在电力、石油、天然气、铁路、民航、电信、军工等七大领域推进混合所有制改革。并明确了东航集团、联通集团等中央企业列入第一批混改试点，取得了一些突破性进展。目前已开始第三批试点。

**代表性央企的混改实践。**开展混合所有制改革试点的央企基本上都采用“母独子混”模式，即保持集团层面的国有独资，下属各子公司则开展混改，通过引进战略投资者、并购重组等形式，实现与非公资本和其他资源的混合和利用。综合来看，主要有以并购重组推动行业横向整合、以引战提升产业链整合能力、引入同业变竞争为合作、产业资本与金融资本混合等模式，典型代表分别有中国建材、中国联通、南方航空和中石化等。

## 四、十八届三中全会以来地方层面推进混合所有制改革的进展

### （一）地方政府的举措

2014年江西省印发《关于进一步深化国有企业改革的意见》，“大力发展混合所有制经济”是其国企改革六大目标之一。江西省的混合所有制改革坚持“宜混则混、宜控则控、宜参则参”原则，先后完成了江中集团、省建工集团

和盐业集团等企业的混改。

“积极稳妥发展混合所有制经济”是安徽省深化国有企业改革七个重要举措之一，要求“提高国有资本配置和运行效率。以推进整体上市为重点发展混合所有制经济。坚持试点先行，稳妥有序推进混合所有制企业员工持股”。安徽省实施混改具有一定的地方特色，如鼓励国有资本与各类资本共同设立一批混合所有制形态的股权投资基金，投资高科技、高成长性产业等；明确提出将推进整体上市、发展基金、推广PPP模式等作为发展混合所有制经济的主要路径。

2016年1月，云南省发布了《关于国有企业发展混合所有制经济的实施意见》，要求“坚持优势互补、共同发展，坚持市场化运作，坚持规范运作保护产权，坚持分类分层改革”。明确推进发展混合所有制经济的重点在于“加快推进国有企业上市和整体上市，鼓励非国有资本参与国有企业改制重组，支持国有资本入股分国有企业，稳妥推进员工持股”。云南坚持分类分层改革，并且鼓励通过整体上市、并购重组、发行可转债等多种方式，探索在集团层面推进混合所有制，逐步调整国有股权比例。

2013年12月，上海市发布了《关于进一步深化上海国资改革促进企业发展的意见》，是地方政府层面出台的首个国有企业改革意见。该意见突出国有企业的市场属性，兼顾股权结构、产业特征和发展阶段，通过分类定责，全方位推进国有企业改革发展。其中确定为竞争类的企业户数超过70%，此类企业在改革中以公众公司为主要实现形式，积极推进整体上市或核心业务资产上市，稳妥发展混合所有制经济。

### （二）地方国企的改革实践

江西盐业的混改。2015年底，江西省盐业集团有限责任公司采用增资扩股方式引入厦门国贸投资有限公司等4家战略投资者，共引进资金6.98亿元。江西盐业的混改实现了江西国企混改的五个“第一”：第一次尝试在江西省产交所进行增资扩股项目的公开挂牌操作，通过市场发现价格；第一次聘请独立的第三方机构对项目实施进行路径设计、推介与指导；第一次全角度、全过程公开披露项目信息和进展；第一次配合混改设计了全新的核心骨干员工持股方案，核心员工持股5.93%，坚持“同股同价”“岗变股变”“人走股退”等原则，并设计了股权流转等内容；第一次在新公司章程中明确企业党组织在公司法人治理结构中的法定地位。

上海电气以“走出去”方式参与“逆向混改”。2014年5月8日，上海电气出资4亿欧元，收购意大利安萨尔多燃机公司40%的股权，实现了从第三梯队向第二梯队的升级。

安徽铜陵有色的员工持股。2017年初，上市公司铜陵有色在定向增发过程中实施员工持股计划，几乎覆盖公司所有在职员工，截至2017年1月17日，员工持有铜陵有色2.73%股权，为公司第三大股东。

## 五、国有企业混改的主要经验

### （一）中国发展混合所有制经济不是一种过渡型措施、短期行为，不是不得已而为之，而是主动改革、积极推动的必然结果和发展趋势

中国对于混合所有制经济的探索，并不是一种不得已而为之的暂时性的政策措施，不是为了“扬汤止沸”。我国的混合所有制改革，无论在理论上还是实践上抑或是政策层面，都是主动改革、积极推动的必然结果和在当前环境下

实现发展的必然趋势。

在理论上，混合所有制的命题早在我国20世纪80年代中后期就开始被提出并研究。薛暮桥1987年发表在《经济研究》上的论文在讨论不同性质企业合资经营问题时，最早提出了“混合所有制”概念。他认为由于投资方属于不同所有制，采取股份制形式，就形成了混合所有制。

在实践上，改革开放以来对于国有企业体制的改革历程中，一直伴随着混合所有制改革的探索。从20世纪80年代中期开始，国有企业的改革进程就一步步走向对于国有企业所有权的讨论，从最初的放权让利，到后来的经济责任制和承包制、租赁制，再到之后的股份制改造乃至“抓大放小”的国有企业股权出售，混合所有制经济的形象逐步明晰。

在政策上，中国共产党对于混合所有制改革的思考与相关政策是一以贯之的。1993年召开的十四届三中全会阐述了市场经济条件下以股份制为特征的混合所有制经济发展的必然趋势，指出随着产权流动和重组，财产混合所有的经济单位越来越多，将会形成新的财产所有结构。十五大确立了社会主义初级阶段的基本经济制度，第一次提出混合所有制经济概念，阐述了公有制和混合所有制的关系。十五届四中全会进一步提出，国有大中型企业尤其是优势企业，宜于实行股份制的，要通过规范上市、中外合资和企业互相参股等形式，改为股份制企业，发展混合所有制经济，重要的企业由国家控股。十六大明确提出，除极少数必须由国家独资经营的企业外，积极推行股份制，发展混合所有制经济。十六届三中全会提出，要适应经济市场化不断发展的趋势，进一步增强公有制经济的活力，大力发展国有资本、集体资本和非公有资本等参股的混合所有制经济，实现投资主体多元化，使股份制成为公有制的主要实现形式。十七大提出，以现代产权制度为基础，发展混合所有制经济。十八届三中全会明确提出，积极发展混合所有制经济，并强调国有资本、集体资本、非公有资本等交叉持股、相互融合的混合所有制经济，是基本经济制度的重要实现形式。

### （二）发展混合所有制经济，重在引资、引制、引智并举

混合所有制不仅仅是形式上的更改，不是简单的国有资本加上民营资本，不是“为混而混”，而是通过股权结构的改变倒逼企业打破传统行政系统、完善公司治理体系、充分融入市场化竞争。通过混合所有制改革，实现“国民共进”，带来活力与竞争力。

因此，对于国有资本来说，发展混合所有制经济，重在引资、引智和引制。一是通过引入民营资本，扩充企业资本实力，更好地实现规模效益。二是通过引入民营资本在市场竞争中建立起的经营管理风格，以及拥有充分市场竞争经验的经营管理人才，取民营资本之长补国有资本之短。三是通过引入民营资本，倒逼企业完善公司治理制度和经营管理体系，从而改变国有资本的僵化状态。国企改革要引资、引智和引制并举，如果只局限于引资，将难以为继，甚至可能带来灾难性后果，也会使民营资本在是否参与国企改革中有所顾虑、逡巡不前。

### （三）开展国企混改，要注重促进“国民”经济协调发展，改善“国民”关系

在国企混改进程中，要注重改善国有资本和民营资本之间的关系，营造公平公正的交易环境和制度。

第一，国有资本与民营资本之间不是“此消彼长”的对立关系，二者同样为国家经济发展做出贡献，都是社会主义市场经济中的重要组成部分。

第二，要消除所有制歧视。在国企混改过程中，国有资本和民营资本在市场经济环境下均居于平等地位，处于同等的政策监管之下——国有资本不同于政府机构，并不拥有行政监督权。在混改后的企业中，要保证“同股同权”，

保障国有资本和民营资本之间的合作共赢，促进“国民共进”。

第三，二者之间的合作可以实现取长补短、共同增值。国有资本的优势在于具有资源优势，注重规范化发展，民营资本的优势在于机制灵活，市场竞争经验丰富。两者取长补短，有助于合作共赢。

### （四）以促进国有企业转变经营机制为目标，重点是决策机制和激励约束机制，增强国有经济活力

国企改革的目标之一是促进国有企业转变经营机制，特别是决策机制和激励约束机制。在决策方面，国有企业通过引入民营资本，调整优化股权结构，从而完善公司治理结构，进而完善决策机制，打破固有的“一言堂”模式，提升决策效率和科学性，并实现权责一致。

在激励约束方面，国有企业通过混改可以解决两大问题：一是对于高管和中基层员工的激励问题，通过引入民营资本，可以借鉴民营企业的激励模式，实现员工激励，激发员工积极性和创造力。二是对于管理人员特别是“一把手”的约束机制，通过民营资本的“内部人”监督，建立健全对主要管理人员的约束机制，完善权责体系和追责机制，实现权责对等。

### （五）以优化股权结构为关键、以完善公司治理为核心

国有企业混改的重要途径是引入民营资本实现股权多元化。优化股权结构是推进混改的关键环节。可以通过引战、上市、重组等方式优化股权结构，引入民营资本，实现“国民共进”。

但国企混改不单是股权结构的变化，更重要的是公司治理体系的完善。在民营资本的监督和参与下，依法依规建立“三会一层”等公司治理体系中的关键机构并依法履职行权，是通过混改转变国企经营机制的核心工作。

### （六）员工持股从福利性待遇到激励性措施的回归

关于员工持股，不同企业有不同思路：一种思路是将员工持股看作福利性待遇，覆盖面尽可能广，员工持股比例小、不同员工持股比例差别不大，持股平台是全体员工分享企业发展收益的福利性平台。另一种思路是将员工持股看做激励措施，仅有关键岗位员工参与持股，总持股比例较高、不同员工持股比例差别大、股份数量与岗位挂钩，通过员工持股设计来实现对员工的长期激励。

基于历史经验，目前来看，骨干员工持股是更值得推广的模式。即员工持股是一种有效的激励手段和改革措施，不能沦为另外一种“吃大锅饭”的福利性待遇。

### （七）国有企业开展混改需要高层坚决支持

国企混改要实现机制上的转变，需要大力度引入民营资本，涉及国有企业股权结构的大幅度变化，甚至会以放弃国有控制权为代价，容易被误解为“国有资产流失”，带来不少担忧和顾虑。这需要相关政府高层坚决支持，由政府相关部门主导开展混改。

## 六、深入推进混合所有制改革面临的挑战

免责机制和激励兼容的机制设计有待完善。目前国企混改进程中，部分国企改革进展不大、改革氛围不浓，企业管理者“一怕二看三等”，持观望、逡巡态度。这其中一个比较突出的原因在于缺乏免责机制和激励兼容的机制设计。混改必须有坚决的高层支持，划清明确的红线、底线，建立并完善纠错容

错机制，否则缺乏改革动力，国企混改难以有效推动。

“一股独大”问题尚有待完善。目前大多数国企混改案例中，“一股独大”问题尚未得到有效解决。国有资本往往只让出少数股权，给股权结构优化和治理结构调整的空间有限，混合所有制企业的公司治理仍不完善，转变机制难以到位，内部人控制问题难以得到解决，也导致非公有制经济主体动力不足。实际上，国有资本应该关注如何更有“性价比”地实现控制权而非一味坚持高成本的控股权。应区分行业属性、企业特点等实际情况，在一些特殊行业、特别企业的特定领域，还可以通过探索“特殊管理股”“金股”等制度安排，保留对特别重大问题的否决权，而非依赖高成本的高股权比例来实现政策意图。

混改之后未能及时改制。由于混改企业中一股独大或股权结构不均衡情况仍然存在，民营资本难以获得足够的话语权，公司治理难以及时完善，混改促进混合所有制企业转换经营机制的目标尚未收到预期成效。另一方面，国有资本管理体制改革也尚未跟上发展混合所有制经济的需要，混合所有制企业很大程度上仍然受传统体制束缚。此外，集团母公司保持国有独资，导致“老体制管新体制”，新体制的优势难以充分发挥。

集团母公司混改困难。54号文已明确“探索在集团公司层面推进混合所有制改革”。国有企业集团层面开展混改，才能从根本上避免“老体制管新体制”的问题，从而实现“取长补短”“国民共进”的目标。但到目前为止，集团母公司层面的混改进展缓慢。对于集团母公司来说，直接开展混改需要首先明确由谁主导混改的问题，即明确国有企业集团层面的改革由谁主导、报谁批准等，并有较好的激励兼容机制设计。

在经济重要领域，如何结合垄断行业体制改革来发展混合所有制经济，还有待深入探索。对于石油、天然气、电力、铁路、电信等七大领域，这些重要领域的混改具体如何推进？中长期要站在更高的视角来看，需要结合垄断行业体制改革，明确垄断行业发展混合所有制经济的目的、方式方法。

除上述问题以外，国企混改还存在如下一些问题：①混合所有制企业中的国有资本监管问题。需要适应“管资本”要求确定国有资本的绩效考核体系。②加快完善国有资本监管体制，实现推进混改与防范国资流失的均衡。③弱势股东权益保护和产权平等保护问题。④不仅仅要实现资本的混合，还要实现不同的企业文化融合，避免企业文化冲突。⑤进一步避免混合所有制认识误区和过多行政干预。

## 七、对混合所有制改革的评估

由于混合所有制改革力度逐步加大、央企在推动混合所有制改革方面积极发挥作用，企业探索了上市、设立混合型基金、项目层面的PPP模式等多种混改模式，新一轮混改的成效开始显现，主要表现在：一定程度上推动了国有企业经营机制转换，激发了国有企业活力；扩大了资本来源，推动了地方政府和国有企业去杠杆；促进了破除行政垄断壁垒。此外，资本市场对国企混改也有较为积极的预期。如果改革方案能实质性地落地和深入推进，混改红利将逐步得到释放。

但我们更需要清醒地认识到，迄今为止，混改的突破性进展较为有限。目前大多数国企混改还都处于试点阶段，未能大面积铺开或实施战略性展开。这有多方面的原因，客观原因是不少国有企业——尤其是商业类国有企业，过去已经通过多种形式推进了混合所有制改革，混合比例已经较高。目前遗留下的都是在混改过程中存在问题和困难的企业。因此，本阶段进一步推进混改更为困难。

## 八、进一步推进混合所有制改革的建议

坚持“两个毫不动摇”，营造支持发展混合所有制经济的社会氛围。发展混合所有制经济，必须坚持“两个毫不动摇”，两者不可偏废。公有制经济和非国有经济都是社会主义市场经济的重要组成部分，通过交叉持股、相互融合，推动各种所有制资本取长补短、相互促进、共同发展，实现“国民共进”，形成协调发展的经济格局。

完善国企混改的政策环境。国企混改要与其他改革实现有机结合，完善发展混合所有制经济的相关政策，提升民营资本参与国企混改的积极性。第一，国企混改要和供给侧结构性改革相结合，结合“三去一降一补”的要求，针对不同行业开展不同形式的混改。第二，国企混改要与国资监管体制改革同步进行。因为完善的国资监管体制有助于明确国企混改过程中国有资本的定位。第三，国企混改要与解决历史遗留问题相结合。如原高管成员安置和企业冗员分流安置问题，国有企业的债务问题、分离企业办社会职能等等，以提高民营资本参与国企混改的积极性。

进一步加强产权保护。国企混改过程中，首先需要进一步加强产权平等保护制度建设，切实保障国有和非国有产权的市场化定价和公平交易。其次是完善权责对等、有效制衡的法人治理结构，规范股东行为，各类投资主体按照出资额享有股东权益并承担相应责任，实行同股同权，切实维护各类股东合法权益。第三，健全严格的产权占有、使用、收益、处置等完整保护制度，依法保护混合所有制企业各类出资人的合法权益。在立法、司法和执法过程中，坚持对各种所有制经济产权和合法利益给予同等法律保护。

进一步完善现代企业制度，健全激励约束机制。建立健全公司治理体系，保证混合所有制企业各方股东在《公司法》和公司章程的约束下通过公司治理

体系行使股东权利。健全激励约束机制，规范管理层行为，减少道德风险。重点是完善以董事会为核心的公司治理结构，规范董事长、总经理履职行权行为，发挥董事会决策作用、监事会监督作用、经理层的经营管理作用和党组织的政治核心作用，实现规范的公司治理。其次是稳妥推进职业经理人制度，充分发挥市场机制在选人用人上的重要作用，推行市场化选聘、任期制、契约化管理和差异化薪酬，逐步理顺现有经营管理者和职业经理人身份转换通道；推进全员绩效考核，以业绩为导向，科学评价员工贡献，落实“三能”机制，调动广大职工积极性。

进一步完善国资管理体制，为推进混改提供基本环境。完善国资管理体制是国企混改的重要前提和推动力，通过建设国有资本投资、运营公司等方式实现“管资本”，鼓励国有资本“有序进退”，有助于国企混改的有效推进。

进一步推进垄断行业体制改革，为推进混改创造基础条件。“混合所有制改革是国企改革的重要突破口”，国企混改要在电力、石油、天然气、铁路、民航、电信、军工等领域迈出实质性步伐。这七大重要领域的混改，需要与相关垄断行业体制改革相结合，为混改开拓新领域、开辟新空间。

防范国有资产流失。要求健全审核程序，规范操作流程，严格资产评估，依法依规、公开公正。国有股权转让必须公开透明，做到规则公开、过程公开、结果公开。其中，要规范中介管理，发挥第三方机构积极作用，通过市场发现国有资产的真正价值，尤其是要重视实现国有企业商标、商誉等无形资产的公允价值。加强监督机制创新和内控制度建设，完善公司法人治理结构，健全信息披露制度，打造阳光国企，引入社会监督；与完善国资管理体制相结合，不仅要杜绝国有资产流失，也要防范国有资产权益流失。

# 完善国资管理体制　促进混合所有制经济发展

发展混合所有制经济是国企改革的重要突破口。近年来，国企混合所有制改革取得了一定成绩。但由于多种原因，在实际操作中，国有企业动力不足、民营企业犹疑不定的现象也较普遍。混合所有制改革的广度和深度欠佳、混合所有制企业转制迟缓、国有资本流动性较弱等问题仍未得到很好解决。

国企混合所有制改革触及了产权这一根本问题，成为当前国企改革的突破口。国企混合所有制改革是一项系统性工程，要在国资管理体制改革和国企分类实施股权结构改革两个层面进行，二者协同联动，方能相得益彰。推进混改过程中出现的新形势、新问题，也要求国资管理体制及时做出相应调整。

## 一、现有国资管理体制尚不完全适应发展混合所有制经济的需要

2003年国有资产监督管理委员会成立，根据国务院授权，承担国有资产监管职责。作为政府特设机构，国资委在特定历史时期内，在解决政企不分、

“五龙治水”等方面发挥了积极作用，为国有企业抓住经济景气周期、快速做大做强奠定了基础。随着改革的深入推进，传统国资管理模式积累的一些体制机制问题逐渐暴露，国资管理体制与混合所有制改革较难兼容的问题开始显现。

### （一）国资管理体制缺位、越位问题并存，难以适应混改需要

2003年的《企业国有资产监督管理暂行条例》和2008年的《企业国有资产法》都明文规定“国有资产监督管理机构不得干预企业的生产经营活动”。但从具体实践情况看，由于从出资人职责出发的监管事项与企业的经营活动存在较广的交叉领域，履行出资人职责的机构在履行自身职责方面越积极、越有所作为，其对企业日常经营活动的介入、影响与干预程度就可能越深①，导致“越位”和“缺位”现象难以避免。

### （二）国有资本出资人代表机构“管资本”能力尚有待提升

当前国有企业存在生产效率与产能利用率“双低”问题，一定程度上也反映国有资本出资人代表机构“管资本”的能力尚有待提升。这主要是由于国有资本委托代理链条过长，委托人与代理人的权责模糊不清，代理人具有难以替代性，但又缺乏有效的激励约束机制，激励扭曲问题突出。同时，政府机构与资本市场的运行逻辑有别，政府机构管理国有资本缺乏专业化能力和动力。

---

① 黄群慧、余菁、贺俊：“新时期国有经济管理新体制”，《天津社会科学》，2015年第1期。

### （三）国有资本出资人代表机构监管方式尚有待从行政化向市场化转变

经过多年的改革发展，中央和地方国有企业发展混合所有制已经达到较高水平。大多数国有企业通过多形式、多层次的混改，实现了投资主体多元化。混改呈现速度加快、层级提升、领域拓展、机制转变等特点，国有企业也整体进入了股权多元化、资产资本化发展阶段，企业的治理结构、运行方式也相应发生了变化。

这些变化客观上对国资监管机构调整完善监管职能和方式提出了新要求，即更加凸显以“管资本为主”，尤其注重通过公司法人治理体系依法行使国有股东权利。

相较于企业层面的混合所有制改革，国有资本管理体制改革相对滞后。如根据中央要求，“以管资本为主”成为国资管理体制改革的主攻方向之一。但总体而言，国企改革顶层设计的“1+N”政策体系中，向管资本转型的设计相对薄弱。此外，“旧体制”仍较多地层层“渗透”和“传染”至混改后的“新企业”，混合所有制经济的深度和广度难以取得实质突破。

### （四）国有资本出资人代表机构难以有效承当有限、积极股东的角色

《企业国有资产监督管理暂行条例》赋予国资委“依法定程序对企业负责人任免、考核和奖惩……承办政府交办任务”等职责，及“推进结构调整、推进管理现代化、建立现代企业制度”等义务。为履行出资人职责，国资委在成立之初即拥有超出股东权责的实际权责。《企业国有资产法》明确国资委履行出资人职责，未明确其他权责的存废。截至2012

年底，国资委制订了有关国企监管的规章26件、规范性文件287件。据统计，以公司制央企为例，在国资委权责事项中，主要有股东权责、公共政策管理、企业内部管理、党群工作四类，其中股东权责占31%，公共政策管理占30%，企业内部管理占23%，党群工作占10%。一方面，在国资委的权责事项结构中，国资委权责范围大于《公司法》的股东权责范围；法定的股东权责只占国资委权责的少部分；国资委在公共政策管理、企业内部管理及党群工作等方面有广泛权责①，并未满足于充当有限股东的角色。另一方面，在未充当有限股东的同时，由于国资委过多关注其他事务，牵扯精力，导致又出现缺位监管。如：股东权责要求的监督做得不够；对投资回报的要求缺乏硬性约束；对完善企业治理体系缺乏动力等。这导致国资监管机构未能有效履行有限、积极股东职责。

## 二、完善国有资本管理体制和建立国有资本动态调整机制是发展混合所有制经济的重要基础条件

### （一）完善国资管理体制是推进混合所有制经济发展的前提条件

《关于改革和完善国有资产管理体制的若干意见》明确设立国有资本投资、运营公司将采取新设和改组两种方式，探索直接授权和间接授权两种试点模式。

作为实质性举措，《国务院国资委以管资本为主推进职能转变方案》中提出，国资委强化3项管资本职能，精简43项监管事项，准确把握国有资

① 亓长东、陈小洪：“国资委监管模式的初步评估与建议”，《国有资本管理体制改革研究》，中国发展出版社2015年版，第6～12页。

产监管机构的出资人代表职责定位；秉持稳妥有序落实“管资本为主”的要求。

## （二）完善国资管理体制是完善混合所有制企业治理机制的必然要求

完善混合所有制企业的公司治理机制是发展混合所有制经济的内生需要。而科学的国资监管机制是完善混合所有制企业公司治理机制的外部条件。

以公司制为基础的混合所有制企业，本质上是在产权清晰前提下以财产权利为出发点构建公司治理体系——包括不同类别的各股东地位平等、按股权比例进行投票表决，出资人、受托人和经理人关系明确、界面清晰。尽管股东之间、股东与董事之间、董事与经理等利益相关者之间也可能发生各类侵权现象，但可依据法律规则进行明确判断和利益调整。

因此，新的国资管理体制应建立在界定国有资本所有权和经营权边界的基础上，通过国有资本投资、运营公司等公司制、市场化的国有资本运作专业平台，对所出资企业以产权为纽带，行使股东职责，按照责权对应原则参与混合所有制企业公司治理，落实“管资本为主”的改革要求。

这样，股权的同等保护、国资流失的防范等问题都能得到改善，而混合所有制企业的公司治理机制也将更趋完善，从而实现国资管理体制对混合所有制企业公司治理机制的兼容和对接。

## （三）优化国有资本布局要求建立和完善国有资本的动态调整机制

国有资本大量沉淀在传统产业，难以开展市场化导向的资本流动，难以更好服务国家战略。而长此以往，也将影响发展混合所有制经济的政策实效。

因此，有必要按照“管资本为主”和分类分层改革的要求，以规范国有资本收益分配管理规则为基础，以国有资本投资、运营公司为主体，以国资退出机制为核心，与竞争政策、产业政策和国家发展战略结合，建立和完善国有资本动态调整机制。

一是按照分类改革思路，针对商业和公益国有企业的不同战略定位和发展目标，制定差异化的国有资本动态调整机制，实施更加精准有效的分类监管。在一般竞争性领域，以国有资本投资、运营公司为调整平台，设置“负面清单”，立足于优化国有资本布局结构、提高国有资本配置效率，加快退出长期亏损、产业前景不明、缺乏控制力的企业，借力推进“去产能”和处置“僵尸企业”工作；在公共服务领域，可设立“责任清单”，基于国家战略需要，确保担负政策性功能使命的国有资本对真正关系国家安全和国计民生领域的服务能力。

二是完善设置国有资本退出机制。创新国有资产配置方式，建立健全国有资产交易机制和优胜劣汰市场化退出机制，加快处置低效无效资产，支持企业依法合规通过证券交易、产权交易等市场，以市场公允价格处置国有资产，实现国有资本形态转换；规范经营性国有资产处置，重大资产转让依托公共资源交易平台公开进行，重大经营性国有资产出租、出借要引入市场机制，做到公开、公正、透明。

三是充分发挥国有资本投资、运营公司的平台作用。除特殊规定外，在竞争性领域，国有资本的进入或退出，如国有资本的产业布局、国有资本的集中度、国有资本控股或参股比例等，由国有资本投资、运营公司依据相关授权自主决策、自主运作，国有资本投资、运营公司应致力于成为战略性新兴产业转型升级的“引导者”和具备综合金融功能的“服务商”。具体措施包括：通过进场交易、兼并重组等方式，实现低效、无效资产稳妥、有序退出；通过开展投资融资、产业培育、资本整合，推动产业集聚和转型升级，优化国有资本布局结构；通过股权运作、价值管理、有序进退，促进国有资本合理流动，实现保值增值。

四是围绕国家战略重点，发挥国有资本在新兴产业培育、知识产权保护、企业品牌建设等方面的引领作用。推动国有企业重视加快技术创新、管理创新和商业模式创新，提升国有资本效能。

### （四）进一步完善混合所有制企业的监管体制，消除非公资本参与混改的隐性壁垒

以往的国资监管体系并非独为国有独资企业而设立，也覆盖到国有控股的混合所有制企业。甚至一些国有股比重较低的混合所有制企业仍然按照国有控股来管理。因此，传统的国资管理方式目前仍然比较多地沿袭到混合所有制企业。

那么，对混合所有制企业到底应如何监管？一个较为可行的办法是，按照“管资本为主”的要求，改进国资管理方式和手段；按照法治化、市场化的原则，实行企业内部监管和出资人监管相结合，遵守“去行政化、行股权化”的思路①。

一是依据国有资本在混合所有制企业中的占比，国有资本出资人代表依法行使股东权利和股东监督。股东监督是以股权为基础，以出资额为限，按照市场化方式，遵循规范董事会运作要求，出资人委派股东代表和董事、监事，行使股东权利，具体化和制度化股东会、董事会、经理层、监事会的权责关系，构建高效的运行机制，而非实行“红头文件”和任命等形式的行政性监督。

---

① 张文魁：“国资监管体制改革策略选择：由混合所有制的介入观察”，《改革》，2017年第1期。

二是对于混合所有制企业的监管要有明确的权利清单和责任清单，不将传统对国有企业领导人的管理与考核简单“移植”到混合所有制企业中，比如薪酬管理、上交护照、财产申报等方面的监管，要考虑是否会影响民营资本参与混合所有制经济的积极性。

### （五）构建以财务约束为主线、以透明度为基础、以激励约束为导向的国有资本委托代理体制

新的国资管理架构需要更加凸显“管资本为主”的基本思路。新的国有资本委托代理关系建立在财务约束为主线的基础上，取代以往行政指令式的委托代理关系，国有资产监管机构主要以股东身份，加强对国有资本投资、运营公司的监督管理，国有资本投资、运营公司以股东身份，积极参与混合所有制企业的公司治理。

此外，要推进阳光监管，依法推进国资监管信息公开，主动接受社会监督。健全信息公开制度，加强信息公开平台建设，依法向社会公开国有资本整体运营情况、国有资产保值增值及经营业绩考核总体情况、国有资产监管制度和监督检查等情况，中央企业和国有资本投资、运营公司应该加大信息公开力度，依法依规公开治理结构、财务状况、关联交易等信息。

## 三、发挥国有资本投资、运营公司在发展混合所有制经济中的公司制、市场化出资人作用

政府机构及其代理人难以解决委托代理关系中的激励兼容问题，同时还面临信息不对称情形，易导致企业疲劳和机制扭曲。依《公司法》成立组建的国有资本投资、运营公司，是纯粹的公司制、市场化出资人代表机

构，以政府与专业市场机构之间的委托代理机制代替了政府内部的委托代理关系。

## （一）探索、完善以管资本为主改革国有资本授权经营体制

国有资本投资、运营公司要成为高效运作的市场化出资人代表，关键要建立科学的运行机制和完善的治理机制。国有资本投资、运营公司运行与治理机制的核心要防止三个倾向：一是防止被虚化，即过多地被干预经营，使国有资本投资、运营公司成为多余层级；二是防止国有资本投资、运营公司自身的不作为和乱作为；三是防止再行政化，即国有资本投资、运营公司权力膨胀，成为“二政府”或新的行政主体[①]。

为此，需要进一步理顺政企关系、政资关系：一是国有资产监督机构与国有资本投资、运营公司的关系；二是国有资本投资、运营公司内部协调运作、有效制衡的企业法人关系；三是国有资本投资、运营公司与所出资企业的关系。

关于国有资产监督机构与国有资本投资、运营公司的关系。一方面，国有资产监管机构应剥离对国有资本投资、运营公司的行政性监督管理职能，减少对企业经营的日常干预，归还企业自主经营的权力。另一方面，国有资产监管机构需提升依照《公司法》规则参与国有资本投资、运营公司治理的能力，基于法律赋予的股东权利，主要职权应限定在制定公司章程、委派董事和监事、决定公司增减资、决定发行债券、批准利润分配等重大事项上。

关于国有资本投资、运营公司与出资企业之间的关系。国有资本投资、运营公司依据《公司法》等相关法律法规，作为出资人代表，以市场化的管资本

① 袁东明、陶平生：“国有资本投资运营公司的运行与治理机制”，《国有资本管理体制改革研究》，中国发展出版社2015年版，第44页。

方式管股权和管回报，对所出资企业依法以出资份额行使股东权利，以出资额为限承担有限责任；国有资本运营公司以财务性持股和财务管控模式为主，重点关注国有资本流动和增值状况；国有资本投资公司负有产业使命，以对战略性产业核心业务投资为主，建立以战略管控和财务管控为主的管控模式，重点关注所出资企业执行发展战略和资本回报状况。

国资投资、运营公司与所出资企业不是上下级关系，而是平等的市场主体，国资投资、运营公司依照相关民商法参与所投资企业的治理。具体运行机制可以参考“汇金模式”、借鉴“淡马锡模式”：按照《公司法》赋予的11项股东职权，选派专职股权董事，通过公司治理渠道，以市场化方式参与和影响控参企业的重大事项决策，实现国有股东“人格化”，做“积极股东”。

具体而言，由国有机构派出专职股权董事按照董事会议事规则来实现国有资本的目标，但不干预出资企业的日常经营。实体企业则实行完全市场化的经营机制，同时内部也要建立规范的董事会，落实董事会的战略制定、对外投资、薪酬管理和经理层选聘等方面的决策权。

在“国资监管机构—国有资本投资、运营公司—实体企业”三层国资监管框架下，国有资本投资、运营公司作为“管资本为主”的核心环节，是实现政府和市场隔离的“界面”。国有资本投资、运营公司接受国家所有权政策制定机构的公共管理，与出资人是委托代理关系，与控参企业是股东与公司的关系。针对政资不分、政企不分问题，国有资本投资、运营公司可实现“双重隔离”的作用：

一是以国有资本投资、运营公司为界面实现政资分开。国有资本投资、运营公司是纯粹的出资人代表，不制定公共政策，没有行政权力，其履行出资人职责与行政部门的公共管理职责彻底分开。

二是以国有资本投资、运营公司董事会为界面实现政企分开。切断政府机构与企业管理层之间的关系，保证国有资本投资、运营公司具有“管资本”的专业能力和主动性，党政系统行使“管人管事”等职能，股东权力不能越过国有资本投资、运营公司干预其控参企业，控参企业不承接政府对其的“漏斗职能”。

### （二）将发展混合所有制经济作为提高国有资本流动性和公益性的重要工作之一

在传统的国有资产管理体制下，流动性不足、公益性不够是两大突出问题。

在流动性方面，据财政部数据，截至2014年底，国有控股上市公司数占国有法人企业总数的0.65%，国有控股上市公司总市值占国有企业总资产的15.9%。总的来看，国有资产的证券化水平依然不高，仍有较大的发展潜力和空间。

在公益性方面，国有资本收益长期在国企体系内循环、上缴比例偏低，国有资本收益全民共享体现不足，导致国有企业群体难以获得更多民众的认同。

资本需要在流动中实现保值增值。通过发展混合所有制经济，借交叉持股、共同投资、整体上市等形式，国有资本与民营资本实现双向流动，至少有三重功效：一是引入民营资本，畅通了国有资本引资、引智、引制的渠道；二是有助于改善民营企业管理家族化弊端；三是通过国有资本的合理流动，实现整体效率提升，优化经济结构布局，促进国民经济的协调发展。

国有资本投资、运营公司具体的流动性管理，可参照淡马锡等公司的资产流动性分类管理经验，在实际运行中，由国有资本投资、运营公司根据董事会或专业投资委员会的决策，管控资本流向。

在提高国有资本公益性方面，国有资本投资、运营公司的收益可设置一定比例进入公共预算管理。除此之外，也可参照淡马锡经验，成立专门的信托基金会[1]，负责独立监督管理慈善和捐赠事业，每年将高于经风险调整后要求资本回报率的部分用于捐助社会，保持对社会公益事业的持续支持，培育国有资本的社会美誉度，体现国有资本全民所有、全民共享的基本属性。

### （三）向混合所有制企业提供国有资本人格化的积极股东

政策性投资公司和商业性运营公司是国有资本投资、运营公司存在的两种主要形态，前者主要以资本为手段实现政策目标，后者着重追求国有资本的合理回报。

无论是商业性国有资本运营公司还是政策性国有资本投资公司，都要派出专职股权董事实现国有股东“人格化”，为控参企业提供按市场化方式履职行权的积极股东。积极股东按照《公司法》和公司章程通过股东会、董事会来行使与股权份额相对应的股东权利，同时参与混合所有制企业的公司治理。

## 四、国有资本管理体制改革要兼顾推进改革与防范风险的综合平衡

### （一）既要防范国有资产体制性流失、交易性流失，也要防范国有资产权益性流失

国有资本管理体制的变革、国有资本动态调整机制的设立、混合所有制的推进，都应守住防范国有资产流失红线，以实现国有资产的真实市场价值、提升国有资本效能为出发点，依法规范操作。

---

① 胡钰：“为国家投资未来——从淡马锡经验看国有资本投资运营公司的建设原则”，《红旗文稿》，2014年第5期。

一是坚持公平公正公开原则。利用开放式的市场化竞争机制，建立健全公平进入的国有资本转让市场，破除人为设置的所有制壁垒，允许不同所有制主体平等参与到对国有资产的竞价过程。

二是完善产权交易平台，引入第三方评估机构。开辟股票市场、各类产权交易市场、股权拍卖市场等市场多元化转让渠道，发挥权威第三方机构作用，对资产评估和股权转让进行监督。

三是规范员工持股，防止政策变异。混合所有制企业员工持股的范围、比例、步骤、程序等按“1+N”政策体系的相关内容执行，以激励性员工持股为主。对于偏离激励性持股原则的员工持股试点，要及时进行疏导、纠偏。

四是加强信息披露，实行阳光监管。保证充分、完整、全面、及时的信息披露，资产评估、引资方案、操作细则、时间进度和财务顾问、投资者等情况都对外公开、接受监督，避免暗箱操作和利益输送。

需要注意的是，在构建防止或减少国有资产“体制性流失”和“交易性流失”制度安排的同时，还需防范国有资产“权益性流失”，如由于所有制转换而引发的知识产权流失，由于缺乏市场化激励机制等导致人才流失等。

### （二）既要保护国有资本，也要激发人力资本

把推动混合所有制发展各项工作落到实处，需要释放人作为“主动资产”的主观能动性，激发人的积极性和创造性劳动。国资管理体制的改革服务于发展混合所有制经济的现实需要，要基于调动包括国有股东、国企负责人、骨干员工等在内的“人”的积极性，并重人力资本与国有资本，促进两者有效结合，以更好地凝聚改革合力，形成改革氛围。

一是建立改革申诉机制和专业评判制度，落实“三个区分开来”原则，对

有争议的国企改革追责问题，成立以法律、财务、审计、管理等专业人士和企业家为主的专家组，依据商业原则进行评判。

二是缓解委托人道德风险，为国企提供积极股东。如在满足条件的国企推进混合所有制改革，引入更有内生动力的战略投资者。另外，国有资本投资公司、运营公司等企业化的出资人代表机构，应遵循《公司法》和公司章程，按市场化方式履职行权等方式实现国有股东“人格化”，做积极股东。

三是按照促进公平效率兼顾、风险收益对称、激励约束结合、责权利对等原则思路，实施差异化薪酬和探索市场化薪酬制度。组织任命的公司董事、监事，可参照公务员管理，保留公务员身份，明确权责，实行契约化管理。对在市场化公平竞争行业的国企，深入推进市场化选聘经理层改革，薪酬待遇和管理方式遵守市场化原则。

### （三）既要有顶层设计，又要探索分类监管模式

国企改革已经迈入深水区，由“管企业”到“管资本”是国资管理体系改革的内在需要和基本共识，需要克服制度惯性、部门利益等诸多挑战。

一是中央国资与地方国资的规模、结构、质量、功能等方面存在巨大差异，管理体制和改革任务也不同。需强调顶层设计指引作用的“拉动式”改革和重视地方探索、容许试错的“推动式”改革相结合，鼓励地方因地制宜探索国资管理新模式，尽快释放改革红利，为丰富、完善中央顶层设计具体方案提供实践案例和探索经验。

二是国有资本分布范围广，情况千差万别，很难用一个分类标准、单一监管模式实施有效监管。对混合所有制企业，监管的难度和复杂程度更高。有些情况下，具体的监管模式、考核机制和政策设计需要根据企业的具体情况，按

照“一企一策”原则分类分层，逐步实施。

三是国有资本动态调整的核心在于实现国有资本从谋求“控制”向谋求“收益”转变。完善国资管理体制要避免陷入“国进民退”和“国退民进”争论的窠臼，积极稳妥地发展混合所有制经济，寻求构建国民经济协调发展的大格局。

# 在混改中探索完善职业经理人和市场化劳动用工制度

人是事业成功的关键，是企业发展的根本动力。混改试点企业在实践中，重要工作之一就是积极探索如何激活人力资源、释放人的积极性。这集中表现为利用混改契机，主动探索职业经理人制度和完善市场化劳动用工制度。

## 一、混改为国有企业提供了释放人的积极性的机会

混合所有制企业是通过“基因重组”整合不同所有制优势资源形成的“新物种”，是具有新机制的新企业。

整体而言，混合所有制企业一般都会重构更加市场化的薪酬制度与激励约束机制，以激发员工的工作积极性。

同时，混改要求在优化股权结构的基础上完善公司治理结构，这有利于国有企业去行政化，重塑企业与员工、企业与市场、企业与政府之间的关系，建立健全市场化的用工机制和工作氛围。

此外，股权激励和员工持股是混合所有制改革的重要形式之一。符合条件的混合所有制企业通过员工持股或其他形式的股权激励，有利于进一步建立长

效激励约束机制。员工与企业之间由原来简单的雇佣关系变为更复杂更紧密的利益相关者关系，员工与企业形成利益共同体和风险共同体。

短期激励和中长期激励约束都与绩效挂钩，奖惩相互匹配进一步激发了员工的工作积极性与竞争意识。

## 二、企业利用混改契机探索完善职业经理人制度

中央“22号文”和国务院“54号文”都要求混合所有制企业推行职业经理人制度。在实践中，混合所有制改革试点企业一般都结合落实董事会职权等改革工作，积极推进市场化选聘经营管理者改革，为推行职业经理人制度探索了核心要素，积累了经验。

如四家央企和一些地方国有企业探索市场化选聘和管理经营管理者工作，较好地实现了市场化选聘与契约化管理相衔接、责权利尽可能相统一的改革目标，初步探索了建立职业经理人制度的核心要素，激发了经理层工作的积极性。

推进市场化选聘经营管理者、探索职业经理人制度，既是适应混合所有制改革要求的举措，也为推进混合所有制改革创造了条件。如山东结合混合所有制改革等工作，对国企高管实行市场化选聘和契约化管理，省属国企涉及身份转换的64名高管人员有60名自愿摘掉“官帽”，成为“市场人”，以“创业者”的心态开展工作。

混合所有制改革试点企业在市场化选聘经营管理者和职业经理人制度方面的实践与探索，有助于促进国有企业建立适合职业经理人发挥特长、流动有序的规则，建立合适的职业经理人管理模式，建立与国企经营管理人员分类管理相适应的职业经理人制度，完善职业经理人聘任机制。

## 三、企业利用混改契机探索完善市场化劳动用工制度

新一轮国企改革要求深化企业内部用人制度改革，建立健全以合同管理为核心、以岗位管理为基础的市场化用工制度，真正形成国有企业员工能进能出的合理流动机制。混合所有制改革，为企业探索完善市场化劳动用工制度提供了良好契机。

由于受改革滞后或不到位以及诸多历史遗留问题约束，传统国企建立完全的市场化劳动用工制度存在较大困难。而新混企业具有的机制优势，为推进完整的市场化劳动用工提供了条件。

一方面，非公经济已经基本建立起一整套成熟的市场化用工体系，为新混企业提供了可以直接借鉴的相关经验。另一方面，新混企业作为具有新机制的市场化实体，去行政化、重市场化，市场化的劳动用工制度既是其重要体现，也是新混企业适应竞争的需要。此外，由于新混企业更多的是针对增量企业的改革，在新企业新机制中探索市场化用工制度阻力更小。

一些国有企业在探索混合所有制的过程中，同步开展了市场化用工制度改革，比较彻底地实现了“同工同酬、能进能出”，提高了员工的公平感知和工作热情。如“云南白药”结合混合所有制改革，同步推进市场化选聘经营管理者和市场化劳动用工，较好地实现了通过混改促进机制转变的目标。

## 四、释放人的积极性促进了混改企业的发展

混合所有制改革从选拔、任用、考核、激励等多个环节为企业提供了释放员工积极性的机会。反过来，员工积极性的有效释放又能为混改企业的发展提供正反馈，促进企业的发展与成长。

有效释放员工积极性促进了企业的机制转变。通过董事会决策、市场化选聘经营管理者、探索建立职业经理人制度、完善市场化用工制度和开展员工持股试点等探索，混改企业进一步明确并落实了董事会职权，突出了董事会的决策者地位，促进了公司治理机制的转变。建立市场化用工方式，重塑了员工与企业的契约关系，进一步推动了企业转变经营机制。

有效释放员工积极性促进了企业活力和经营效益的提升。员工持股、市场化用工制度改革、市场化选聘经营管理者和探索职业经理人制度等改革，配合国企混改进程，发挥了长期激励与短期激励相结合、激励与约束相结合的作用。员工重新定位了个体与企业之间的关系，更加注重结合企业发展来明确个体的目标与方向，提升了员工的工作热情，促进了企业经营绩效的改善。主要表现为混改企业改善了资产负债率，提高了净资产收益率，增加了营业收入和净利润。

有效释放员工积极性促进了国有资本效率的提升。市场化选聘经营管理者和探索职业经理人制度，有效释放了管理者的积极性。由于采取契约化聘期管理、市场化选聘和强调投资回报率的绩效考核，促使混合所有制企业领导者更加关注企业投资收益。可以发现，在供给侧结构性改革的大背景下，混合所有制企业普遍更加注重引导企业退出不具备优势的领域，及时处置低效、无效的国有股权，在淘汰落后产能、化解过剩产能的同时，积极实施转型升级。主动式的“有进有退”，提高了国有资本的整体运营效率。

有效释放员工积极性对当前国有企业适应经济新常态、缓解人才流失和活力不足等问题具有现实意义。混合所有制改革通过将国有企业的丰富资源和非国有企业的灵活机制相结合，融合并产生新的机制，产生全新的混合所有制企业，从物质和精神、体制和机制、长期和短期、激励和约束等多个方面释放“人”的积极性，对当前国有企业适应经济新常态、缓解人才流失和活力不足等问题，具有现实意义。

# 规范引入战略投资者　发挥中小股东作用

在这混合所有制改革推进过程中，国有企业如何公平、公正、公开地规范引入战略投资者，是各方都较为关注的问题。“中国联通”混改在保持国有资本控股地位的前提下打破原有的联通集团“一股独大”模式，引入各类投资者尤其是优先引进战略投资者，共同打造混合所有制经济实体，对混合所有制改革和深化电信体制改革都具有重要意义和示范效应。

## 一、优先引进战略投资者

国有企业在推进混合所有制改革选择投资者时，应重点考虑推动价值链、供应链和业务体系中关键业务的重组整合，提质增效、转型升级、全面提高劳动生产率，从体制机制上解决国有企业内部管理行政化、外部行为非市场化的问题。

“中国联通”在设计混改方案时，将混合所有制改革与推进供给侧结构性改革、推进新旧动能转换相结合，以引入能与“中国联通”形成战略、业务协同，有助于建立行业领先优势的战略投资者为首要目标。

在全球通信业加速创新业务转型、传统通信业务增长放缓、产业价值重心从通信服务向信息服务转移的行业背景下，“中国联通”在选择战略投资者时，重点考察投资者是否拥有企业发展所急需的“互联网+”、大数据、云计算、金融等资源要素，是否能在未来与企业长远发展产生协同效应和“化学反应”，根本目标是弥补企业发展短板、提升企业核心竞争力。

联通混改最终引入13家战略投资者，主要是与“中国联通”主业关联度较高、互补性较强的行业领先企业，有助于将联通公司基础网络的规模优势、影响力优势与战略投资者的机制优势、创新业务优势相结合，促进企业更彻底地实现市场化经营机制。

## 二、规范引入战略投资者

“中国联通”自2016年9月成为混改试点企业以来，建立公开、公平、公正的资本引入和战略投资者选择机制是工作重点。

制定战略投资者遴选规则，明确引入战略投资者的基本条件是“促进供给侧改革和实现战略业务协同”。一是要有利于推进供给侧结构性改革。针对产业互联网空间巨大而有效供给能力不足的问题，“中国联通”着重引入有利于快速提升其在云计算、大数据、物联网、视频、国际、支付金融等领域竞争能力的战略投资者，扩大产业链中高端供给，培育壮大创新发展的新动能。二是要有利于充分发挥双方战略协同优势或潜在价值。“中国联通”此次引入的战略投资者，均遵循上述两条原则，有助于推动企业重点业务和产业链的融合发展，促进企业治理机制现代化和经营机制市场化。

严格要求投资者投资主体适合性，确保电信网络和信息安全。在本次混合所有制改革战略投资者引入工作中，“中国联通”对于新引入的BAT等非国有企业的投资主体，明确要求以在中国境内注册的法人实体进行投资，投资人必须遵守境内相关监管机构的监管要求，投资协议的适用法律为中国法律且争议解决必须在国内进行，确保本次投资和投资主体符合国内法规和监管要求。最终引入的各投资者的投资实体均符合上述要求，实现了既给予投资者足够参与空间，能够发挥混合所有制改革效力，又确保电信网络和信息安全，保持国有资本控制力。

优中选优、审慎引入战略投资者。“中国联通”累计接触筛选16家国有投资者和43家非国有投资者，成立了由市场、资产运营、法律、审计、纪检监察等部门组织的评审委员会，基于“公平、公正、公开”原则，对有意向的投资者优中选优，力求引进能经得起历史检验、促进公司发展的优秀战略投资者。评审委员会从战略协同及业务合作价值、出资规模、行业地位和社会影响力、合法合规情况等方面进行综合评议，评议结果经联通集团党组确认后，设计了最终的各战略投资者股权分配方案，上报相关部门审批。

## 三、保护战略投资者权益和完善其作用发挥的制度设计

“中国联通”混改引入战略投资者，一方面要利用战略投资者的优势互补实现机制变革和业态创新，通过建立良好运行机制，激励战略投资者有效发挥其积极作用；另一方面也要完善制度设计，切实保护战略投资者权益。

激励战略投资者在创新经营机制、提升运营效率、增强发展活力等方面发挥积极作用。从战略协同、业务合作的角度来看，本次“中国联通”混改引入了四类战略投资者，包括大型互联网公司、垂直行业领先公司、具备雄厚实力的金融企业和产业集团、国内领先的产业基金，目的是与“中国联通”形成战略业务协同和优势互补，强化产业链布局，扩大中高端供给，推动实现创新业务的规模突破和价值创造能力的持续提升。因此，“中国联通”提出了“开放合作、互利互惠”的原则，以开放的心态与战略投资者开展合作，以提高创新

业务供给能力、提升价值创造能力，推动双方重点业务和产业链的融合发展。目前，“中国联通”已与腾讯、百度、阿里、京东等战略投资者签署了《战略合作协议》，后续将会有更多与战略投资者之间的互动与合作。

重视通过引入战略投资者来完善公司治理，切实保障各类股东权利。从股东权利、公司治理的角度来看，本次“中国联通”混改的重要措施之一是以公司治理为核心、以市场化运营为原则，建立权责对等、协调运转、有效制衡的公司治理机制。此次混改，注意坚持同股同权，依法保护各类股东权利，各类股东以出资额为限、以公司治理为渠道、按照公司章程依法履职行权。新引入的国有资本、非国有资本投资者均将以股东身份履行权利和职责，形成高效运转、有效制衡的决策、执行和监督机制，公司治理更加规范。在合法合规的前提下，引入的新国有股东和非国有股东将按照出资比例或协议约定，通过股东大会选举向公司派驻代表担任董事，形成多元化的董事会，这有助于落实董事会职权，实施市场化机制。

注重发挥中小股东在公司治理中的积极作用。“中国联通”此次混改，注重依法同等保障新进入的战略投资者的权益。相对于联通集团而言，新引入的战略投资者实际上都是中小股东。为此，更加注重激励拥有突出优势的中小股东参与公司治理的积极性。此次混改完成后，将改选监事会，战略投资者按照出资比例或协议约定，通过股东大会选举向“中国联通”派驻监事，履行监督制衡职责。

混改后，“中国联通”还要进一步完善投资回报机制，一方面激励中小股东更充分发挥积极作用，另一方面也是同等保障所有股东尤其是中小股东权益的需要。当然，更重要的是，“中国联通”需要利用此次混改契机，切实转变经营机制，改善经营绩效，使得回报股东从可能变为现实。

# 山东推进混合所有制改革的经验与启示

山东在推进混改方面积累了一些经验，主要是在混改制度框架下，选择二级及重要权属企业大范围试点，国资委只备案不审批，以一级企业为主研究方案、一企一策分类实施混改。具体做法有优先引进战略投资者、对中小股东既注重保障权益又注重发挥作用、树立混改试点标杆以点促面等。同时，相关部门和企业也反映了一些具有代表性的问题。结合调研所得，提出五条建议：重构国资代表机构与混合所有制企业的关系；跟进与完善相关配套政策以深入推进混合所有制改革；拓宽实施员工持股试点企业的条件和范围；明确终止国企职工“身份置换”做法，改由依照《劳动合同法》维护职工合法权益；建立、完善容错纠错机制，化解改革者后顾之忧，在混合所有制企业推进市场化选聘经营管理者，推行职业经理人制度。

近期，我们调研了山东推进混合所有制改革试点工作情况。山东的做法主要是，搭建“1+4”混改政策体系[①]，在混改制度框架下，选择58户省管二级

① “1”是省委办公厅、省政府办公厅联合出台的《关于省属国有企业发展混合所有制经济的意见》（鲁办发〔2015〕67号），为省属企业混改工作提供了有章可依、有据可循的政策依据；“4”是《山东省属国有企业员工持股试点工作实施细则》（鲁国资〔2016〕4号）、《关于省属国有企业混合所有制改革发挥中小股东作用的指导意见》（鲁国资〔2017〕1号）和正在研究中的《关于省市企业引进战略投资者的指导意见》《关于加快新旧动能转换推进省属企业资产证券化工作的指导意见》等四份配套文件，为推进混改工作提供了完整的制度框架。

及重要权属企业大范围试点，国资委只备案不审批，放手以一级企业为主研究方案、一企一策分类实施混改。实施过程中，优先引进战略投资者、对中小股东既注重保障权益又注重发挥作用、树立混改试点标杆以点促面、设计容错机制保护和鼓励改革创新等。总的来看，山东推进混改是其全面深化国企改革大思路中的重要内容，与划转国有资本充实社保基金、改组组建两类公司、市场化选聘经营管理者等改革举措相互配合、协调推进。混改目的是为了结合山东国资资源优势和战略投资者机制优势，实现优势互补，产生协同效应，促进体制机制创新。

## 一、山东推进混合所有制改革的基本情况

2015年12月，山东省国资委启动了58户企业混改试点工作。选择试点企业坚持了“两个优先”原则：优先选择具有一定市场竞争力、发展前景好的中小企业；优先选择有市场、有潜力，但因多种原因暂时陷入困难的企业。同时，试点企业均需满足一些基本条件：产权关系清晰、治理结构完善、市场化程度较高、管理基础较好；板块业务相对独立且具有一定市场竞争力和成长空间；管理层和职工有较强的改革意愿。重点选择省管二级及重要权属企业开展试点，探索开展一级企业及省国资委直接持股企业试点。

总的来看，58户试点企业具有较好的代表性和一定的覆盖面：从产业分布看，试点企业涵盖机械制造、交通运输、建筑工程、电子电器、酒店投资管理、文化旅游、艺术品交易、能源、金融等多个领域。从行业地位看，试点企业中既有中国服务业500强企业、住房和城乡建设部评定的地矿建设一级企业等行业领先的知名企业，也有刚成立不久但成长性较好的中小型企业。从区域影响力看，试点入选企业都是在山东乃至全国有一定影响力的企业，一些企业

是山东唯一拥有特定行业资质的企业，近年来业务不断扩张；一些企业的技术专利数量遥遥领先，为引入战略投资者奠定了较好的基础。从注册资本看，试点企业从几百万元到几十亿元不等。

截至2017年3月底，58户试点企业全部制定改革方案，其中12户已基本完成。58户企业混改方案均按照法律法规设计了规范的公司治理体系；已完成混改的企业普遍构建了“三会一层”公司治理机构，持续完善公司治理运行机制，运营效率普遍提高。

## 二、山东推进混合所有制改革的主要做法

一企一策分类实施混改。如按“两个优先”原则选择58家混改试点企业；尊重基层首创精神，二级及重要企业混改方案由省管一级企业董事会研究并报国资委备案后即可实施，省国资委不过多干预试点企业具体工作，鼓励企业根据自身实际、一企一策制定混改方案。同时，定期调研试点企业混改情况，以掌握进度、发现问题，督促企业优化方案设计；健全责任落实机制，要求推进混改工作做到总体目标、改革事项、具体举措、责任主体、考核奖惩“五明确”。

优先引进战略投资者。山东明确要求混改企业优先引进战略投资者，以推动技术、业态、模式和管理创新。如要求试点企业将引进战略投资者作为工作重点，明确要求“产业类企业优先选择引入与企业产业布局、发展战略相匹配，产品有较强关联度，具有行业领先核心技术的战略投资者；资本运营类企业优先选择引入拥有先进发展理念和管理模式，具有较强投融资能力和资本运营能力的战略投资者”。明确的政策导向较好地引导了试点企业正确选择合适投资者，如山东高速信联支付有限公司在设计混改方案时，以引入战略投资

者为首要目标，而对积极性很高的财务投资者未予考虑。重点考察投资者是否拥有企业发展所急需的金融、物流以及资本运作等资源要素，是否能在未来与企业产生协同效应，以弥补企业发展短板，提升企业核心竞争力和资本运作能力。

保障中小股东权益和发挥中小股东作用的制度设计。山东2017年2月出台《关于省属国有企业混合所有制改革发挥中小股东作用的指导意见》，重点明确如何发挥中小股东在完善公司治理结构、创新经营机制、提升运营效率、增强发展活力等方面的作用。如明确“对企业长远健康发展有较强战略支撑作用的中小股东，经全体股东协商一致，可依法在公司章程中就其股东权利做特殊约定”，“鼓励实行中小股东特别表决权、累计投票制、分类表决制、关联事项回避表决制”等。这促使部分山东混改试点企业更加注重发挥公司章程的基础作用，保障中小股东知情权和参与公司决策，重点建立公平参与的资本引入机制，发挥中小股东在公司治理中的制衡作用和完善投资回报机制，中小股东依照投资比例或协议约定，按分配席位推荐董事、监事。

明确员工持股的原则。山东对员工持股在试点范围、基本条件、基本要求和实施办法等方面做出了具体规定，明确了“依法合规、增量优先、自愿参与、合理流转”的原则，提出了试点工作目标是“构建有效激励约束机制，形成资本所有者和劳动者利益共同体，提高员工对企业长远发展的关切度以及经营管理的参与度，充分调动人才积极性、主动性和创造性，增强国有企业活力、竞争力”，针对关键岗位骨干员工实施“人在股在、人退股退、循环激励”的做法。据此，山东员工持股试点企业普遍明确持股范围为骨干员工，入股采用自愿方式，主要通过组建合伙制企业持股，出资方式为现金并由员工自行筹措，设定不少于36个月的持股锁定期，并建立股权动态调整机制。

树立混改试点标杆企业以点促面。如山东交运集团混改方案设计了股权设置、员工持股、资产剥离、混改后公司治理模式、土地资产处置等一系列关键问题的解决方案，为其他企业提供了可借鉴、可参考的样本，具有代表性和示范性；推动一批改革基础较好的中小企业率先突破，改革成效激发了省属企业推进混改工作的积极性。

配套机制保障混改推进。一是发起设立规模为200亿元的山东国惠改革发展基金，发挥基金杠杆效应和集聚效应，提高社会资本参与国企混改的积极性；二是搭建了山东省国资委、山东产权交易中心等四个信息发布平台，打造社会资本进出通道和交易平台；三是强化跟踪指导，定期组织专家团队，指导企业一企一策研究制定改革方案。

容错机制保护和鼓励改革创新。2015年，山东省国资委发布《关于支持和鼓励省管企业改革创新　建立考核免责机制的意见》，规定当企业或个人因改革创新等工作出现失误受到追责时，可提出免责申请，明确了责任免除的范围、条件以及免责认定程序，同时健全了澄清保护、跟踪纠错、资料报备等配套工作机制和保障措施。容错机制激发和保护了改革者推进混改工作的积极性和勇气，使得山东推进混改工作走在全国前列。

## 三、山东国企混改面临的问题

调研中，山东的企业和部门也反映了在推进混合所有制改革过程中还存在的一些问题。

新的混合所有制企业的法人主体独立性问题。有企业反映，目前还存在新混企业与“母公司”、混改企业与“实际控制人”等关系问题需要澄清。在实践中，混合所有制企业的独立法人主体地位尚未得到充分尊重。

推进混改的一些配套政策有待完善。较多企业反映，在混改过程中涉及资产处置等事项新增税收、转让股权产生交易费用等税费问题，希望能将混改涉及资产处置等事项新增税收给予一定比例的财政返还，减免混改股权交易费用等，以降低改革改制成本和增强对非公有资本的吸引力。再如企业普遍反映，纳入混改范围的土地处置难度大、时间长、涉及面广，成为影响混改进程的瓶颈。还有企业反映，《关于国有控股混合所有制企业开展员工持股试点的意见》（国资发改革〔2016〕133号，简称“133号文件”）要求“实施员工持股后，应保证国有股东控股地位，且其持股比例不得低于公司总股本的34%”。但对于混合所有制企业上市再融资时，国有股比例可以下降到什么比例，目前没有明确的规定。对于一些发展势头良好的混合所有制企业来说，很快就会启动IPO工作，希望这一问题能尽快明确。

员工持股试点企业的条件和范围问题。有企业反映，133号文件出台后，有资格开展员工持股试点的混改企业条件和范围趋紧。为符合相关要求，公司在引入战略投资者中需考虑股东所有制背景。建议在股权结构合理、非公资本达到一定比例的条件基础上，进一步拓宽实施员工持股试点企业的条件和范围，如将已经实现股权多元化的企业纳入员工持股试点范围。还有企业反映，根据133号文件，国有控股混合所有制企业开展员工持股试点，其营业收入和利润的90%以上要来源于所在企业集团外部市场，但未明确核算的时间节点，希望能予以明确，并建议适当放宽其中对营业收入来源比例的要求。

经济补偿金问题。不少企业反映，在混改推进过程中，国企改制职工身份转换是难点问题，需要做大量深入细致的工作。由于尚未明确废止《关于国有大中型企业主辅分离辅业改制分流安置富余人员的实施办法》（国经贸企改〔2002〕859号），如何在混改中既能够转换职工身份而不再支付经济补偿金，又根据国家和省有关政策保护职工的合法权益，是一大难题。

一些需要理清的认识问题。调研中还发现，个别地方部门和一些企业对发展混合所有制经济的相关政策体系还不太熟悉，对混合所有制改革还存在理解不深、认识不到位等问题，需要进一步加强政策解读，澄清认识误区。一是在优化股权结构、不搞一股独大等方面仍有不足。如混改试点企业中，还不同程度存在股权结构不合理、国有股“一股独大”等问题。这些问题既与相关政策导向有一定关系，也与部分企业对通过混改优化股权结构、完善治理结构、促进经营机制转变的意义和作用认识不够有关。二是对混改的认识仍需提高。如个别参加混改试点的企业，将实施混改的动因定位于减轻资金压力、树立良好社会形象等，将混改预期成效定位于增强资本实力、提升行业地位等，忽视了混改应引资引制并举，促进各类资本实现优势互补、互利共赢。部分企业和职工在混改过程中，持有国企员工的身份意识仍然较强，提出经济补偿金等要求，影响战略投资者的参与意愿和混改进程。部分企业在混改中更偏好于与各类国有企业合作，有将混合所有制改革弱化为股权多元化的倾向。

## 四、进一步推进混合所有制改革的建议

通过调研交流，我们认为，混合所有制改革顶层设计已经明确，混改试点成效开始出现，当前要发挥改革试点示范作用，以点促面，为深入推进混合所有制改革营造环境、凝聚共识、激发动力、形成合力、释放红利。结合调研所得，提出以下五条建议。

（1）重构国资代表机构与混合所有制企业的关系。对混合所有制企业，不应再采取过去国企产业集团对分、子公司的管控模式，而应转向以出资额为限、以公司治理为主渠道、以派出股权董事为手段的治理型管控，实现国有股东人格化，做积极股东，但不干预混合所有制企业的日常经营。如果仍然沿袭对传统国有企业的管理方式，不做出大的调整，“老体制管新体制”，会制约

混合所有制企业经营机制的转变。

（2）推进混合所有制改革，需要相关配套政策的跟进与完善。应利用推进混合所有制改革的机会，对土地变现、债务核销、资产评估等一些已经过期或不适应新形势而需要调整的相关政策进行清理，明确实施细则。如不能因为推进改革而增加企业负担，建议对混改试点企业内部股权转让等给予递延纳税政策支持。建议国土资源部废止《国有企业改革中划拨土地使用权管理暂行规定》（1998年）等相关文件，联合相关部委研究制定新的“国有企业改革土地处置和变更登记办法”，解决国有企业土地处置、变更登记、作价出资、作价入股等问题。

（3）拓宽实施员工持股试点企业的条件和范围。员工持股是国企混改的重要内容，是建立中长期激励机制和改进公司治理的重要手段。从调研来看，当前对员工持股仍然存在较多政策限制和认识分歧，难以适应混合所有制改革和国有企业发展实践的需要。可以借鉴山东交运集团一级企业变二级企业的经验做法，来实施员工持股、推进混改。同时，要进一步解放思想，如扩大员工持股范围和比例、由国资监管部门事前审批转向事中和事后监管，以促进人力资本与国有资本更有效的结合；还应继续完善员工持股实施细则，如明确133号文件中关于“营业收入和利润90%以上来源于所在企业集团外部市场”的核算时间节点等。

（4）建议明确终止国企职工“身份置换”做法，改由依照《劳动合同法》维护职工合法权益。“国经贸企改〔2002〕859号文”已经自然失效，而且环境已经发生重大变化，国企员工“身份置换”已经失去合理性和法律依据，继续实行“身份置换”弊大于利。建议中央层面清理国企改革相关文件，地方层面应清理过去依据859号文制定的“身份置换”相关规定并弱化其残余影响，明确改由依照《劳动合同法》维护改制国有企业职工合法权益，为国有企业推进混合所有制改革创造条件。

（5）建立、完善容错纠错机制，化解改革者后顾之忧。改革意味着突破和创新，面临着挑战和风险。国家已经出台相关文件建立了“重大决策终身责任追究制度”，追责机制基本建立；中央明确要求“允许改革有失误，但不允许不改革”。此时建立并完善容错纠错机制兜底的重要性和必要性更加凸显。从山东经验来看，可以通过纪检部门、组织部门和国资监管机构联合发文等形式，明确免责条件、程序；对有争议的国企改革追责问题，建立改革申诉机制和专业评判制度。同时，在混合所有制企业有序推进市场化选聘，全面实行契约化管理和市场化薪酬制度，推行职业经理人制度，以释放“人”的积极性和激发企业活力。

国务院发展研究中心调研报告，2017年第122号（总5197号）

# 江苏、上海推进混合所有制改革的经验与启示

江苏、上海在推进混改方面的经验主要是，以上市为主渠道，以发展公众公司为主要实现形式，突破区域和所有制限制，实施开放性市场化联合重组，探索股权激励和员工持股，以新办企业、新上项目为重点积极发展混合所有制经济，以混合所有制投资基金形式投资混改企业，探索多种方式创造混改条件等。同时，两地相关部门和企业也反映了一些具有代表性的问题。结合调研所得，提出以下七条建议：鼓励地方出台差异化混改细则，及时推动相关配套政策的跟进与完善，持续跟踪并支持新混企业发展，支持国有资产证券化，组建支持混改的混合所有制股权投资基金，注重释放人的积极性，加强混改政策宣传。

近期，我们调研了江苏、上海推进混改试点工作情况。两地的一个共同经验是，以上市为主渠道，以发展公众公司为主要实现形式，推进混改。这与两地的国有资产质量较好、国有企业发展较为规范、与资本市场对接较为便利等因素有关，也与两地认为“上市是混改的高级形式”的基本思路有关。如国有资产资本化和证券化一直是上海深化国企改革的主线，推动企业集团整体上市或核心业务资产上市是其工作重点；江苏长期重视国企上市工作，目前全省国

有控股上市公司数量已达50户，正在培育的上市企业有39户，下一步还要继续扩大上市数量和规模，提高资产证券化率。两地在推进混改方面还有一些其他好的做法和探索，值得推广、借鉴。同时，相关部门和企业也反映了一些具有代表性的问题，提出了一些具有政策价值的意见建议。

## 一、两地混改基本情况

截至2016年底，江苏全省国有控股、参股的混合所有制企业共3086户，占企业总户数的47.8%。其中，省级国有控股及实际控制的混合所有制企业1155户，占企业总数的60.6%。2016年，省属企业新增混合所有制企业15户。市属企业中，南京和无锡两地市属国有控股及实际控制的混合所有制企业占企业总数比例超过70%。

经过多年改革，上海已基本形成以混合所有制经济为主的格局。截至2016年底，混合所有制企业占市国资委系统企业总户数的67%、资产总额的67.7%、主营业务收入的89.3%、净利润的93.3%；上海市属企业中共80家上市公司，总市值约2.9万亿元，国有股市值近1.2万亿元。整体上市和核心业务资产上市企业占市国资委系统竞争类产业集团总数的2/3。

## 二、两地推进混改的具体措施与主要经验

出台政策文件及实施细则，规范操作流程，指导混改。2014年7月，上海印发《关于推进本市国有企业积极发展混合所有制经济的若干意见（试行）》，在全国较早提出发展混合所有制经济的基本原则、主要目标和具体措施，坚持以促进各类所有制经济相互融合、共同发展为导向，以发展公众公司

为主要实现形式，重点做到“三结合”，把好“三道关”，主要通过“三途径”，实现股权多元化，推进混改。“三结合”是发展混合所有制经济与优化国资布局结构、实施开放性市场化联合重组相结合，与推动国资有序流动、盘活用好国有资产相结合，与完善公司治理结构、建立健全现代企业制度相结合；“三道关”是科学决策关、审计评估关和市场交易关；“三途径”是：推进整体上市或核心业务资产上市，开放性市场化联合重组，实施股权激励和员工持股。2016年1月，针对混改推进中不同环节存在的问题，上海市国资委印发《关于本市国有企业混合所有制改革操作指引（试行）》，明确改革各个环节的责任主体、基本流程和主要风险，从制定改革方案、履行决策程序、开展审计评估、实施产权交易、办理变更登记等五个方面，规范混改的操作流程和实施细则，对混改建立提醒把关机制。江苏主要是以上市为主渠道，通过改组组建两类公司搭建混改平台、推动集团公司整体上市、新设混合所有制企业、开展员工持股试点以及对暂不具备条件的企业推进股权多元化为混改创造条件等五种途径统筹推进全省国企混改。2016年3月，江苏省人民政府印发《关于国有企业发展混合所有制经济的实施意见》，提出了混改的总体思路、改革路径，明确分类分层推进混改的具体举措和细化落实措施，建立健全了遵循中央精神、符合江苏实际、指导全省实践的混改制度体系。

推动企业集团整体上市或核心业务资产上市。上海以发展公众公司为主要实现形式推进混改。2014年以来，完成绿地集团等三家企业整体上市，上海电气等核心业务资产上市，近40家实体企业新三板上市。江苏以上市为主渠道推动国企混改，推动国企加快资产证券化步伐。三家省属一级企业通过整体上市等方式完成集团母公司层面混改。全省国有及国有控股的境内外上市公司已达50户，总市值9812亿元。

主动突破区域和所有制限制，实施开放性市场化联合重组。上海近年来以产权为纽带，宽领域、多层次、大范围地推进一批跨所有制、跨管理层级、跨行业、跨地域的重组项目，以自愿为前提，以企业为主体，支持国有企业通过合资合作、战略联盟等方式，聚焦产业链、价值链，与各类所有制企业实施双向联合重组；鼓励非公有制企业参与国有企业改革，鼓励发展非公有资本控股的混合所有制企业。

探索股权激励和员工持股。上海在国有及国有控股的转制科研院所、高新技术企业，对技术和管理骨干实施股权和分红激励，在符合条件的国有控股混合所有制企业开展员工持股试点。如上海微电子等高新技术企业实施“张江办法”，在一些公司实施股票期权或实行限制性股票，市国资委系统企业实施各类股权激励累计45例。江苏将国有控股混合所有制企业开展员工持股试点列为2017年度十大主要任务百项重点工作，省国资委制定了混合所有制企业员工持股方案，对试点意向企业进行审核筛选，将选定10户企业开展员工持股试点工作。

以新办企业、新上项目为重点积极发展混合所有制经济。江苏结合国家深化电力、油气体制改革的决策部署，立足实际，以研发创新、生产服务等实体企业和新办企业、新上项目等为重点，积极引入非公有资本，优先发展混合所有制经济。同时，大力推进PPP模式，鼓励社会资本通过特许经营、政府购买服务等方式，投资参与传统基础设施领域项目等建设和运营。

推动国有资本与社会资本共同设立创业投资基金。江苏国有企业积极与各类社会资金合作设立公司制和合伙制创投基金，参与新兴产业投资，推动科技型中小企业创新发展。目前江苏省属企业发起或参与设立了80多个创投基金，直接投资金额超过60亿元。以混合所有制投资基金形式投资混改企业，实现股权多元、相互制衡的治理结构，成为推动混合所有制经济发展的重要力量。

探索多种方式为推进混改创造条件。如江苏改组国有资本投资、运营公司或将同类别企业重组为控股集团，为推进混改提供市场化操作平台；对暂不具备条件的企业推进股权多元化等。

## 三、两地国企混改面临的问题

两地的企业和部门也反映了在推进混改过程中还存在的一些问题。

一些混改相关配套政策措施尚未能有效跟进。①土地使用权处置问题。由于一些国企过去获得划拨土地存在证照不全、证实不符、土地分割、权属不清等历史问题，按照现行相关规定，确权困难、程序烦琐、审批时间长，影响混改进程。②税费问题。较多企业希望能将混改涉及资产处置等事项新增税收和交易费用给予减免，以降低改革改制成本和增强对非公有资本的吸引力；《关于股权激励和技术入股所得税征管问题的公告》明确了员工个人直接持股的税收优惠，员工以组建合伙企业的形式入股则无税收优惠。但实践中为了便于管理，以组建合伙企业形式入股是重要的员工持股参与形式。③工资总额问题。有企业反映，混改后建立了市场化运营机制，员工也脱了国有“马甲”，但由于工资总额限制，难以建立市场化薪酬体系。④特殊管理股问题。有军民融合企业反映，其与意向企业在商议特殊管理股的权限设定时，没有可参考的明确的政府文件，更无详细指引，导致推进困难。⑤部分试点企业存在相关资质主体变更难题。部分企业混改后名称发生改变，原企业曾获得的国家或地方政府部门颁发的有关专业或者特种行业许可资质，需要办理相应的变更手续。但有的主管部门认为企业名称已变，需要重新提出申请并组织审核；有的行业由于严格控制资质数量，不再换发新证，导致企业缺乏改革意愿。

对混改企业缺乏后续跟踪与支持。对混改企业，如果不跟踪后续运营情况，转机制等改革目标可能会打折扣。如有的国企混改后，未对公司治理结构进行相应的调整和完善，出现企业管理层一方面是企业的小股东（参与员工持股后），一方面仍然是国有股东代表的现象，容易出现内部人控制问题，即使国有资本控股也容易失去控制权。

实施员工持股存在较多限制。一是试点企业范围和条件过窄。《关于国有控股混合所有制企业开展员工持股试点的意见》（国资发改革〔2016〕133号，简称“133号文”）规定各省份可分别选择5～10户企业试点员工持股，对于试点企业类型、营业收入和利润来源都有较高要求，限制了地方混改试点的积极性和方案的多样化。二是员工持股的资金筹措渠道受限。133号文规定，持股员工不得接受与试点企业有生产经营业务往来的其他企业的借款或融资帮助。有企业反映，由于大多数国有银行或者大型商业银行都与其有业务往来，使得员工融资渠道狭窄，增加了融资成本。

个别地方部门和一些企业还存在对相关政策体系不太熟悉、理解不够深、认识不到位等问题。一是对混改在操作层面上存在一些流于一般化的认识。如较重视引入资本，但忽视优化股权结构和形成有效制衡的公司治理结构，未有效利用混改促进企业转变经营机制。二是对混改在制度层面需要有更好把握。我们过去对混改的相关统计比较简单化，只要有一点点非公资本参与就算混合所有制企业；或只要上级企业是混合所有制企业，下属所有公司都算为混合所有制企业，导致各界认为混合程度已经很高。实际上只要做一些深入的结构性分析就可发现，混改只是面比较广，但程度并不高，主要表现为混改企业国有资本“一股独大”现象仍较普遍，非公资本在混合所有制企业中的股份占比偏低，在完善公司治理和促进机制转变等方面作用有限。

## 四、进一步推进混合所有制改革的建议

两地实践表明，混改顶层设计已经明确，试点成效开始出现。为深入推进混改，结合调研所得，提出以下7条建议。

（1）鼓励地方出台差异化混改细则，出台政策避免一刀切。一些地方部门和企业反映，央地之间、地方与地方之间的国有资产差异巨大，管理体制也不同；央企与地方国企在行业重要性、影响力、控制力等方面差别巨大，在企业定位、企业类别上也各有不同。混改相关政策应当有所区别，建议设计混改相关配套细则时更加关注地方实际情况，重视发挥地方积极性，鼓励地方因地制宜探索，以差异化细则推动混改。如出台政策时可明确所适用的企业层级和企业类型，有针对性地给充分竞争领域的国企适当的自主空间等。

（2）及时推动相关配套政策的跟进与完善，配合混改推进。应利用推进混改的机会，对土地变现、债务核销、资产评估等一些已经过期或不适应新形势而需要调整的相关政策进行清理，明确实施细则。①建议国土资源部废止1998年施行的《国有企业改革中划拨土地使用权管理暂行规定》等相关文件，根据新情况研究制定新的“国有企业改革土地处置和变更登记办法”，解决国有企业土地处置、变更登记、作价出资、作价入股等问题。②不因推进改革而增加企业负担，建议对混改试点企业内部股权转让等给予递延纳税政策支持。③国务院国资委已将职工工资总额审批职权授予给董事会职权试点企业和国有资本投资、运营公司试点企业，应加快落实；地方可以借鉴中央和上海、山东等地经验，如至少可先将工资总额审批作为授权事项授予混改试点企业。④研究出台《混合所有制企业特殊管理股指导意见》。特殊管理股制度有利于实现股权多元化，完善现代企业制度，有利于发展混合经济，也有利于在即使不控

股的前提下仍能保持国家控制权和体现国家意志。建议相关部门尽快研究金股制度和类别股份制度，梳理《公司法》和研究证券业相关政策法规，探索建立国家特殊管理股制度，明确适用范围、行权主体、行权原则、行权范围、行权程序。⑤针对资质变更问题，建议科技部、工商总局等研究出台相应管理办法，或对混改试点企业予以特殊处理。

（3）持续跟踪并支持新的混改企业发展。混改只是手段，促进企业转变经营机制、激发活力、提升效率才是改革目的。持续跟踪和支持混改企业的后续发展，有助于巩固改革成果、释放改革红利、产生示范效应。股权结构变化只是第一步，更重要的是通过资本混合促进转变机制，提高市场化水平和经营效率。建议在组建混改投资基金、推动混合所有制企业上市、加快资产证券化等方面对混合所有制企业继续予以支持；支持和重视混改企业的文化建设，在相互融合后产生凝聚力、向心力，形成有利于混改企业可持续发展的企业文化，避免不同企业的文化冲突。

（4）支持国有资产证券化。资产证券化是上海和江苏推进混改的主路径。两地实践证明，资本市场的公开竞价和监督，保证了资产评估程序的公正公平和规范透明，既能推动国有企业完善现代企业制度、提升市场化水平、保障国有资产保值增值，也有助于减少行政干预。资产证券化是最受社会资本期待和欢迎也是争议最少的混改模式，应大力支持和加以推广，配套完善土地、税收、“历史遗留问题”处置等相关政策，把（整体）上市与资产优化重组、股权激励等相结合，处理好与企业发展战略、员工持股、垄断产业改革、资本市场等方面的关系，使上市成为国企混改的主渠道。

（5）组建支持混改的股权投资基金。调研中发现，部分国企体量大，进入的民营资本股比偏低，难以拥有话语权；此外，核心员工持股融资困难。建议鼓励设立本身是混合所有制的、支持混改的股权投资基金，允许设立地方和民间的混改投资基金。一是为混改提供投资平台，撬动社会资本参与混改，提供稳定的资金支持，解决一些国企体量过大、社会资本无法有效参与的问题；二是通过混改股权投资基金的介入，在完善治理、强化激励、提供效率等方面发挥作用；三是提供资金支持，解决骨干员工持股的资金来源问题，发挥员工持股的激励约束结合和利益风险绑定等作用。

（6）注重释放人的积极性，发挥人力资本的关键作用。在顶层设计基本完成、进入施工期之际，推动国有企业改革发展工作落到实处更加需要保护改革者、释放人的积极性、激发创造性劳动。混改特别是员工持股，有利于尊重“主动资产”驾驭“被动资产”的客观规律，实现人力资本与国有资本有机结合，有利于调动“人”的积极性，将对国有企业改革发展全局产生牵一发而动全身的作用。

（7）加强混改政策宣传。建议以坚持“两个毫不动摇”为导向、实现国民经济协调发展和互利共赢为重点，加强混改舆论宣传、政策解读，阐明目标方向和重要意义，引导地方政府和各类企业对本轮混改加深理解、提升认识：一要推动股权多元化和优化股权结构，进而完善治理结构、健全公司治理，促进国企转换经营机制；二要实现各种所有制资本取长补短、相互促进、共同发展；三要提高国有资本的流动性，优化国有经济布局；四是不追求国有资本表面上的控股比例，而要在放大国有资本功能、提升管资本能力上下功夫；五要更多介绍和宣传成功案例经验，回应社会关切，消除民营资本对混改的顾虑。

国务院发展研究中心调研报告，2017年第121号（总5196号）

# 企业混改的探索

相较于其他国家，中国混合所有制的企业实践、理论研究和政策表述均十分丰富，而且实践早于理论，在实践中出现了混合所有制企业，导致理论界和政府开始关注这类企业；理论的前进推动相关政策的出台，进而又进一步促进混合所有制企业的发展。混合所有制的实践、理论和政策就这样在交互中相互促进。这当中，最为关键的是企业对混合所有制的探索与实践。

## 一、企业在实践中探索了几种有代表性的混改革模式

### 合资模式

主要表现为改革开放之后，国有企业与其他类型所有制企业作为投资方，通过合资经营形成了混合所有制企业。典型的如1979年《中外合资经营企业法》颁布后，外资企业开始和国有企业共同投资成立公司，开启了共担风险、分享利润的混合经营模式。合资模式的优点在于强强联合和优势互补。缺点是股东一般较少、股比比较接近，互相制衡但由于缺乏关键少数而容易影响决策效率；各方目标、利益在投资期内难以经常一致；管理模式、经营理念和企业

文化存在差异，容易产生摩擦或分歧。随着在华外资企业出现独资化趋势和其他混合所有制模式的兴起，合资不再是发展混合所有制的主流模式。

### 引入战略投资者模式

在国企混改中，优先引进和规范引入战略投资者是最为普遍的模式。这种模式，一般以能形成战略和业务协同、有助于建立竞争优势为标准，以拥有发展所需资源要素、主业关联度高、互补性强的行业领先企业为首要目标，重点考察投资者是否能在未来产生协同效应和“化学反应”，目的是弥补发展短板、提升核心竞争力。在引战模式中，企业一般按照“三公”原则，首先建立资本引入和战略投资者选择机制，制定战略投资者遴选规则，保证投资者的投资主体适合性；其次，对有意向的投资者优中选优、审慎引入，以求引进能经得起时间检验、促进公司发展的优秀战略投资者；最后，激励战略投资者在创新经营机制、完善公司治理、提升运营效率、增强发展活力等方面发挥积极作用，利用战略投资者促进传统国企实现机制变革和业态创新，同时防范战略投资者的机会主义行为或避免其蜕变成战术投资者。通过引入战略投资者提升企业能力，帮助实现对供应链上下游的资源整合，是国有企业混合所有制改革中最为普遍的模式。

### 上市模式

国有企业通过整体上市、改制重组上市、核心资产分拆上市、母公司分立改制后上市等方式，由国有独资变为公众公司，从而自然地由国有性质过渡到混合所有制性质。上市模式已经被许多国有企业进行了充分的实践，已有一整套规范、成熟的流程和办法，争议少、风险小，是最受欢迎的混改形式。上市模式不仅有助于提升公司治理水平，也有助于提升企业融资能力，但对企业的资产质量、经营绩效、管理水平和治理能力均有较高要求。

## 员工持股模式

员工持股属于股权激励方式，是一种中长期激励机制，能与发挥国有资本作用相结合，更好地激发人力资本的创造性劳动。在符合条件的混合所有制企业，通过员工持股实现企业与骨干员工的利益和风险绑定，使最关心企业效益、了解内部信息的利益相关者成为股东。从实践来看，更依赖人力资本和创造性劳动的企业更适合实行员工持股，如科技类、文化创意类企业等在政策优先支持下，更多地开展了员工持股试点。一般是先混改然后实施员工持股，或者是在引战时同步实施，以便解决定价问题，避免侵占国有资产。一是为防止国有资产流失和利益输送，大多采取增资扩股、出资新设方式引入员工持股，“真金白银”将员工和企业真正捆绑成利益与风险共同体。二是注意将员工持股作为激励性改革措施而不是福利性待遇，一般不再搞全员持股而是强调核心骨干持股。三是持股方式不断完善，职工持股会、工会持股被叫停，自然人持股在实践中有很多的局限性，公司制或有限合伙制的员工持股平台成为主要的员工持股方式。四是大多建立了“岗变股变、人退股退、循环激励”的股权动态调整机制。

## 其他的混改模式

其他混改模式还有：①重组模式，以行业内的并购重组和持股合作为主。这其中可能是国有股权被其他非国有股代替；也可能是拥有行业优势的国有企业开展“逆向混改”，以推动行业横向整合和强化规模优势。②设立混合型基金，即由国有资本和民营资本共同发起设立股权投资基金、产业投资基金、创业投资基金、混改基金、政府引导基金等。③政府和社会资本合作的项目制，即PPP模式。④“逆向混改”模式。《指导意见》指出“鼓励国有资本以多种方式入股非国有企业”。“逆向混改”模式即国有资本参与到其他所有制类型企业的股权结构中。

## 二、“白药控股”的集团层面混改

“白药控股”直接在集团层面尝试混合所有制改革，缓解了一般在子公司层面推进混改而难以解决的“老体制管新体制”问题，促进了传统国有企业转换经营机制。

在第一阶段，“新华都”和云南省国资委各持有50%的“白药控股”股权，并列为第一大股东，国有资本不再谋求绝对控股权；在第二阶段引入第三家战略投资者后，“白药控股”的股权结构进一步调整为45∶45∶10。经过混改后的“白药控股”依然持有上市公司“云南白药”的41.52%股权，仍为云南白药控股股东。实际上，民营资本通过本次混改直接和以前其他渠道间接持有的股权取得了云南白药的第一大股东地位。相对均衡的股权结构，为完善公司治理、建立和完善现代企业管理制度奠定了基础。由于无任何一方持有绝对控股权，保证了相对客观、均衡的决策机制。

除集团层面混改之外，云南白药的混改方案还有其他一些亮点：

一是战略投资者以现金形式增资扩股，以最明确和更少争议的方式认可白药的市场价值与发展潜力；注资持有“白药控股”的股权锁定期为六年，保证企业发展的稳定性和可持续性。

二是坚决去行政化和坚持治理市场化。各方达成“去行政化”条款，原领导班子成员全部转换身份，董监高成员皆不再有公务员身份，不再具有行政级别。同时，按市场化方式选聘董事，建立授权机制，高管层薪酬由董事会根据市场化原则决定。

总的来说，“白药控股”混改坚持市场导向，民营企业大比例股权投资，有别于大多国企混改案例中民营资本仅占少数股权的财务投资。混改促进了企业改善资本结构、完善现代企业制度，具有较强的示范效应。

## 三、“东航物流”混改的经验与启示

“东航物流”混改，主要有如下4点经验。一是围绕强化产业链、优化价值链引入战略投资者。二是国有资本主动放弃绝对控股权，持股比例降低至45%，引进非国有资本投资方（45%）和实施核心员工持股（10%）。三是组建全新的股东会和董事会。按照同股同权原则，给予参与混改的各类资本股东法定的话语权。四是建立完全市场化的薪酬管理体系和选人用人机制。按照市场化原则，所有员工“脱马甲”，转化国有企业员工身份，实现“管理人员能上能下、员工能进能出、收入能增能减”；687名不愿意“脱马甲”员工的安置工作同步完成；在中高层管理人员中推行职业经理人制度，建立市场化的激励和约束机制。

“东航物流”混改已经开始产生初步成效。一是促进业务转型升级。逐步完善和构建航空物流产业生态圈，促进东航集团形成航空客运与航空物流“双轮”驱动的业务发展模式，通过适当的业务对冲，平抑单一产业的周期性波动，使得东航集团产业收益整体平稳有序。二是放大了国有资本。东航集团在“东航物流”累计投入16.7亿元，混改前“东航物流”账面净资产只剩6.33亿元。通过混改，带动了22.55亿元的非国有资本投入。三是降低财务杠杆。混改前，“东航物流”资产负债率为87.86%；混改后，资产负债率将降低到75%左右。

“东航物流”混改经验表明：一是在市场化程度高、竞争充分的行业，传统的国有企业管控模式和用人机制使得国企难以在竞争中领跑，有必要通过混改促进机制转变；二是国有股东主动放弃绝对控股权，形成股权合理分散、股东相互制衡的股权结构，有利于完善公司治理机构和传统国企转机制；三是员工持股，有利于尊重“主动资产”驾驭“被动资产”的客观规律，实现人力资本与国有资本有机结合，调动包括国有股东、国企负责人、骨干员工等在内的“人”的积极性。东航物流125名核心员工出资近4亿，总经理个人出资3000多万、持股接近1%。结合企业特点、人员结构等多种因素，员工持股方案考虑了骨干员工划定、持股比例划分、股权管理约束等方面因素，建立起收益共享、风险共担的长效激励约束机制。

## 四、“中国联通”混改的经验与启示

“中国联通”混改具有以下特点：一是以核心资产作为混改主体。二是在监管严格的二级市场直接开展。通过二级市场“定增+股权转让+员工持股”等多种方式，直接对A股上市公司股权结构进行调整。三是围绕产业链引入有助于产生战略协同效应的战略投资者，以及引入有助于“中国联通”拓展互联网金融业务和补充资金实力的金融资本。四是保持国有企业属性，国有资本保持第一大股东地位。混改后联通集团、中国人寿和国有企业结构调整基金合计持股53.03%，混改没有改变“中国联通”的国有企业性质。

“中国联通”混改的经验主要有以下几点：

（1）优先和规范引进战略投资者，设计了相对完善的战略投资者遴选规则，明确引入战略投资者的基本条件是“促进供给侧改革和实现战略业务协同”。严格要求投资者投资主体适合性，确保电信网络和信息安全。优中选优、审慎引入战略投资者。

（2）完善股东行权机制，保障各类股东权益。激励战略投资者在创新经营机制、提升运营效率、增强发展活力等方面发挥积极作用。注意坚持同股同权，依法保护各类股东权利。混改后还要进一步完善投资回报机制，一方面激励中小股东更充分发挥积极作用，另一方面也是同等保障所有股东尤其是中小股东权益。

（3）注重发挥中小股东在公司治理中的积极作用。

（4）通过调整股权结构来优化公司治理结构。

（5）混改与电信体制改革同步开展。

（6）实施员工持股，释放人的积极性。联通在混改的同时向核心员工增发限制性股票，实施长期激励。通过员工持股或其他形式的股权激励，促进建立激励约束长效机制。员工与企业之间由原来简单的雇佣关系变为更复杂更紧密的利益相关者关系，形成紧密捆绑在一起的利益共同体。

## 五、其他国家的混合所有制企业

在其他国家，混合所有制不是普遍现象。在挪威，有两家混合所有制企业——国家石油公司和海德鲁公司。**两者分布在不同行业，国家因而对之采取了不同的持股策略，而除此之外，在政企关系、参与公司治理等其他方面，则采取了基本一致的策略。**这或可给我们分层分类推进混改以及对混合所有制企业因企施策、采取不同的监管方式，提供一定借鉴。

### （一）挪威国家石油公司

挪威国家石油公司（Statoil）是一家国有资本控股的国际能源上市公司，是挪威大陆架最重要的油气生产商、世界最大的石油贸易商之一和斯堪的纳维亚半岛最大的油品供应和零售商，业务广布36个国家；目前是挪威最大的石油公司、世界第三大原油出口商。

自20世纪70年代挪威大陆架发现石油，各大跨国公司纷纷出击，以图抢占挪威市场。在此形势下，挪威迫切希望健全国家石油体系，挪威国家石油公司应运而生。自成立以来，伴随着挪威国家油气开发机制和国有企业监管模式的变迁，挪威国家石油公司的管理体制、国有股权、公司治理和业务结构也经历了多次变革。

1. 股权结构

挪威政府是挪威国家石油公司最大的股东，所有者权益由石油能源部管理。

最初，Statoil是100%的国有企业。2001年，挪威将国家石油公司在纽约和奥斯陆同时上市，成为国家有限责任控股公司。上市初期，政府保留了挪威国家石油公司81.7%的股份。随后，通过2004年、2005年两次公开股票发行，政府持股比例降至70.9%。2007年挪威国家石油公司与与海德鲁公司的石油和天然气业务合并，组建为新的挪威国家石油公司，根据双方约定的换股比例，挪威政府持有国家挪威国家石油公司所有者权益的62.5%。鉴于挪威议会2001年的立法规定：国家需持股国家石油公司至少2/3的股份，政府表示有计划增持挪威国家石油公司的股份至67%。2008年，挪威政府相继通过股票市场购买挪威国家石油公司股票，之后，挪威国家石油公司中的国有股权基本稳定在67%左右。

截至2016年底，公司前二十大股东共持有79.5%的股份，且前二十大股东持股差异明显，挪威政府和挪威国家养老基金分别持有67%、3.22%的股份，其余十八大个股东均是是全球范围内名列前茅的非石油开采领域的大集团、银行或投资公司，各自持股均未超过1%，总计持有9.28%的股份。挪威政府持有挪威国家石油公司超过2/3的股份，属于绝对控股一类。

2. 公司治理结构

挪威股份公司治理结构类似于德国股份公司的双层委员会，但有一定区别：最高权力机构和最高决策机构是股东大会，战略监督机构是公司会议，战略决策机构是董事会，执行机构是首席执行官和管理委员会，由逐级选举和任命产生，组成公司治理结构；20世纪90年代以来，国会决定公务员不能成为国有公司董事会成员。公司会议由国有股东代表、工会和职工代表、外部专家组成；董事会由公司会议任命的经营管理专家和职工代表组成。

挪威《政府财政管理法规》第10条规定，政府在行使国家所有权时应保证对所有产权所有者一视同仁，清晰区分政府和企业董事会的权利与责任。2006年发布的《国家所有权政策》进一步规定了“所有股东应受到平等对待、国家在公司中的所有权应当透明”等国企治理的10项主要原则。挪威国家石油公司具有相对特殊的公司章程和治理结构。

3. 政企关系

总的来说，挪威政府不直接参与企业的管理与决策，更多地是通过制定合理的激励、督促机制使得企业决策与社会利益相一致。政企关系具有以下几个特征：组建国有资本运营公司，以管资本为主；有进有退，放经营权，抓主导权；分类管理，制定针对性的经营目标；政府参与收益分配，经济效益与社会效益兼顾。

挪威国家石油公司属于典型的国家资本、私人资本与外资并存的混合型所有制结构。一方面，多元化的产权结构，有助于公司获得更多的资本和专业技术；国家所有权可以保证公司将总部设在挪威，保证研究活动在挪威进行；而外国所有权则有助于促进企业的国际化发展和企业的能力建设。另一方面，挪威国家石油公司关系国家经济命脉，对财政收入贡献巨大，是挪威国家实施产业政策的重要工具，其引入非国有资本并非无条件的。若因并购等因素导致国家所有权被稀释，且违背相关法律法规，政府将在议会批准后入市，收购必要股份，以保证维护国家所有权目标的能力。

## （二）挪威海德鲁公司（Norsk Hydro）

海德鲁公司创建于1905年12月，初期主要从事肥料生产，后不断扩展业务领域，现为挪威最大的国有工业公司；主营业务涉及轻金属、石油天然气、化工、化肥、食品、医药等领域，是由许多子公司组成在资源和能源领域多元化跨国经营的工业集团。

海德鲁是承担有限责任的国有股份公司，遵守1976年制定的《挪威股份公司法》。海德鲁在奥斯陆证券交易所与伦敦证券交易所上市。挪威政府为海德鲁集团最大股东，其股份由挪威贸易、工业和渔业部代持，共占总股份的34.3%。另外，挪威政府社保基金持有该公司7.3%的股份。其余股东股权较为分散，最高不超过2.2%，主要为资产管理公司、投资公司以及个人投资者。挪威政府不参与海德鲁集团的日常管理。并且，挪威政府在几十年来除了配合公司的股票回购计划外，并未主动购买或出售其持有的股份。国有股份与其他股份并无差异，同股同权。

### 1. 海德鲁的股权结构变化

二战后，挪威政府成为海德鲁最主要股东，国有股份占比51%，国家掌握着企业的绝对控制权。随着资本规模扩大及国有企业私有化浪潮，海德鲁股权结构步也在逐步调整：1999年，国有股份首次降到了50%以下，占比43.8%。同时，挪威私人股东所占比例增加了8.5%，挪威民族股权仍然保持在2/3的绝对控制地位。

为适应世界经济自由化和经济全球化的发展，海德鲁在进入21世纪后，依然不断地对股权结构进行调整，在保持国有股权占支配地位的同时推动部分非国有化发展。2014年，海德鲁国有控股占比34.3%，由挪威贸易、工业和渔业部持有，挪威私人股东占比29.1%，海德鲁自占比例1.4%，挪威民族整体股权占比64.8%。

### 2. 海德鲁的治理结构

海德鲁集团属于公共有限公司，其治理结构依据挪威公司法，并受《挪威股份公司法》的制约，公司治理结构实行类似于德国双层委员会的模式，但略有区别：其最高决策机构是股东大会，战略监督机构是公司会议，战略决策机构是董事会，执行机构是CEO和管理委员会，董事长和CEO必须是两人分任；20世纪90年代以来，国会规定公务员不再能够成为国有公司的董事会成员。

海德鲁公司的治理体系主要涉及股东大会、公司会议、董事会、CEO和公司管理委员会等五大机构，并无监事会；公司董事会由公司会议选举产生；董事会决议须多数董事同意，若无多数则由董事会主席决定。

### 3. 海德鲁公司与国家的关系

挪威政府为Norsk Hydro集团最大股东，其股份由挪威贸易、工业和渔业部代持。国有股份与其他股份无差异。海德鲁集团日常会向该部汇报公司经济与战略发展、企业社会责任等，内容与向其他股东提供的内容无差别，并不会提供更多内部信息。挪威政府不参与海德鲁集团的日常管理。由于政府股东与其他股东没有差别，海德鲁集团以分红的方式向政府上缴利润（集团每年将40%的净利润进行分红）。

海德鲁模式的本质，一方面是确保民族所有权的需要，另一方面是将私有企业的效率与民族经济和工业利益结合起来。随着时代变迁，海德鲁模式中的政府和企业的关系已经变得大不相同：1945～1971年，海德鲁公司与政府是密切的特权关系；20世纪70年代到80年代，这种特权特惠关系逐步消失；20世纪90年代以来，海德鲁公司具有了同其他股份公司一样的经营独立性，高层管理更加关注股东价值。

（1）国家作为战略所有者。总的来说，挪威政府是Hydro公司的被动参与者，与其他股东同股同权。但由于政府对资源领域实行控制的政治需要，挪威政府通过总的政治决策对海德鲁公司设置全面的框架限制，在预先制定的法律和政策框架内让公司董事会和管理层自主经营；政府部门每两年向国会提交白皮书；国会则需要评估政府对海德鲁的政策和框架。

挪威政府对国有公司治理的基本原则是：在预先制定的法律和政策框架内让公司董事会和管理层自主经营，不同类别的国有公司在其附加的股东协议或公司章程中，对其股东的作用和对董事会的正式授权可以有特殊的规定。

具体而言，国家的战略所有者作用体现为：国家所有权的政治控制，主要是国会对企业进行监督；政府政策保护，如企业经营目标作为国家产业政策的一部分，可以一定程度上享有国家财政税收政策的优惠，或获得优惠股票发行条件而享有低成本资本；国有股东代表任命，在公司会议中，部长一般情况下充当国有股东代表，以此身份影响公司会议主席的产生。

（2）国家不参与企业的日常经营管理活动。海德鲁同其他私有企业一样进行经验管理，主要体现为：海德鲁公司的资产从法律上讲不属于国家资产；国家只在企业拥有股份而不参与会计结算；国家也不参与公司内部的投资或撤资活动；一般日常经营活动多为CEO和管理委员会进行决定；企业不需向国家呈报预算，也不需要国家对其经营决策进行批示；公司会议负责对董事会和CEO的监察工作。

# 主攻方向二：完善国资管理体制

# 成立国有资本运营、投资公司的几点建议

成立国有资本运营公司和国有资本投资公司（以下简称“两类公司”）是实现“以管资本为主”的核心环节。基于过去一段时间的研讨，提出参考建议如下。

## 一、“两类公司”的基本特性

“两类公司”应是根据《公司法》设立、具有民商事主体行为能力、能够直接持有股权、由国家授权经营国有资本的公司制企业，对出资企业履行国有资本出资人代表职责；可以是国有独资性质，但可以由多个国家机构按相对均衡的股权结构分别持股；主要在执行国家政策、弥补市场失灵和实施国有经济布局结构调整等方面发挥平台公司作用，基本功能是股权管理、资本运作、资产经营和投资融资。

国有资本运营公司主要营运竞争性领域履行收益性功能的国有资本，以追求投资回报为主要目标，业务范围以综合性为主。国有资本投资公司主要持有特定行业履行政策性功能的国有资本，以服务国家战略、实现政府意图为主要目标；为避免功能泛化，其业务范围以专业性为主。

## 二、“两类公司”的设立方案

设立“两类公司”首先要明确国有资本管理体制的基本框架。为改变国有资产“条块分割”格局、统一履行国家所有权管理职能及提高决策权威性，一种建议是可以在国务院层面应成立国有资本管理委员会（以下简称“管委会”[①]），集中行使原来分散在多个部门的国有资本所有权代表职能，职责之一是审定“两类公司”名单、批复公司章程和任免“两类公司”董事会成员。“管委会”下设办公室，作为办事机构；综合考虑国家所有权公共管理与出资人职能分开、国有资本经营预算与公共预算衔接、统筹国有资本收益分配等因素，来确定具体由何部门履行“管委会”办公室职责。

——由更为熟悉和关切“两类公司”经营状况和目标实现的机构担任其出资人较为合适。同时，综合考虑公共管理职能与出资人职能分开、缩短委托代理层级、兼顾出资人管理幅度和“两类公司”资本规模、发挥“两类公司”积极性等因素，探索“直接授权”模式的“两类公司”可以由“管委会”直接担任出资人；国资委作为“管委会”授权执行机构，担任进行间接授权模式的“两类公司”以及其他尚未进入“两类公司”的中央企业的出资人。

——在新旧国资管理体制过渡阶段，实际上还存在着传统国资管理体制与新国有资本管理体制、“两类公司”之间不同管理模式的制度竞争。在2020年前后，可以根据实际运行情况确定国有资本管理新体制的成熟模式。

——“管委会”办公室、执行机构分别负责受理设立运营公司、投资公司的申请。符合条件的中央企业向两者提出书面申请，两者根据试点条件进行筛选，向“管委会”提出“两类公司”建议名单；根据“管委会”的批复，办公

① 此报告撰写于2014年，为忠实原貌计，本次出版时未作修改。现实中，由于国务院于2015年成立了国企改革领导小组，实际上也具备了“管委会”的能力和雏形。

室负责运营公司、执行机构负责投资公司设立的具体组织实施工作。

——参考国内外同类公司资本规模①，结合我国国有资本整体规模②、出资人管理幅度、行业属性、政策导向及中央企业特点等因素，来具体确定“两类公司”的家数和规模。如可考虑中央层面成立15家左右“两类公司”为宜：其中5家国有资本运营公司，资本规模可以适当大些；10家左右国有资本投资公司，专注于军工、能源、教育、医疗、养老、扶贫、环境保护、重大科技专项、重要基础设施、特定战略性新兴产业等领域。③

——依托已初步具备国有资本投资运营能力和条件的中央企业来组建或改组为“两类公司”，如公司治理规范、市场化程度高、风险管控能力强，具有股权管理、资本运作和资产经营成功经验等，具体标准可设定为近五年重大违法违规案件和无重大投资失误，所有者权益高于一定门槛等④。主要采取吸收整合方式；可以几家重点企业为基础、联合组建国有资本运营公司，以一家核心企业为主体、牵头改组为国有资本投资公司。

——建议先从一般竞争性领域开始国有资本运营公司试点，这具有较大的覆盖面⑤，既可让大多数国有企业焕发活力，又不至于影响担负政策性功能使命的国有资本对真正关系国家安全和国民经济命脉产业的控制能力。

## 三、“两类公司”的运行机制

“两类公司”接受国家所有权政策制定机构的公共管理，与出资人是委托

① 如全球最大主权财富基金——挪威政府养老基金权益约5.12万亿元，淡马锡股东权益约9400亿元；全国社会保障基金权益约1.2万元，汇金股东权益2.5万亿元。

② 工商类央企所有者权益约为12.8万亿元。

③ 注：此建议提出于2014年。目前，国有资本投资、运营公司实际运行中是“8+2”试点。

④ 如所有者权益大于800亿元（国有资本运营公司）或100亿元（国有资本投资公司）等。

⑤ 全国来看，分布于竞争性领域的工商类国有资本约为5.35万亿元，占全部国有资本的53.2%；在工商类央企层面，虽然因分布在垄断性行业的国有资本较多，这一比例较低，但也达到43.6%。

代理关系、与出资企业是股东与公司的关系；运行机制可以参考汇金模式、借鉴淡马锡模式：

——“两类公司”按照《公司法》赋予的11项股东职权，选派专职股权董事，通过公司治理渠道、以市场化方式参与和影响出资企业的重大事项决策，实现国有股东“人格化”、做“积极股东”，但不干预控参企业日常经营；出资企业实行完全市场化的经营机制。

——国有资本运营公司要建立健全以资本流动性管理和投资组合收益考核为核心的运营机制，偏重于资本营运，重点保证国有资本的保值增值和经营收益的可持续性；其出资企业应尽可能实现混合所有制。

——国有资本投资公司要建立健全以产业控制能力和实现特定政策目标为核心的运营机制，偏重于资产经营，重点保障在特定时期实现国家特殊政策目标；其出资企业应尽可能实现相对均衡、多元化的国有股权结构。

## 四、“两类公司”的主要作用：体现国有资本的双重属性和实现“双重隔离”

在传统国有资产管理体制中，流动性不足、公益性不够是两大突出机制性问题，政资不分、政企不分是两大根深蒂固体制性问题。以公益性问题为例，国有资本收益主体长期在国企体系内循环[①]，加剧了国有企业软预算约束、盲目投资、腐败浪费等问题。更严重的是，国有资本收益全民共享体现不足，导致国有企业群体难以获得多数民众认同。

针对流动性和公益性问题，“两类公司”的运行要兼顾国有资本的资本性

① 我国国有企业自2007年开始上交国有资本经营收益，但直到2009年，中央国有资本收益均100%返回国有企业。自2010年开始，中央国有资本收益约2.3%左右进入公共预算；以后这一比例逐年提高，但迄今也不过11.7%左右；地方上这一比例更低。

和公共性，特别是要发挥流动性、突出公益性：

——国有资本的投向要兼顾资本性和公共性。“两类公司”既要利用资本的流动性，发挥促进国有资本合理有序流动的平台作用；又要按照国家战略目标，动态调整国有资本投向。

——“两类公司”在市场经营中更侧重于体现资本性，特别是分布于一般竞争性领域、担负收益性功能职责的国有资本要按经济规律、市场规则运作，以财务回报为主要目标，以保证国有资本经营收益的可持续性和有能力支撑服务国家战略目标的使命。

——国有资本公益性等公共属性主要在国有资本收益支出阶段体现。应改善国有资本经营预算支出结构，提升国有资本收益纳入公共预算比例，并在支出项中设立专项用于保障和改善民生，体现国有资本全民所有、收益全民共享，改变公众对国有经济的认知、增进认同。

针对政资不分和政企不分问题，“两类公司”要发挥“双重隔离”作用：

——以“两类公司”为界面实现政资分开。“两类公司”是纯粹的出资人代表，不制定公共政策，没有行政权力，其履行出资人职责与行政部门的公共管理职责彻底分开。

——以“两类公司”董事会为界面实现政企分开。切断政府与管理层之间的关系，保证“两类公司”具有“管资本”的专业能力和主动性；党政系统行使“管人管事”等股东权力不能越过“两类公司”干预其控参企业。

# “管资本”管什么、如何管

国有资本具有资本与国有双重属性，负有经济与社会双重目标，各界因而对“管资本”有不同理解。但经过较长一段时间的研讨，基本共识还是普遍认为“管资本”有助于理顺政企关系，“两类公司”是实现“管资本为主”的重要平台，而且“管资本”也不全然排斥“管企业”——如在特定领域、特定时期对履行公共职能等特殊职责的特殊企业仍然可采取“管企业”等。因此，更需要回答的问题是“管资本”到底应该具体管什么？以及应该如何管资本？

## 一、“管资本为主”与授权经营

讨论“管资本”，必然要了解国有资本授权经营体制。两者是国资管理体制中紧密联系的内容。

国有资本授权经营体制指“国有资产监管机构将出资人享有的部分股东权利授予国有资本投资、运营公司及其他直接监管企业，被授权方对下属所出资企业依法行使股东权利的制度安排”。

在未来的授权经营体制中，既包括间接授权又包括直接授权。两种授权模式都是将出资人（股东）的部分权利授予“两类公司”或特殊企业。授权目的是促进传统国有企业转变经营机制和完善国有资本监管体制。授权后，国资监管机构的指令主要通过“两类公司”这一类公司制、市场化的国有资本投资运营平台，转化为市场化的方式传导（如依据《公司法》，以出资为限、以股权为纽带、以公司治理为渠道、以派出股权董事为手段等），规避政府对市场的直接干预，实现政企分开。

## 二、“管资本”主要管什么

简而言之，“管资本”应管好国有资本的投向与布局、管好“两类公司”的公司治理、管好风险防控、管好股权结构和债权结构，以及适应与引领国际规则等。因此，国有资本出资人代表机构管资本，应围绕“管好国有资本布局、规范资本运作、提高资本回报、维护资本安全”，界定国资监管机构与国有资本投资、运营公司的权责界面，通过授权调动国有资本投资、运营公司及其所出资企业等各层级主体的积极性，按照责权利对等原则，承担做强、做优、做大国有资本及保值增值责任，更好服务国家战略目标。

“管资本”的具体工作，可以重点放在如下四个方面。

（1）完善国有资本管理体制。以管资本为主推进国资监管机构职能转变和履职行权方式转变，抓好“一个转变、两个清单、三个归位、四个重点”等重点工作；以管资本为主改革国有资本授权经营体制；改组组建“两类公司”，使之成为国有资本市场化运作的专业平台。

（2）调整国有资本投资重点。国有资本当前一段时期的阶段性投资，应重点投向十八届三中全会确定的五大领域。国有资本应尽可能弱化政策性功能而强化收益性功能，应由过去控制企业和产业，转向关注资本投资回报，以有可持续的国有资本投资收益作为公共财政的补充来源，保证国有经济的可持续发展。

（3）加快国有资产证券化。实质是提高国有资本的流动性，以“管资本为主”推动国有资本合理流动及优化配置。提高国有资本的流动性，才有可能促进做强做优做大国有资本。

（4）与发展混合所有制经济相结合。通过引入具有协同效应的战略投资者、调整优化股权结构和完善公司治理结构，为传统国有企业转变经营机制奠定基础。

## 三、如何推动国有资本做强、做优、做大

推进国有资本做强、做优、做大，需要践行以人民为中心的发展思想，体现国有资本“全民所有、全民共享”的公共属性，构建国民共进、协调发展的经济格局，提升国家竞争力和整体经济效率。

“做强”意味着要更加重视安全性，既要通过投资组合等资本运作常规方式避免“鸡蛋放在一个篮子”里的经营风险，还要避免各种形式的国有资产流失。

“做优”意味着要更充分利用资本的流动性，在国有资本有序进退当中实现国有经济的布局结构调整优化。

“做大”意味着要重视国有资本的盈利性，通过市场化、专业化运营，为保障国家战略目标和国有经济可持续发展提供可持续的国有资本投资收益，并成为公共财政的补充来源。

要实现这些目标，需要进一步完善现有国有资产管理体制，淡化国有资本的“工具”和“抓手”功能，强化国有经营性资本的收益性功能。主要工作包括：国资监管机构转变职能和转换管理方式，构建以财务硬约束为核心、透明度为基础的国有资本管理体制，创新委托代理关系，完善国有资本布局政策和动态调整机制等。

# 鼓励地方因地制宜探索国资管理新模式

基于对京、津、沪、渝、粤、鄂、川、湘、陕、皖等十省市的调研及与有关部门的交流，我们发现，由于国有企业改革顶层设计相关方案尚未出台，地方在深化国有企业改革的实践中，存在怕踩红线、等待政策等现象，改革进展缓慢。鉴于中央与地方国有资产在规模、结构、质量、功能等方面存在巨大差异，管理体制和改革任务也不同，我们认为不宜搞“中央模式，地方参照”，也无必要要求地方坐等中央国资管理体制改革方案。建议将强调顶层设计指引作用的“拉动式”改革和重视地方探索、容许试错的“推动式”改革相结合，在不触犯红线的前提下，鼓励地方因地制宜探索国资管理新模式，尽早释放改革红利，为丰富、完善中央顶层设计具体方案提供实践案例和探索经验。

经过对京、津、沪、渝、粤、鄂、川、湘、陕、皖等十省市的调研及与有关部门的交流，我们发现，虽然大多数省市已陆续出台地方国有企业改革方案，但由于国有企业改革顶层设计相关方案尚未出台，地方在深化国有企业改革的实践中，存在怕踩红线、等待政策等现象，改革进展缓慢。我们认为，鉴于中央与地方国有资产存在巨大差异，管理体制也不同，不宜搞“中央模式，地方参照”，将复杂问题简单化。必须更加关注地方实际情况，理解地方的困惑、困难和期待，重视发挥地方的积极性，在中央划清红线后，鼓励地方因地制宜探索国资管理新模式，将强调顶层设计指引作用的“拉动式”改革和重视地方探索、容许试错的“推动式”改革相结合，激发地方改革活力，为全国改革提供经验借鉴。

## 一、中央与地方国有资产有较大差异

中央和地方国有资产在结构、质量、功能上有很大差异，地方之间的差异也不少。

### （一）中央和地方国有资产结构与功能不一样

中央国有资产主要分布在关系国民经济命脉和国家安全的领域，包括能源、基础原材料、邮政通信与交通运输、军工和金融等行业。地方国资较中央国资分布更为广泛，但以基础设施和公共服务等领域为主。其中，省级国资主要分布在地方基础设施、能源资源、装备、交通航运等行业，市级国资主要分布在供水、供气、供热、公共交通和公共设施等行业和领域。如四川70%的省属国有资产集中在四川发展控股公司，湖北78%的省属国有资产集中在6家政策性投融资平台，武汉市近80%国有资产集中在基础设施和公共服务领域。

中央与地方的国有资本经营收入的行业分布也反映了两者在结构上的不同。如图1所示：中央国有资本经营收入主要来自烟草、石油石化、电力、电信、煤炭等行业企业，而地方国有资本经营收入主要来自投资服务、机械、煤炭、电力、贸易和房地产等行业企业。

中央和地方国有资产的功能也不一样。中央国有资本的主要功能是保障国家安全和实现战略目标，控制关系国民经济命脉的重要行业和关键领域、体现国有资本收益全民共享等。而地方国有资本功能更重要的是为地方提供公共服务以及发展重点产业促进地方经济发展。

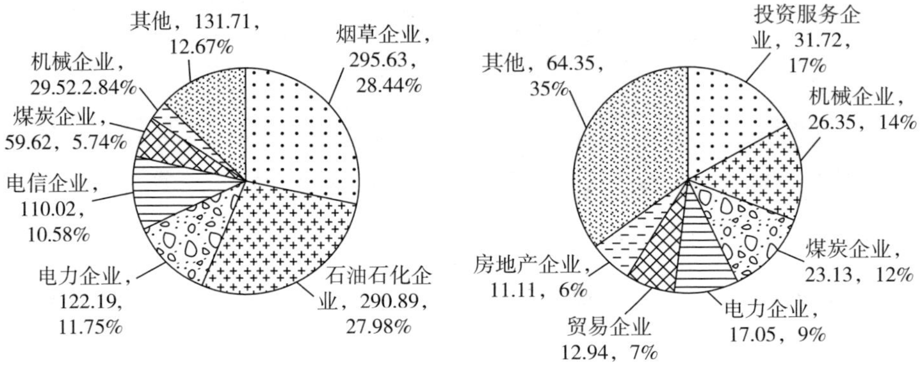


**图1 2013年中央（左）与地方（右）国有资本经营收入行业结构（单位：亿元）**

资料来源：财政部，《2013年全国财政决算》。

此外，各地国有资产规模大小不一，相差较大。江苏、上海、广东、北京等地的国有资产总额均超过3万亿元，而西藏、青海、宁夏等省区的国有资产总额不到4000亿元。

## （二）中央和地方国有资产质量不一样

中央和地方国有资产不仅在规模和结构上差异较大，两者质量上也有很大差异。相较而言，地方国有资产质量更低、经营效率更差、困难更多，见表1。

**表1 中央和地方国有企业资产情况**

| | 全国合计 | 中央 | | | | 地方 | | | |
|---|---|---|---|---|---|---|---|---|---|
| | | 全部 | 中央部门企业 | 国资委企业 | 财政部 | 全部 | 省级 | 地市级 | 县级 |
| 资产（万亿） | 104.1 | 48.6 | 1.6 | 34.9 | 12 | 55.5 | 23.6 | 9.8 | 22.2 |
| 所有者权益（万亿） | 37 | 16.6 | 0.6 | 12.8 | 3.1 | 20.4 | 7.5 | 4 | 8.9 |
| 净利润（万亿） | 1.9 | 1.2 | 0.045 | 0.938 | 0.214 | 0.674 | 0.252 | 0.125 | 0.270 |
| 总资产周转率（%） | 45.2 | 56.8 | 56.3 | 69.3 | 20.8 | 35.1 | 50.0 | 24.5 | 23.9 |

续表

| | 全国合计 | 中央 | | | | 地方 | | | |
|---|---|---|---|---|---|---|---|---|---|
| | | 全部 | 中央部门企业 | 国资委企业 | 财政部 | 全部 | 省级 | 地市级 | 县级 |
| 净资产周转率（%） | 127.3 | 166.3 | 150.0 | 189.1 | 80.6 | 95.6 | 157.3 | 60.0 | 59.6 |
| 总资产收益率（%） | 1.8 | 2.5 | 2.8 | 2.7 | 1.8 | 1.2 | 1.1 | 1.3 | 1.2 |
| 净资产收益率（%） | 5.1 | 7.2 | 7.6 | 7.3 | 6.9 | 3.3 | 3.4 | 3.1 | 3.0 |

资料来源：财政部企业司发布的《国有企业财务决算报告（2013年）》；《2013年全国财政预算草案报告》。

根据2013年全国财政预算草案报告，2013年地方国资预算编制和提交人大审议的范围继续扩大，但国资预算收入增速大幅降低，显示地方国资预期经营收益并不乐观①。根据财政部《2013年国有企业财务决算报告》统计数据，地方国有资产共计55.5万亿元，略高于中央的48.6万亿元；地方国企所有者权益（20.4万亿元）也高于中央（16.6万亿元）。但中央国企创造的净利润为1.2万亿元，约为地方净利润的2倍②。这说明地方国企在收益水平和盈利能力上远不如中央国企。此外，中央总资产周转与净资产周转均优于地方，说明中央国有资本经营效率更高；中央国有资产收益率超过地方2倍，说明中央国有资产利用率较地方高出许多，较地方资产利用情况要好。

由图2可知，中央国有资本收入中利润收入高达98%，地方国有资本则仅为38%；地方国有资本收入中股利股息（19%）、产权转让（19%）等非经常性损益所占比重与经营性收入接近。这说明地方国有资本的保值增值率及资产回报较中央国有资本要低。

---

① 2012年中央国资经营预算中央国有资本经营收入970.83亿元，完成预算的115%；2013年中央国资经营预算收入1011亿元。2013年地方国有资本经营预算收入558.4亿元，较2012年地方国资经营实际执行数602亿元有所减少。

② 统计口径为全国国有及国有控股企业。其中，中央包括94个中央部门所属企业、113家国资委监管企业、5家财政部监管企业；地方包括36个省（自治区、直辖市、计划单列市）的地方国有及国有控股企业。

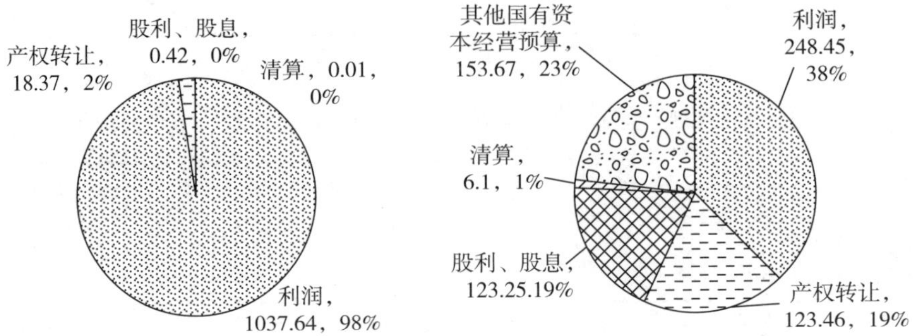


**图2　2013年中央（左）与地方（右）国有资本经营收入来源分布（单位：亿元）**

资料来源：财政部，《2013年全国财政决算》。

而地方之间国有企业资产质量也不尽相同，各地国有企业在收益水平、盈利能力上存在明显差异。由表2可知，京津沪川渝湘鄂陕粤琼青新等12省区市国有企业销售利润率平均为6.51%，标准差为2.19，波动较大；12省区市国有企业净资产收益率平均为4.63%，标准差为1.68，地方性差异同样不小。差异背后折射出各地国资在行业结构和资源禀赋等方面存有差异。

**表2　各地方国有资产经营基本情况　单位：%**

| | 上海 | 广东 | 北京 | 重庆 | 天津 | 四川 | 陕西 | 湖北 | 湖南 | 新疆 | 青海 | 海南 |
|---|---|---|---|---|---|---|---|---|---|---|---|---|
| 销售利润率 | 6.9 | 6.8 | 5.5 | 10 | 2 | 9.1 | 6.9 | 5.1 | 5.9 | 8.7 | 7.6 | 3.6 |
| 净资产利润率 | 6.9 | 6.5 | 5.5 | 3.6 | 2.1 | 5 | 7.5 | 4.3 | 3.9 | 4 | 4.4 | 1.9 |

资料来源：《中国会计年鉴2013》。

## （三）中央和地方国有资产管理体制不同

中央国有资产按企业归口管理部门分四大类：国资委履行113家中央工商类企业出资人代表职责；中央汇金投资有限责任公司履行18家大型金融企业出资人代表职责；财政部监管中国铁路总公司、中国邮政集团公司、中国烟草总公司、中国出版集团公司和中国对外文化集团公司；此外，94个中央部门还拥有9988户国有企业。整体而言，中央国有资本的管理权力主要集中在主管部门，中央政府在调整国有资本布局上的协调较少。而地方国资管理机构独立性相对要小，受地方政府影响较大；地方政府在主动调整国有资本布局上比较积极、协调较多，如将国有资产大量注入地方融资平台用于地方基础设施建设、服务民生；或设立政策性基金引导资本投向发展地方重点行业等，如湖南设立文化旅游产业引导基金、四川成立产业投资基金等。

此外，由于各地市场经济发展程度不同，国有资本规模、结构与分布不同，国有企业类型及政府管理特点不同，地方与中央以及地方与地方之间在国有资产管理体制模式上均存在差异。在大多数省市逐步实行国有资本统一监管的同时，也存在一些差异化做法，如上海市国资委对履行出资人职责的国有资本采取“直接监管为主、委托监管为辅”的方式；湖南采取了分散监管模式，由国资委、财政厅、经信委和各厅局分别履行不同性质国有资本出资人职责；成都由金融办履行金融国资出资人职责等。这也体现了地方从实际出发，探索各具特色的地方国资管理模式。

### （四）中央和地方国有资产管理体制改革任务不同

中央和地方国有资产在规模、结构、质量、功能和定位上不同，且管理体制存在较大差异，中央与地方国有资产管理体制改革任务也存在较多不同。

中央经营性国有资本主要是简政放权、增强活力，在更好体现收益全民共享和参与国际竞争等方面发挥作用；中央政策性国有资本主要是提升经营效率、增强盈利性，减少由国家补贴的非必要亏损，发挥在执行国家政策、实现政府意图等方面的作用。地方国有资本主要集中于公共服务领域，更加侧重于地方投融资平台的改革与转型及提升公共服务效率；占少量比重的经营性国有资本需要进行管理体制和经营机制等方面的改革。

## 二、地方已经做了大量探索，但也存在很多困惑，普遍在等待和观望

基于对10个省市的调研，结合对更多省市已出台的国企改革方案的分析，我们发现，各地在深化国有企业改革的指导思想上均与中央保持高度一致，基本上均以三中全会《决定》为指导，在完善国资管理体制、发展混合所有制经济、完善现代企业制度、国企功能界定与分类等方面展开。如多地均提出提高国有资产证券化率、并均给出明确的比例指标，均提出要解决国有企业历史遗留问题这一普遍性问题。此外，多地均提出将国有资本集中到关键领域，虽然各地对关键领域定义各有差别，但北京、上海、江西、甘肃、江苏、重庆、四川、青海等省市均将国有资本集中在关键领域的目标设定在“80%”上。此外，虽然还缺乏统一和明确的分类标准，但各地都强调国有企业分类分层管理。但更多的是，鉴于中央和地方、地方和地方之间在国有资本结构、功能分布等方面有显著差异，地方改革要自行理解和探索一些原则和方向时，难免会困惑，只能观望等待。一些代表性问题如下：

（1）国有资产监管机构如何转换职能问题。完善国资管理体制的关键任务是国资监管机构转换职能，从行政化管理方式转向以市场化管理方式为主。但如何实现国资监管机构的职能转换，各地认识不一、差异较大。有的地方提出要继续加强国资委工作和职能；而有的地方，如上海国资委则计划简政放权，将部分权力归还企业。

（2）各地均提出组建国有资本投资运营公司，但普遍缺乏系统性设计。症结在于国资管理体制架构设计不明确，地方对如何明确国资委在新的国资管理体制中的地位及其与国有资本投资运营公司的关系，存在一定的畏难和观望情绪。

（3）由于很大比例的地方国有资产沉淀在地方投融资平台，地方投融资平台管理体制改革应是地方国有企业改革的重点任务；但中央国有企业改革基本没有这方面的问题和任务。这使得地方在此领域难以参照中央国有企业改革方案。

（4）将竞争性国有企业发展成为混合所有制企业是地方改革的主流思路。但是对能否混合、如何混合及非国有资本能否控股等关键问题，普遍缺乏答案或标准。实际上，由于地方国资大多集中于基础设施和公共服务领域，承担许多非市场化经营的政府责任和社会责任，很难吸引以盈利为主要目标的私人资本。此外，各地均鼓励混合所有制企业员工持股，但是难以明确员工持股中的“员工”范围界定、持股比例及方式。如何既实施有效激励、保障员工权益又保证国有资产不流失？普遍缺乏有效方法。

## 三、鼓励地方因地制宜探索国资管理模式

由于中央国有资产主要是经营性的，而地方国有资产更多是公益性的，基本属性的差异要求两者采取不同管理体制和管理模式。因此，既不应搞“中央国资改革方案，地方参照执行”，更无必要要求地方坐等中央方案。我们建议在不触犯红线的前提下，要鼓励地方因地制宜、先行先试，探索国资管理新模式。这既可尽早释放改革红利，还可为丰富、完善中央的顶层设计提供实践案例和探索经验。特别是在中央没有或者难以明确统一标准和指引的领域，允许地方先行先试、鼓励探索。全面深化改革不可能一蹴而就，需要加强中央和地方的互动，形成“探索—调整—定向—前进”的闭环系统，地方依据中央精神摸着石头过河获取经验教训，反馈推动中央总结经验并优化顶层设计的具体方案，再进一步推动地方深入改革、持续改进。

## （一）中央要明确划清红线

在新一轮深化国有企业改革中，不出现国有资产流失是底线，严禁国有企业内部分肥、暗箱操作和搞利益输送是基本要求。应设置改革红线以防范出现上述问题。如明确“实现国有资产的真实市场价值是国有企业混合所有制改革的基本目标”，要求按照公开、公正、公平、透明原则，利用开放式的市场化竞争机制，严格按照国家国有资产定价、评估和交易的细则和程序操作，保证充分、完整、全面、及时的信息披露，明确违规操作的处罚规则等。应要求国资监管机构对此加强过程控制和事中监督。因为如果过分依赖事后惩处，一方面可能已经造成不必要的损失，另一方面对模糊地带如处理不当或者当年的“摸石头”行为导致事后的违法认定等，可能会极大地影响改革积极性。

中央需要明确不允许改革倒退。如明确国资监管机构应加快职能转变，从“管企业”转向“管资本”、从偏重于行政化管理方式转向以市场化管理方式为主；再如，不允许在解决国有企业员工身份等历史遗留问题时出现回潮，停止国有企业员工身份置换“买而不断”的做法，否则既不堪重负，也不符合改革方向。

## （二）要建立、完善改革容错纠错机制

在全面深化改革的进程中，顶层设计需要明确边界，既要确保国资安全，也要激发改革动力，帮助改革者克服畏难情绪。因此，中央在划清红线的同时，还应进一步建立、完善容错纠错机制，用容错机制鼓励改革，用纠错机制降低试错成本。如明确要求各地制定清晰可行的国有企业改革试点程序，通过评估后予以公布。对试点结果及时进行评估，总结经验教训，不断完善相关制度。凡是符合程序的改革实践即使出现问题，建议予以免责。以鼓励改革积极

性、保护改革者，使改革者勇于担当、敢于尝试、不惮于承担风险，减少出现因畏惧风险而裹足不前的现象。

## （三）鼓励地方在国有资本管理体制上因地制宜开展创新

首先，考虑到各地经济发展的不平衡，各地国有企业发展的主要矛盾不同，中央在划清红线和建立容错纠错机制后，可以放手鼓励地方在国有资本管理体制改革上因地制宜开展创新。

如可以允许地方的国有资本管理体系设计和管理模式相对灵活，可以根据本地区国有企业的数量及国有资产的规模、结构、行业分布统筹考虑，不一定完全照搬中央模式。

其次，要允许各地根据发展需要，确定各自工作重点。如中央层面的改革重点可能是国资委的职能转变和国有资本投资运营公司的试点，而地方层面的改革重点可能是地方投融资平台管理体制的改革。在地方层面，东部地区国有企业的市场化程度比较高，发展混合所有制经济的条件更充分；而东北老工业基地，解决国有企业历史遗留问题可能是当前一段时期的工作重点。

最后，要避免地方互相照搬照抄国有企业改革方案，要强调改革实效和时效。各地应根据地方实际情况和经济社会发展阶段，因地制宜、有的放矢地制定改革方案和实施细则；鼓励地方在深化国有企业改革中，针对真实问题、解决实际问题，促进地方国有经济发展。

国务院发展研究中心调研报告，2014年第163号（总4662号）

# 释放人的积极性　推动国企改革与发展

国企改革发展千头万绪，关键在于抓住“人”的问题这一“牛鼻子”，尊重“主动资产”驾驭“被动资产”的客观规律，并重人力资本与国有资本，促进两者有效结合。在顶层设计基本完成、进入施工期之际，推动国企改革各项工作落到实处尤其需要释放人的积极性、激发创造性劳动。建议建立改革申诉机制和专业评判制度以落实“三个区分开来”，建立容错纠错机制化解改革者后顾之忧；在满足条件的国企推进混合所有制改革，引入更有内生动力、容易成为积极股东的战略投资者；同时以公司治理为渠道、派出专职股权董事实现国有股东“人格化”，为国企提供按市场化方式履职行权的积极股东；以多种方式、综合激励体系激发和保护企业家精神；对在市场化公平竞争行业的国企，深入推进市场化选聘经理层改革。

国企改革试点工作取得了不少进展，但仍有许多矛盾问题亟待解决。尤其是在顶层设计基本完成、进入落实改革任务攻坚期之际，如何释放人的积极性来推动各项工作取得实质性进展，成为当前国企改革发展中必须解决的突出问题。

## 一、未有效释放人的积极性是当前国企改革发展中的突出问题

梳理十八大以来中央巡视组公布的70份央企巡视报告，央企存在比较多的问题依次是：①铺张浪费、四风不禁，涉及企业62个，占比89%；②纪律松弛、履责不力，涉及企业60个，占比86%；③靠企谋私、利益输送，涉及企业53个，占比76%；④管控低效、管理粗放，涉及企业39个，占比56%；⑤违规决策、监管缺失，涉及企业32个，占比46%。可以看到，除第三条外，其他几条均与“人”的懈怠、不作为等有关。结合国家审计署公布的59份央企审计报告以及近两年我们对国有企业调研所观察到的一些情况，我们发现，在当前推进国有企业改革发展的工作中，消极情绪弥漫、保守作风兴起、观望态度普遍，“明哲保身、少冒风险”成为主流；国有企业“守规定但不作为”，缺乏积极性、消极怠工、不作为等现象明显，履责不力、管理粗放、决策失误等已成为国有企业的突出问题。这些问题归根结底，与“人”缺乏积极性有关，主要是国企高管人员。

“人”缺乏积极性的具体表现有：①推进国企改革中，“一怕二等”较为普遍。首先是“怕”，有改革想法者，担心触动既有利益格局，既怕今天的改革成果反而成为未来追责的“证据”，也怕被扣帽子、怕出乱子。然后是“等”，十八届三中全会以前等“决定”，等完“决定”等“意见”，“意见、配套、细则”等系列文件的出台流程，反而提供了等待的借口。尽管顶层设计已经基本完成、改革试点工作已经展开，但较多企业仍然表示“看不清、吃不准”，等完“试点”之后还要等“经验”，还要等待更清晰的信号才敢“起跑”。宝贵的改革时机被一再贻误。②不决策、拖延决策或决策失误形成

低效无效资产，推诿回避、消极怠工、不作为导致资源非效率利用，资源闲置、资产沉睡、加速贬值和过快损耗等问题比过去严重了。③目前较为严重的国有企业人才流失实际上加剧了国有资产的“权益流失”。国有企业每年投入大量的人财物开发新技术、新产品、新市场，知识产权、技术诀窍等无形资产和客户资源等大量依附在“人”身上。附着在人才流动上的知识产权等无形资产和“技术权益”随之流失。④成本不控制。“没管住的成本”就是“流失的利润”，一些不必要的铺张浪费在部分国有企业还一定程度存在，生产成本和管理成本的节约意识甚至有所弱化。

“人”缺乏积极性及其导致国有资产的隐性权益流失等问题，更多的与体制机制相联系，因而无人为之负责，形成难以察觉、难以追责、难以遏制的“暗流”。“人”缺乏积极性已经成为国企改革发展中最迫切需要解决的问题了。

## 二、“人”缺乏积极性的问题很大程度上源于管理体制“重物轻人”和激励机制缺失

企业是人力资本与非人力资本的特别契约，国有企业很大程度上是人力资本与国有资本的结合。非人力资本是“被动资产”，终究需要通过人力资本才能发挥作用、创造价值。知识经济的兴起和信息时代的来临，使得生产力中最活跃的因素——“人”成为企业最重要的资源。在保持和增强核心竞争力方面，人力资本对很多企业的重要性已经远远超过非人力资本。但我们的国资管理体制和国企经营机制在这一方面还缺乏敏感性，尚未做出有效的适应性调整。国企改革发展中“人”缺乏积极性，很大程度上与国有资产管理体制的制度安排忽视人力资本“实质上是产权私有的主动资产”的天然属性、“非激励

难以调度”的特点有关，与国有企业经营中重视国有资本和物质资本、轻视人力资本这一“主动资产”的重要性、忽视人的主观能动性等惯性思维有关。

首先，国有资产管理体系整体上仍存在“条块分割”现象。国有资本委托代理链条上各个环节存在的责权利未统一问题，最后集中落到企业身上，影响企业经营自主权和工作积极性。而且，国资监管机构在工作中越位、缺位并存，除了履行股东权责外，还不同程度地履行了公共政策管理、介入企业内部管理、促进党群工作等职责。越位一方面容易导致本身个性化很强的企业经营管理机制出现同一化或扭曲，另一方面导致国有企业工作烦剧、占用企业有效经营管理时间，还滋生了企业的“等靠要”心理；缺位弱化了产权约束，导致所有者权益被侵蚀。此外，目前的国资管理体制改革还需要加强与干部管理体制改革、国企薪酬分配制度改革等方面的协调和配套，以系统性解决委托代理、道德风险、内部人控制和激励约束等问题，否则容易顾此失彼。

其次，国资管理体系三个层次都缺乏对人的激励。一是目前基本上没有相应的方法激励出资人代表机构。由于缺失合理有效的激励，股东缺少参与公司治理的积极性，而对介入公司管理兴致勃勃，导致后续种种扭曲。二是国有企业的选人用人、投资决策、风险防控、考核分配、激励约束等重要经营机制，都普遍存在忽视“人”积极性的问题。如对国企高管人员普遍采用行政化管理方式，薪酬倒挂导致逆向激励，有企业笑称出现了“好好干，否则提拔到集团公司班子任职”的奇怪现象；再如决策失误很大程度上与决策制度设计、决策者有限理性及缺乏有效激励导致生产性努力不足等有关，国有企业的项目投资调研论证不充分，执行决策制度重形式、轻实质，都与“人”不尽职尽责有关。三是对骨干员工行之有效的激励措施并不多，而且在这一层次的市场化选人用人机制也未完全建立，加上三项制度改革不到位甚至部分领域出现倒退，一些国有企业不但没有完全实现“能上能下、能进能出、能高能低”，反而出现了“想要的人要不起、想留的人留不住、想辞的人辞不了”。

最后，国企改革的顶层设计中，也存在“重物轻人”的倾向。偏重于保护物质资本、限制人力资本。如重视防止显性的国有资产流失、但忽视隐性的“权益流失”，建立了保护国有资产的追责机制，但缺乏保护改革者的免责机制。实际上，在反腐败已经形成压倒性态势的情形下，相较于相对显性的交易性国有资产流失，当前更需要警惕由于“人”消极怠工而导致的隐性的“权益流失”。在改革进入施工高峰期之际，建立免责机制和完善追责机制同等重要。再如，当前对员工持股顾虑较多，缺乏激励兼容的机制设计，使得这一本来有利于协调国有资本和创造性劳动之间关系的改革举措难以发挥更大作用。企业普遍反映现在限制性、保障性的东西过多，鼓励改革探索的措施过少。这恐怕也是国企改革实质性进展不大的原因之一。

## 三、推进国企改革发展的根本途径在于释放人的积极性

“人”是事业成功的关键。推进国企改革发展的根本出路还在于释放人作为“主动资产”的主观能动性。调动包括国有股东、国企负责人、骨干员工等在内的“人”的积极性，形成改革氛围，不仅有助于减少国资“权益流失”，还会对国企改革和发展全局产生牵一发而动全身的作用。

建立、完善容错纠错机制，化解改革者后顾之忧。改革是利益和权益的调整，意味着突破和创新、面临着挑战和风险。国家已经出台相关文件建立了“重大决策终身责任追究制度”，严防国资流失的追责机制和保障性措施基本建立，此时建立并完善容错纠错机制兜底的重要性和必要性就凸显出来。现在看来，只要不触碰“谋取私利、明知故犯”等红线底线，在技术层面应鼓励各种改革尝试。建议在划清红线、明确底线的基础之上，用容错机制宽容失误，

用纠错机制降低试错成本，对于在推进改革中因缺乏经验、先行先试出现的失误、错误和无意过失等，给予免责。关键是按“三个区分开来”原则制定具体措施予以落实。从山东、江西等省的地方经验来看，可以纪检部门、组织部门和国资监管机构联合发文等形式，明确免责条件。此外，建议建立改革申诉机制和专业评判制度，对有争议的国企改革追责问题，成立以法律、财务、审计、管理等专业人士为主的专家组，依据商业原则进行评判，以支持和鼓励国企积极探索、主动改革、勇于创新、敢于试错。

缓解委托人道德风险，为国有企业提供积极股东。国有资本必须通过层层委托才能实现“人格化”，特别需要重视如何成为积极股东，并在完善公司治理等方面发挥作用。这有两方面的工作可以做：一是通过产权层面的改革，如在满足条件的国有企业推进混合所有制改革，引入更有内生动力的战略投资者。只要股权结构合理，这类投资者很容易成为积极股东。这既为国有企业转变经营机制、实施有效激励提供了基础，也为更加有效的股权制衡和内部监督创造了条件。二是国有资本出资人代表机构应以派出专职股权董事等市场化方式实现国有股东“人格化”，做积极股东。为此，出资人代表机构应深化机构改革，按“管资本”的要求，加快转变自身职能和监管方式，实现从“管企业”到“管资本”的转变，从行政化监管为主到市场化监管为主的转变。“两类公司”要发挥从行政化出资人到市场化出资人转变中的隔离层和防火墙作用，以出资额为限，选派专职股权董事，以股权为纽带，通过公司治理渠道按市场化方式履职行权，参与和影响控参企业的重大事项决策，但不干预控参企业日常经营。

激发和保护企业家精神。对国有企业负责人不采用行政方式追责，仅仅只会避免出现“装睡”式的消极怠工。而要唤醒“装睡的人”并激发企业家精神，首先需要进一步简政放权和完善政企关系，以提供有益于企业家精神产生和成长的制度安排和商业环境。重点是对改革和创新行为提供制度性激励、对创新成果提供法律或制度化的保护。其次，要重视完善市场化选任机制，以促进对企业家实现控制权激励。第三，既要纠正国有企业自身机关化、官僚化的倾向，更要避免官僚主义对企业家精神的压制。此外，还需要注意到，企业家有证明自己比别人优越的冲动，他求得成功不仅是为了成功的果实，也是为了成功本身。因此，企业家的激励体系必须是兼顾利益、晋升和荣誉三位一体的，以激发其“征服的意志、战斗的冲动、创造的欢乐”。最后，在产业规划以及税费等涉企政策制定上增加企业家参与度和话语权，发挥企业家精神“生产性”的一面而避免其“破坏性”的一面。

对在市场化公平竞争行业的国有企业，深入推进市场化选聘经理层改革。国资委的试点工作表明，市场化选聘和管理经营管理者，是释放人的积极性、激发国有企业活力的有效实招，也是激发企业家精神、实现控制权激励的有效途径。首先，建议按照《公司法》要求，按照有利于促进公平效率兼顾、风险收益对称、激励约束结合、责权利对等的原则思路，赋予国有企业董事会在高管选聘、薪酬分配等方面的更完整职权。在已经形成市场化公平竞争环境、经营业绩真实反映经理层能力和努力的行业，加大国有企业经营团队整体市场化选聘力度，推进职业经理人制度改革，营造有利于促改革的人力资源生态。其次，上海等地方实践表明，将工资总额管理交给企业董事会后，董事会对薪酬管理更严格、更细致、更有效，建议在更大范围推广国有企业的工资总额备案制管理，甚至放弃工资总额管理制度。同时，需要加快推进国有企业薪酬差异化改革，促进经理层薪酬水平与经营业绩相挂钩、与职业风险相匹配。最后，要支持符合条件的混合所有制企业实施骨干员工持股，更为有效地把国有资本和人力资本结合起来，更大范围地激发创造性劳动。

总之，只有人力资本与非人力资本有效结合，“活资产”驱使“死资产”，“主动资产”驾驭“被动资产”，而不是相反，才能产生积极效应。国有企业改革发展千头万绪，必须抓住“人”的问题这一“牛鼻子”。只有人力资本与国有资本相得益彰，才能有效提升国有资本效率，实现有质量、可持续的保值增值；只有释放“人”的积极性，才能有效推动国企改革发展各项工作落到实处。

国务院发展研究中心调研报告，2017年第43号（总5118号）

# 对市场化选聘国企管理者的看法与建议

国务院国资委选择四家央企试点市场化选聘和管理经营管理者工作，较好地实现了市场化选聘与契约化管理相衔接、责权利尽可能相统一的改革目标，初步探索了建立职业经理人制度的核心要素，激发了经理层工作的积极性，对当前国有企业适应经济新常态、缓解人才流失和活力不足等问题具有现实意义，但同时也存在试点市场化程度仍然不够、试点面不广等问题。建议进一步落实董事会职权、提升市场化选聘质量、完善薪酬管理机制、增强经理层的责权利对等、扩大优秀董事的来源和加大经理层整体选聘力度，沿着市场化方向拓展这项改革的广度和深度，以巩固试点成果并形成可推广的经验模式。

2014年以来，国务院国资委选择了宝钢集团、新兴际华、国药集团、中国节能等4家央企，试点市场化选聘和管理经营管理者工作。我们近期对这项改革工作进行了调研，整体来看，本项试点工作方向正确、成效初显。试点虽然只是国企改革的一个环节，相关配套也未完全落实，但涉及落实董事会职权、推行职业经理人制度和国企薪酬分配差异化改革等方方面面，是国企改革的关键环节。企业管理者是国企改革创新的关键少数，调动管理者的积极性对国企改革全局意义重大。建议坚定不移地向前推进这项改革，不断完善，形成经验后加快推广。

## 一、四家央企规范开展了市场化选聘和管理经营管理者试点工作

国务院国资委在前期建设规范董事会工作的基础上，根据企业的市场化程度、董事会运作是否规范、选人用人制度机制是否健全等指标，选择了宝钢、新兴际华、中国节能和国药四家央企开展试点工作，落实董事会选人用人权，由董事会市场化选聘和管理经营管理者，先后选聘了1名总经理和13名副总经理（人次）。具体工作如表1所示：

表1　　四家央企试点市场化选聘和管理经营管理者工作基本情况

| 试点企业 | 选聘岗位与范围 | 选聘方式 | 结果 |
|---|---|---|---|
| 宝钢集团 | 2名副总 | 面向同行业央企公开遴选 | 2015年9月启动，2015年11月2名新聘任副总签约 |
| 新兴际华 | 全体经营班子（1名总经理和5名副总） | 面向同行业央企公开遴选 | 2015年10月完成总经理市场化选聘，2016年1月完成集团公司经理层副职市场化选聘 |
| 中国节能 | 2名副总 | 内部竞聘 | 2014年底启动，2015年2月初完成 |
| 国药集团 | 1名副总 | 组织推荐、董事会选聘 | 2015年12月签订聘任协议 |

宝钢集团和新兴际华都采取了面向同行业央企公开遴选的方式，但宝钢集团是拿出两名副总岗位进行选聘；新兴际华改革力度相对更大，对全体经营班子进行选聘。中国节能拿出两名副总岗位进行内部竞聘，国药集团则是拿出一名副总岗位，采取了组织推荐、董事会选聘的方式。总的来说，四家试点企业董事会依法选择经营管理者的主体地位得到明确、部分职权得以落实，市场化选聘经营管理者工作做到了透明规范，实现了高级管理人员的任期制和契约化管理。

## 二、试点工作主要致力于实现市场化选聘与契约化管理相衔接、责权利尽可能相统一

四家央企试点市场化选聘和管理经营管理者工作都采取了“党组织推荐、董事会选择、市场化选聘、契约化管理”的方法，较好地做到了市场化选聘与契约化管理相衔接、尽可能地实现责权利相统一，初步探索了建立职业经理人制度的核心要素。试点工作主要措施如下：

（1）有序推进市场化选聘。四家试点企业根据各自情况，分别采取了公开遴选、公开招聘、竞聘上岗等方式，建立“人才池”、扩大选人用人范围，增强选人用人开放性、竞争性，使优秀人才有脱颖而出机会，完善了市场化选聘方式；严格履行动议、人选推荐、测试和考察、党组织研究、董事会决定聘任等程序，规范并遵循了选聘工作程序。四家试点企业在完成市场化选聘工作后，整理各阶段、各环节的政策资料、方案文件、工作表格、程序流程等，汇总编制了工作手册，形成了可推广、可复制的工作成果。

（2）全面实行契约化管理。一是健全了聘任制度，四家试点企业均对市场化选聘的经营管理者实行聘任制和任期制，由董事会与其签订聘任合同书和经营业绩责任书，按照业绩考核办法和薪酬管理办法来考核和定薪，依法建立契约关系，明确聘期、业绩目标及双方的责权利。二是完善业绩考核机制，区别经营管理者岗位职责，突出个性化考核，制定业绩考核办法，强化过程管理和刚性约束，完善了业绩考核机制。三是严格优进黜退，强化聘期管理，依据经营管理者德才表现和履职结果，决定其上下去留；聘期届满，聘任关系自然解除；考核合格的可以继续聘任，考核不合格的予以解聘或者不再续聘。

（3）探索差异化薪酬制度。四家试点企业均坚持薪酬分配与经营管理者

经营业绩相挂钩、与职业风险相匹配的原则，来设计薪酬方案，按照国家关于国有企业负责人薪酬分配差异化改革的相关政策，制定薪酬管理办法；薪酬结构和水平由企业董事会统筹考虑企业发展状况、内部分配关系、同类人才市场薪酬、社会可接受程度等因素确定，报出资人代表机构批准后执行。对市场化选聘的经营管理者不是简单地涨薪，更多的是破除平均主义和“旱涝保收”，拉大弹性区间，增加激励有效性。从试点企业的薪酬分配预案来看，在政策范围内大体上体现了与业绩紧密挂钩、与职业风险适当匹配，强调激励更强调约束。等待国企差异化薪酬改革方案出台后，再参照政策进一步提高市场化水平。

## 三、试点工作调动了央企经营管理者的积极性，激发了企业活力

在目前的政策框架体系下，试点工作的主要措施符合中央精神、改革方向和国企实际：①市场化选聘和管理经营管理者试点工作是落实三中全会决定和“22号文”战略部署的具体举措，符合中央关于全面深化国企改革的政策精神。②试点工作按照国有企业改革的市场化方向，是国资监管机构和国有企业“自我革命”式的改革：国资委主动放权，依照《公司法》将部分权力归还董事会，是从过去行政化管理方式转向以市场化监管方式为主的重要一步；国有企业自我加压，经营管理者实现“身份市场化”，有利于促进落实“三能”和转变企业经营机制。③试点工作契合了当前国企改革发展的实际需求。央企经过10多年建设规范董事会，为推进此项试点工作提供了基础。落实董事会高管选聘权和经理层经营自主权，激发了企业家队伍活力，对当前国有企业适应经济新常态、缓解国企人才流失和活力不足等问题具有特别的现实意义。

试点工作虽然时间不长，但从调研反馈来看，试点企业还是发生了一些转变，试点工作的积极成效开始显现：

（1）清晰了委托代理关系，加强了业绩约束。通过落实企业董事会的高管选聘权，解决了以前董事会和经理层因“同纸任命”造成权责不清的问题。相对于过去的组织任命，董事会、经理层由“同纸任命”变为分层管理，使得两者之间的委托代理关系清晰，理顺了关系。董事会将更加关注战略、决策等层面的工作，经营管理者由于市场化选聘、契约化管理，业绩指标明确，考核刚性强化，形成了较强的业绩硬约束。

（2）初步实现了有效“激励约束”和推动落实“三能”。高管层市场化选聘和契约化管理后，实现了身份转换、增强了薪酬分配弹性，既体现了激励，更强化了约束。在刚性考核的基础上，建立了“下”的机制，被解聘后的经营管理者将离开企业或按普通员工对待，促进了国企人事制度改革的深化。这对其他国企员工的思想观念触动大，企业上下增强了契约精神，促进“管理人员能上能下、员工能进能出、收入能增能减”制度落地。

（3）释放了经营管理者积极性，激发了国有企业活力。本项试点工作较好地理顺了国资委与企业董事会、董事会与经营层之间的关系。国资委在一定程度上归还了企业董事会对经理层的选聘权、业绩考核权和薪酬管理权等3项关键职权。董事会肩上的责任重了，必须更好地履行选聘、监督、指导和支持经理层工作等职责，更多地关注战略推进、项目落地、预算落实和风险防控等本职工作。经理层有了职业风险，面对刚性考核和解聘风险，直接肩负经营压力，层层传导，压力变动力，动力激发活力，焕发了企业上下的积极性和创造性。

（4）试点越早、覆盖面越广的企业，成效越明显。从试点企业的实践来看，由于经营管理者的任命方式变了、出路变了，有压力、生动力、激活力，产生了领导示范效应，企业整体在思想观念、经营机制等方面有较大改观。调研中，较早完成试点工作的中国节能反映，两位市场化选聘的副总就任一年多来，工作热情高、干劲足，带领团队实现了较好的工作业绩。一位副总分管的中节能财务有限公司在同期设立的所有企业集团财务公司中脱颖而出，成为获得2015年度A类评级的企业集团财务公司。完成经营管理层整体市场化选聘和管理的新兴际华，冶金业务在2016年一季度实现利润总额7.8亿元，在8家具有相近业务的中央企业中，盈利能力名列第一。

## 四、进一步完善市场化选聘和管理国企经理层的建议

从试点工作来看，市场化选聘和管理经营管理者有利于促进公平效率兼顾、风险收益对称、激励约束结合、责权利相统一，是提升国有企业活力的有效一招。但同时试点中也存在董事会职权尚未完全落实、经理层责权利有待进一步相统一，以及试点企业不多、需要进一步推进市场化等问题。如果相关改革配套措施不跟进、不完善，可能会使得改革工作后劲不足、难以持续。

进一步落实董事会职权。从试点工作来看，董事会的高管选聘权和薪酬分配权还不完整。建议首先按照《公司法》要求，赋予董事会扩大候选人范围和确定总经理聘任人选等完整职权，扩大其对市场化选聘高管人员的薪酬确定权，进一步做实董事会。其次，对企业工资总额管理采取更加灵活的办法。目前试点工作只在严格控制的范围开展，少数人的薪酬在工资总额盘子中占比小，还有较大的腾挪空间；但如果在企业各级公司全面推开，工资总额相对就会形成一定约束。目前上海市已放开了工资总额管理，交给企业董事会。上海市国资委认为落实董事会职权后，董事会对企业薪酬管理会更加严格，会管得更细、更有效，而国资委只要管好董事会和监事会成员的薪酬就可以了。建议

借鉴上海经验，或者对试点企业真正实行工资总额备案制管理。最后，进一步减少对企业决策的干预，在企业经营预算、投资计划、投资项目、业务范围、内部管理等方面减少审批审核备案事项。

增强经理层的责权利对等。目前试点企业市场化选聘的经理层工作积极性较高，但同时也普遍反映经营压力偏大、责权利不够对等。市场化选聘后，经理层的业绩考核压力加大、职业风险增加，需要激励约束结合、责权利相对统一。建议：一是加强经理层成员契约化管理的规范性，将经营班子副职的提名权交给总经理；二是适应国有企业领导人管理体制改革的需要，加快推进国有企业薪酬差异化改革，鼓励试点企业先行先试，以探索道路、积累经验；三是完善薪酬制度改革的相关配套政策，如明确政府奖励、境外补贴等操作细则；四是结合混合所有制改革，探索公司高管持股等中长期激励方式，促进薪酬水平与职业风险的匹配。

进一步扩大优秀董事的来源和加大经理层整体选聘力度。健全的董事会是推进市场化选聘和经营管理者的前提条件，缺乏合格董事是各企业和各地国资委普遍反映的问题。建议国务院国资委就完善董事队伍建设、解决合格董事来源匮乏问题，加强与相关部门的沟通、协调，强调要“加强管理而不是因噎废食”，避免宝贵人力资源的浪费。此外，试点企业普遍反映，经营团队整体选聘效果会更好。建议分类分层，在竞争类国有企业逐步加大经营团队整体选聘力度，营造有利于改革的市场化人力资源生态环境，以免在目前经理层压力偏大的情况下形成新的不平衡，避免经营班子运转不和谐、不协调。

沿着市场化方向深入推进。不论是试点央企还是参与座谈的地方国资委或其他央企，均肯定此项工作的积极意义，认为方向正确、路子可行、制度框架合理。同时，也都认为目前的试点工作还需要进一步加深市场化程度，建立职业经理人制度还任重道远。同时，不少企业也提出，改革配套措施需要跟进，解决缺乏可持续动力问题。这涉及如何进一步落实董事会职权、完善薪酬制度和建立中长期激励机制、完善干部管理体制与人才体制等问题。建议国资委加强内部各部门之间的协调、加强与其他相关部门的沟通，将董事会选聘和管理经营管理者工作沿着市场化方向往前坚定推进。

国务院发展研究中心调查研究报告，2016年第112号（总4995号）

# 国有企业的激励机制设计

在国企改革顶层设计基本完成、进入施工期之际，需要更好地释放人的积极性，以推动国企改革发展取得更多实质性进展。跨国公司、我国优秀民营企业和一些先行国有企业在激励机制方面的经验及实践，给予了我们一些启示与借鉴。

## 一、国家政策层面重视国有企业的激励机制设计

国有企业激励机制主要包括两个方面，一是短期或当期的薪酬激励，二是侧重于中长期的股权激励。国家在这两个方面都有相应的政策措施。相较而言，在实施股权激励方面，政策较为严格。

在现阶段国家规范员工持股和国企负责人薪酬的大背景下，竞争性商业类大型国有企业集团可争取综合性改革试点，使用或争取尝试多元激励手段。

国有企业探索和创新激励机制，除市场化薪酬之外，还有以下三个方面的工作可做。一是探索股权之外的中长期激励机制。二是探索将员工与国有资本利益相捆绑的项目跟投机制。三是对组织任命的企业负责人实施特别奖励。

## 二、国有企业需要构建分层分类、远近结合的激励体系

由于特殊属性，国有企业的薪酬制度需要遵循“公众认同、业绩挂钩、有效激励”的基本原则。国有企业激励机制改革总体思路是分层分类、远近结合，既谋远虑，亦解近忧。

之所以要分层，这是考虑到代表性的国有企业一般是大型企业集团。因此，既要考虑集团母公司的激励机制设计，也要考虑二三级子分公司乃至重要项目团队的激励机制设计；既要考虑集团公司高管人员的激励问题，也要考虑骨干员工的激励问题。总体而言，集团母公司与出资企业的激励机制应有所不同。

之所以考虑分类，是因为要考虑不同业务板块、不同类型企业、不同身份人员的差异性，因企施策、因人而异，实施不同的激励机制。

所谓“谋远虑”，即要考虑长远和公司的可持续发展，从突破体制机制束缚入手，结合混合所有制改革、员工持股、收益分享、虚拟股权、岗位分红、跟投等，探索产权层面一切可以行之有效的激励举措，切实转变传统国有企业的经营机制，提高市场化程度，激发公司发展活力，提升企业经营效率，实现脱胎换骨的转变。

所谓“解近忧”，即也要注重短期的薪酬激励，如市场化薪酬、绩效薪酬、利润增量分成、特殊奖励等。要切实重视利润创造部门的要求和平衡业务支撑部门的诉求，既要奖励价值创造者，也要照顾后台支撑和基础服务提供者。重点是完善制度安排、激励方案设计。

分层分类的具体思路，主要是根据业务板块、企业性质与规模、人员身份等属性综合考虑，选用适用的激励方式，如员工持股、利润增量分享、岗位分

红、虚拟股权、跟投、政府奖励、公司奖励和市场化薪酬等。业务板块可以分为政策性业务、竞争性业务和混合业务等三类；企业规模可以分大中小三类；企业性质可以分上市公司和非上市公司；人员身份可以分组织任命的干部、市场化选聘和管理的经营管理者以及职业经理人等三类，还可以按公司负责人、部门领导和公司骨干等进行分类。根据这些条件的不同组合，确定相应人员的适用的激励方式及组合。

## 三、中长期激励机制的主要内容

### （一）员工持股计划

员工持股机制要重点解决股权来源、持股方式、持股比例和分配方式等问题，是综合性改革试点成败与否的关键。有一些国有企业目前在集团公司层面开展混改的可能性不大，但在当前的政策框架体系内，完全可以在二三级公司层面结合混合所有制改革实施员工持股计划。国有企业结合混合所有制改革实施员工持股计划，需要明确以下几点：

（1）重点是在二三级公司层面，优先支持科技类、文化创意类企业等更依赖人才资本和创造性劳动的企业开展员工持股试点；条件是符合“国资发改革〔2016〕133号文”及相关政策文件的要求，如转制科研院所、高新技术企业、科技服务型企业等。

（2）国有企业集团在二三级公司实施员工持股既不是全员持股、平均持股，也不是经营层持股，而是骨干持股，与岗位相关联。即国有企业实施员工持股不是搞“撒胡椒面”式的福利性待遇，而是激励性的改革举措；持股员工范围是在公司关键岗位工作并对公司经营业绩和持续发展有直接或较大影响的科研人员、经营管理人员和业务骨干。

（3）国有企业实施股权激励的股份来源，原则上是国有股东通过产权交易所挂牌减持的股份或是增资扩股方式被稀释的国有股份，目前来看，可以以后一种方式为主。资金来源为员工和管理层的合法薪酬，如来源于工资和超额利润分享激励等所得。股权转让价格通过产权交易所挂牌询价或通过引入财务或战略投资者来确定。还可以参考《国有科技型企业股权和分红激励暂行办法》（财资〔2016〕4号）的相关规定，在满足要求条件的前提下，对科技型企业实施股权或分红激励。此外，还可以通过对赌协议、实施增量利润分享计划等来实现员工持股计划。

（4）建立和完善员工持股的股权分配和动态调整机制。总的来说，要根据参与者提供的生产要素的相对价值予以回报，为参与者继续贡献生产要素提供动力，且企业可以在公平、公正的原则下吸纳新成员或剔除老成员，面对变化的环境具有灵活的适应性。

（5）建立和实施股权兑现机制。股权划分完成后，必须要有相应的股权兑现约定。常用的股权兑现机制有期限模式和目标模式两种类型。股权既可以一次性分配、逐步兑现，也可以分批分配、逐步兑现。

（6）建立和实施股权池机制。股权池是为未来引进高级人才而预留的一部分股份，用于激励员工（包括创始人、高管、核心员工），是新创企业实施股权激励计划最常采用的形式，被认为是驱动新创企业发展必要的关键要素之一。硅谷的惯例是预留公司全部股份的10%～20%作为股权池，较大的股权池对员工和投资者具更大吸引力。

### （二）超额利润分享计划

国有企业可积极探索实施利润增量分成激励计划。利润增量分成激励属于能够与投资绩效挂钩的长远激励计划，同时又具有良好的当期激励效果。重点是对需要培育做大的战略性新兴产业等领域的业务，针对新增投资的收益的利润增量部分实施超额利润分享。关键是要在国资委授权下，明确分成比例等“对赌协议”的关键指标。

超额利润分享机制应按照“向公司经营责任人倾斜、向业务部门倾斜、向贡献突出员工倾斜”三大原则实施，主要针对公司经营责任人、经营团队和骨干员工进行分配。由公司董事会授权薪酬委员会，根据每年公司业绩完成情况及员工具体表现，制定效益提成分配方案，以确定效益提成分配范围、标准和办法。

在企业的净利润形成的净资产增量中，将超过行业平均回报的超额利润中的一定比例，以现金形式奖励给管理层。具体奖励金额由管理层与公司签订业绩合同，根据公司净利润形成的净资产增长率来确定每年奖励数额，如可以根据近三年公司净利润形成的净资产年复合增值率，根据净利润形成的净资产增量奖励做出相应安排。

超额利润分享机制要进行长远安排，推行多年延期支付、动态滚动调整的方式，发挥分享机制的中长期激励效果。

### （三）谨慎实施虚拟股权计划

虚拟股是指公司授予激励对象（主要是公司内部管理人员以及其他普通职工）一定数额的虚拟股份，被激励对象不需出资即可以分享公司价值的增长，据此享受一定数量的分红权和股价升值收益，但没有所有权，没有表决权，不能转让和出售，在离开企业时自动失效。被激励对象所持有的虚拟股权不具有表决权等普通股权权能，只享有虚拟股权收益权，虚拟股权享有的收益来源于股东对相应股权收益的让渡[①]。

由于《公司法》和《证券法》等现行法律法规均未为虚拟股权激励计划的推行提供法律基础框架，虚拟股票发行的基本原则、管理机构以及股份回购等重要环节均无法可依。因此，一般而言，国有企业应谨慎实施虚拟股权计划，或可将虚拟股权计划与超额利润分享结合应用。

### （四）投资项目团队的跟投机制

跟随投资机制指的是投资人员用自有资金出资参与项目或基金等投资，与项目、基金等投资捆绑在一起，共享利益，共担风险。收益分成机制与跟随投资机制同时构成市场化的投资管理机构的长效激励和约束机制。对于股权投资基金类或相近业务，建议有投资业务的国有企业集团参考市场标准和行业规律，对于重要的投资项目团队，建立收益分成机制和跟随投资机制相结合的激励约束机制。

跟随投资机制：所有收益分成计划的参与者都必须（逐步要求）强制性参与跟随投资计划（直接参与或者组成合伙企业参与）；选择基金跟投或者项目跟投。需要明确跟随投资的比例、分配和退出机制、管理计划和管理费收取等要素。

收益分成机制：收益分成机制指的是员工与公司按照一定的比例共同分享基金或管理投资标的的收益分成（业绩回报部分），以激励员工与投资项目利益有效捆绑，实现风险共担、利益共享。收益分成计划仅在投资者获得目标回报并且扣除相关费用（管理费）之后方能将收益分享给投资人员。国有企业实

① 与实际股权激励类似的是，公司授予激励对象的“虚拟”的股票，在公司实现业绩目标的情况下，激励对象可以据此享受一定数量的分红权和股价升值收益。区别在于：虚拟股票模式没有所有权和表决权，不能转让和出售，也无需工商登记。另外，虚拟股激励不同于实股激励，后者着眼于合法合规，强调静态机制；而前者更注重激励效果，强调动态机制。

施收益分成需要重点关注优先回报、优先回报补提、收益分成顺序、收益分成比例等要素，通过收益分成约定来明确。

### （五）岗位分红

岗位分红是为了激励公司关键岗位的员工，对其授予一定数量的公司股份或者为其在公司内部记账为一定数量的虚拟股份，该激励对象在该岗位上任职期间可以享受该股份的分红权。岗位分红股的特点是不需要购买，激励对象在特定岗位时拥有，离开该岗位时自动失去，由继任者享有；岗位分红权主要适用于岗位序列清晰、岗位职责明确、业绩考核规范的大中型公司。

国有企业（主要是科技型国有企业）可以按照“财资〔2016〕4号文”等相关政策文件的要求，按照岗位在经营管理和科技成果产业化等工作中的重要性和贡献，确定不同岗位的分红标准；由企业总经理班子或者董事会负责拟订岗位分红激励方案，报同级履行国有资产监管职责的部门或机构批准，对具备条件的关键工作岗位实施岗位分红。

国有企业实施岗位分红需遵循以下要求：

（1）实施对象应符合实施条件。企业成立满3年或以上；建立了规范的内部财务管理制度和员工绩效考核评价制度；近3年税后利润累计形成的净资产增值额应当占企业近3年年初净资产总额的10%以上，且实施激励当年年初未分配利润为正数；企业年度岗位分红激励总额不高于当年税后利润的15%。

（2）明确激励对象。对被激励对象应有明确的制度化要求。如激励对象为与本企业签订劳动合同的重要技术人员和经营管理人员，包括：关键职务科技成果的主要完成人，重大开发项目的负责人，对主导产品或者核心技术、工艺流程做出重大创新或者改进的主要技术人员。主持企业全面生产经营工作的高级管理人员，负责企业主要产品（服务）生产经营的中、高级经营管理人员等。

（3）建立相应的约束机制。岗位分红激励方案有效期原则上不超过3年。激励方案中应当明确年度业绩考核指标，原则上各年度净利润增长率应当高于企业实施岗位分红激励近3年平均增长水平。企业未达到年度考核要求的，应当终止激励方案的实施，再次实施岗位分红激励需重新申报。激励对象未达到年度考核要求的，应当按约定的条款扣减、暂缓或停止分红激励。

## 四、短期激励机制的主要内容

要平衡利润创造部门和业务支撑部门的不同诉求，既要奖励价值创造者，也要照顾后台保障者和基础服务提供者。重点是完善制度安排和设计激励方案，关键是遵守契约精神、按时按合同约定兑现，方法是政府奖励、公司奖励和实施市场化薪酬等。

### （一）政府奖励：集团公司高管层

广东等一些地方的深化国有企业改革实施方案明确指出，推行企业负责人任期制契约化管理，对任期内经营业绩特别突出、企业转型升级成效显著以及出色完成省委省政府重大任务的企业负责人予以奖励。天津等地将特别奖励作为市管国有企业负责人薪酬的一个组成部分。国务院国资委、地方政府或省国资委可以根据本地实际情况，对企业发展贡献突出的企业负责人实施一次性奖励。但需要明确的是，（特别）奖励是一个自上而下的过程，由地方政府或国资委根据国有企业的经营绩效和整体表现来掌握奖励力度、节奏和对象。如对省属国有企业集团而言，省政府的奖励对象是省委省政府和省国资委任命的集团公司高管层，主要是企业的董事长、党委（党组）书记和总经理等企业负责人，也可以扩大到监事长（监事会主席）以及其他副职负责人。

同时，实施政府奖励时应注意，不得将因企业行为受到有关部门和单位奖励的财物等据为已有或者私分。如《国有企业领导人员廉洁从业若干规定》要求地方政府为发展经济制定相应的奖励政策，应当充分考虑党和国家对党政干部廉洁从政的要求，并根据这些要求界定适用奖励政策的范围[①]。

### （二）绩效奖励：集团中层管理人员、骨干员工人员

公司绩效奖励有利于激励先进，提高员工工作积极、创造性和主动性，是一种相对灵活、公司董事会具有较强主导权的一种激励方式。建议国有企业在过去实施公司奖励的基础上加以完善和规范，关键在于要结合历史业绩和现实情况，科学核算和合理评估，设置好奖励条件和指标。对于实现契约约定、完成合同指标的人或团队，应切实执行，兑现公司奖励。

绩效奖励可参考一些地方国有金融机构的做法，实行未来若干年延期支付的办法，与员工未来几年的风险损失责任等结合起来，以达到长期激励约束的效果。

### （三）市场化薪酬

市场化薪酬要与市场化选聘、契约化管理等工作结合起来。市场化选聘和

---

① 如：为发展地方经济积极作出贡献，是党政干部尤其是领导干部的职责和义务，不应获取额外报酬。具体为：一是对于因企业投资、经营、纳税、吸纳劳动力等行为，受到有关部门和单位奖励的财物，应当归企业所有，国有企业领导人员不得将这些财物据为己有或者私分，否则就属于贪污行为。二是一些地方政府为加速当地经济发展，出台了为当地引进资金、项目的奖励政策，对于按照这种政策应当获取的按引进资金总额一定比例或一定标准提取的奖金或其他物质性奖励，国有企业领导人员为当地引进资金、项目做出重要贡献的，可作为年终评优和评选各种先进的参考条件予以鼓励，而不应适用地方政府对引进资金、项目的物质奖励政策。

管理经营管理者试点工作是落实三中全会决定和“22号文”战略部署的具体举措，符合中央关于全面深化国企改革的政策精神。从国务院国资委和山东等省市的改革试点经验来看，相关工作的重点主要致力于实现市场化选聘与契约化管理相衔接、责权利尽可能相统一。通过市场化选聘和契约化管理后，国有企业经营层部分人员的身份实现了从作为上级党委管理的干部向市场化经营管理者的转变，为后续实施市场化的激励约束机制提供了条件。从试点企业的实践来看，试点越早、覆盖面越广的企业，成效越明显。

实施市场化薪酬的前提条件是全面推进经营管理层的市场化选聘改革，采取“党组织推荐、董事会选择、市场化选聘、契约化管理”的方法，实现经营管理者的身份转换，逐步探索建立和完善职业经理人制度。

二级企业经理层实施市场化薪酬，重点要以落实董事会职权为基础，经理层的责权利要统一，尽可能实施经理层整体选聘。实施市场化薪酬要坚持薪酬分配与经营管理者经营业绩相挂钩、与职业风险相匹配的原则，来设计薪酬方案，按照国家关于国有企业负责人薪酬分配差异化改革的相关政策，制定薪酬管理办法；薪酬结构和水平由企业董事会统筹考虑企业发展状况、内部分配关系、同类人才市场薪酬、社会可接受程度等因素确定。

## 五、分层实施激励机制改革

### （一）集团本部

#### 1. 集团高管领导层

由于大型国有企业集团的集团高管领导层目前一般都是组织任命身份，仍应严格遵循中央和地方有关国企负责人的薪酬制度。可以在组织确定的薪酬基础上，寻求一定的政府奖励。

### 2. 中层管理人员及项目团队

对于集团本部中层管理人员，应以市场化薪酬为基础，可以与业务管理和项目发展等相结合，实施超额利润增量分享计划；对重要的项目团队，探索公司奖励、和项目跟投等机制。

按照短期激励与长期激励相兼顾的原则，积极探索中长期薪酬激励模式，对绩效表现优异、完成合同约定指标的项目团队实施相应的绩效奖励。

对重要的项目团队，可以通过资金捆绑、利益分享、风险共担等方式，实施项目跟投机制。

## （二）出资企业（子公司）

### 1. 企业高管

对子公司领导层应实行与选任方式相一致的薪酬机制。对仍然具有行政级别、保留干部身份的的负责人，按组织确定的薪酬加上公司奖励，构成其主要收入来源。这类“行政高管”主要限定在董事长、党委书记、派出董事等有限范围，避免扩大范围和层层传递。对市场化选聘的经理层，在差异化薪酬分配制度改革的基础上，实行市场化薪酬、契约化管理。市场化薪酬制度应在年薪制的基础上，参照本地和同行标准，由子公司董事会按照市场化原则，确定具体标准，报集团备案。市场化选聘的经理层还要探索包括股票期权、岗位分红在内的中长期激励机制。

### 2. 一般员工

对上市和非上市企业的一般员工可采取不同的激励机制。上市企业要加强股权激励，非上市企业要加强三项制度改革。

关于上市公司：对于上市公司员工而言，实施市场化薪酬是没有疑义的。同时，对于科研、管理、市场和生产等领域做出突出贡献的骨干人员，可积极利用资本市场规则，实施股票期权、绩效工资换股权等中长期激励机制。

关于非上市企业：对于非上市公司员工，要加大企业内部的三项制度改革，落实与绩效挂钩的市场化薪酬体系。对于符合“国资发改革〔2016〕133号文”要求条件的二三级公司，可结合混合所有制改革试点员工持股计划。对于一些符合资本市场要求的非上市企业，可以通过现金收购、股权支付和现金加股权等方式注入上市公司，提高市场化程度和资产证券化水平，也提高激励机制的市场化程度。

激励与约束是硬币的两面，是激励约束体系的有机组成部分。本文目前只是针对国企改革发展中动力不足的问题，强调了激励机制设计。在实践中，更需要注重激励与约束相结合。有约束的激励才是有效、合理和可持续的机制设计。

# 完善国有企业管理人员薪酬制度

合理的收入分配制度是社会公平的重要体现。国有企业收入分配在全社会分配体系中占据重要地位。薪酬改革是国企改革中的敏感问题。建立科学合理的国有企业管理人员薪酬制度，规范国有企业收入分配行为，对于维护国有企业出资人和广大职工的合法权益、保障国有企业的可持续发展、引导社会其他企业的分配行为及促进社会和谐稳定，均具有重要意义。

## 一、我国国有企业管理人员薪酬制度的现状与问题

### （一）制度演化历程

我国国有企业管理人员薪酬制度大致经历了物质激励启动（1978～1993）、年薪制（1992～1998）和多种激励手段尝试（1999～　）等三个大的阶段。1999年后，开始探索对国企经营者的中长期激励方式，实行经营管理者收入与企业的经营业绩挂钩。十五届四中全会《关于国有企业改革和发展若干重大问题决定的报告》，第一次明确将“持有股权”作为激励方式，实行经营管理者收入与企业经营业绩挂钩，是我国国有企业分配制度上的一

大突破。2006年9月，国资委与财政部联合下发了《国有控股上市公司（境内）实施股权激励试行办法》。随着股权等长期激励机制的引入，我国上市公司高管人员的薪酬水平急剧增加，与一般员工薪酬差距不断拉大。同时，出现了许多国企高管薪酬增长高于企业利润增长，甚至企业利润负增长而高管薪酬增长的“倒挂”现象，引起了社会公众的广泛关注。2009年9月，人社部会同中组部等单位联合下发《关于进一步规范中央企业负责人薪酬管理的指导意见》，首次明确规定国企高管基本年薪与上年度中央企业在岗职工平均工资相联系，绩效年薪根据年度经营业绩考核结果确定，规定中央企业高管的年薪上限为上年度中央企业在岗职工平均工资的20倍（基本工资5倍和绩效工资1.5倍）。

### （二）我国国有企业管理者薪酬制度现状

我国国有企业管理者薪酬大多由主管部门依据其实际业绩提出建议，按工资管理体系，经审核后按管理权限由任命机构审批确定。由国资委履行出资人职责的国有及国有控股企业高管人员薪酬由国资委制定明确办法考核确定。当前，我国初步建立了国企负责人薪酬管理体系框架：

（1）建立了国有企业薪酬管理体制。明确了薪酬管理责任主体，确立了出资人决定出资企业负责人薪酬的机制。各级国有资产管理部门及相关监管机构按照职责分工要求，履行对国有企业收入分配的监管职责。

（2）建立了国有企业收入分配管理制度，加强了对国有企业工资总额、企业负责人和企业本部薪酬的管理。初步建立了薪酬与企业效益挂钩的激励机制，部分解决了企业负责人之间薪酬水平差距和增长机制不合理的问题。

（3）探索建立了对国有企业薪酬管理的中长期激励机制，激励方式逐步与市场经济接轨，长期激励试点有所推进。企业自定薪酬问题得到一定控制。

（4）加大了对企业内部薪酬管理的指导力度，督促国有企业建立了企业内部薪酬管理制度。

在2012年以前一段时期，国有企业高管薪酬出现了加速上涨、大型和中小型国企高管薪酬分化、垄断与非垄断国企高管薪酬差异较大、薪酬地区差异扩大、国企与非国企高管薪酬逆转、高管薪酬与普通员工薪酬差距扩大和薪酬结构倾向短期等几个特征。为此，2015年开始实施《中央管理企业负责人薪酬制度改革方案》，将央企负责人薪酬由过往基本年薪和绩效年薪两部分，调整为由基本年薪、绩效年薪、任期激励收入三部分构成。央企高管薪酬采用差异化管控办法，综合考虑国企高管当期业绩和中长期持续发展，重点对行政任命的央企高管人员以及部分垄断性的高收入行业的央企负责人薪酬水平实行限高，以此来抑制一些央企高管过高薪酬，缩小央企内部分配差距，使央企高管人员薪酬增幅低于企业职工平均工资增幅。

## （三）国企高管薪酬管理制度中的问题

（1）国有企业薪酬管理体系还不够完善。这主要表现为：对国有企业管理人员的薪酬缺乏有效监督机制，部分国企经营者自定薪酬，畸高现象突出；职务消费不规范，“自我激励”问题严重；薪酬与企业绩效关联度较低，薪酬定价与评价经营者业绩的时间跨度不匹配；薪酬制度侧重于短期激励；国企高管往往拥有“公务员”和“经理人”双重身份。

（2）薪酬差距问题未得到根本解决，收入分配不平衡问题仍然存在。

（3）国有企业内部薪酬管理制度不够完善。部分国有企业在薪酬结构、薪酬水平确定、薪酬核算以及薪酬升降机制等方面存在不同程度的不规范现象，没有形成有效的自我约束和自我调节机制，管理人员的薪酬获得缺乏依据、薪酬确定缺乏标准及绩效评价不尽合理。

（4）国有企业薪酬结构不尽合理。目前，国有企业管理人员的薪酬结构仍然较为单一，基本以货币为主要支付形式、单一现金报酬为主；薪酬制度侧重于短期激励，以股权形式表现中长期激励等要素分配的方式还处于探索试验阶段。薪酬结构单一、组成结构不合理导致激励效果不理想，短期的薪酬激励制度无法形成持续的激励作用。

（5）企业三项制度改革尚未完全到位，“三能”有待切实落实，与市场水平相适应的薪酬制度和工资正常增长机制有待完善。

这些问题在实施《中央管理企业负责人薪酬制度改革方案》后，得到改善。但如何实现有效激励等还有待完善。

## 二、改革我国国有企业管理人员薪酬制度的难点

对国企管理人员薪酬有不同意见。一种意见认为高薪酬有其合理之处，因为高管高薪酬协调了委托人—代理人的利益冲突，有利于改善公司绩效；另一种意见认为国企高管高薪酬不合理，因为国有企业属性复杂，高管薪酬与企业绩效和个人的能力、努力关联性差等。

国企高管薪酬体系对国企的竞争力和经济发展有重要影响，同时也是社会公平的重要指向标之一。国企高管薪酬问题敏感，尤其是在经济转型时期。如何既能实现对国企高管有效的激励约束，又提高公众对国企管理人员薪酬制度的认同度，是改革完善国企管理人员薪酬体系当前阶段面临的主要挑战。

既要实现公众认同，又要实现有效激励约束以及与绩效挂钩之间的平衡，这是国企管理人员薪酬制度的难点之所在。

## 三、外国如何确定国有企业管理人员薪酬水平和职务待遇

### （一）各国国有企业高管的薪酬都被加以管理和限制，一般都低于市场水平

“OECD国有企业治理指引”指出，国家股东的重要责任之一是确保国有企业的薪酬与公司长期发展和吸引合适的人员相一致。但是在实践中，大多数OECD国家的国有企业高管薪酬都是低于市场水平的，而且一般政府都倾向于对董事会和管理层的薪酬和激励加以管理和限制。有的国家有一些寻求与市场化薪酬水平相当的政策规定，但不会完全市场化导向。有的国家规定了薪酬水平的上限，包括股份认购权、奖金限制。

国家关注国企薪酬主要是基于政治考虑，因为公众期望政府支付的薪酬是公平的。国企薪酬标准常常是由多个因素来决定的，而且与企业规模、工作强度、风险水平、同行业工资水平有关。

### （二）规定国企高管薪酬的三种主要方法

（1）规定出席津贴。在希腊、西班牙和斯洛文尼亚等少数国家，国有企业董事会成员只有按照出席董事会次数计算的津贴，除此之外没有其他收入。

（2）规定薪酬上限。一些国家将国有企业薪酬控制在某个上限值以下。上限确定后，企业可以自主决定雇员和管理层之间的薪酬比例。巴西、匈牙利、拉托维亚、波兰以及葡萄牙属于此类情况。在匈牙利和波兰，上限是按照雇员工资的倍数来设置的。有的国家的上限有一定灵活性。如波兰规定非常重要国有企业的薪酬可以高于其他企业50%。在斯洛文尼亚，董事会薪酬上限是国家平均工资水平的5倍。

（3）规定整体薪酬结构。加拿大、立陶宛、以色列、新西兰和瑞典等一些国家针对不同规模和工作量的国有企业董事会的薪酬制定了详细的结构规定。这些国家根据评级体系，规定了不同级国有企业的薪酬水平。董事薪酬一般都比可比较的私营企业的水平为低；由于董事长和副董事长的责任更大，薪酬一般相对更高些。

## （三）薪酬水平

一般来说，只要薪酬水平不足以吸引和留住具有专业知识和经验的董事会成员，那么就很难真正提高董事会的专业水平和商业洞察力。但在大多数的OECD国家中，国有企业董事会的薪酬远远达不到和董事会所担负的责任相称的水平。

所有权单一部门模式中，有的国家制定了提高董事会成员薪酬的总体政策，其目标是达到和私营部门一样的水平，如瑞典和法国。瑞典按照市场化原则确定国有独资公司董事会和管理层的任免及薪酬，薪酬和市场水平接轨。但也有一些中央集权模式的国家对国有企业董事会成员支付的薪酬水平很低。

大多实行所有权行业部门分权模式和双部门模式的国家中，薪酬水平很低，如在韩国，外部董事按月领取薪酬，津贴水平“相对适中”，但低于私营公司的水平；在波兰的一些部门中，国有企业董事会的薪酬只有私营部门的十分之一。

薪酬标准经常也会随企业规模、相关工作量、风险水平、部门或公司中的工资指标而定。一些国家设置了最高薪酬标准，如波兰，最高薪酬标准是有关工业部门平均工资的六倍，对于那些非常重要的国有企业来说可能存在一种例外情况，即可以再提高50%。斯洛伐克的国有企业也是这样，该国规定薪酬水平最多为全国工资水平的五倍。此外，澳大利亚等国也考虑了董事会成员的非现金收益和与所供职位相关的个人地位问题。

在极少数国家中，董事会成员的部分薪酬与绩效挂钩。如英国，董事会成员的薪酬包括基本工资和绩效奖金。

近年来，在许多OECD国家中出现了一种趋势：重新评估国有企业董事会的薪酬以使其与私营部门保持更高度的一致。在挪威，国有企业公司治理原则认为“能提高公司价值创造能力的薪酬和激励机制，应该被认为是合理的”。

## 四、改革我国国有企业管理人员薪酬标准、职务待遇的思路与举措

### （一）遵循公平、守法、激励限度和公开透明原则制定国企管理人员薪酬制度

如公平性原则体现在对内公平、对外公平两方面。国企管理人员薪酬政策必须符合《劳动法》和《最低工资保障法》等有关法律、法规。重视分配的透明度和公正性，企业负责人薪酬和企业工资薪酬方案应在职工大会或职工代表大会公布，接受职工监督。国资出资人代表机构和劳动保障部门应设立定期报告制度，完善信息系统，及时掌握和公布企业薪酬信息。

### （二）分类改革国企管理人员薪酬

根据国有企业分类改革思路，逐步实行对国有企业绩效分类评价、高管分类管理。由于我国当前的国有企业具有双重属性，我国国有企业高管薪酬制度改革可分类进行：“行政高管”参照实行公务员工资制度，这类人员以政治激

励、精神奖励为主，但应严格限定范围。“市场高管”实行市场化薪酬制度，并坚持短期激励与长期激励相兼顾的原则，国有企业“市场高管”的薪酬制度可在现有三部分构成和年薪制的基础上，参照同行标准，按照市场化原则，探索中长期薪酬激励模式。

### （三）形成系统和可操作的国企管理人员薪酬制度体系

（1）明确职责、统筹协作，完善国有企业薪酬管理体制。国有企业薪酬管理涉及劳动、国资、财政等多个部门，需要有关部门互相配合、加强协调、形成合力，共同做好国有企业薪酬管理工作。如可由国企改革领导小组牵头，组织部门、国资委、人社部、财政部和发改委等部门共同参与、相互配合，建立并完善部际联席会议等协调机制，统筹考虑国有企业规模、行业、地区、企业性质和员工薪酬水平等多因素，制定国有企业管理人员薪酬制度。

（2）在完善国有企业公司治理机制、尊重企业独立市场主体地位的基础上设计薪酬制度。国有企业管理人员薪酬制度改革要与国有企业产权制度改革等相互配套、促进，在国有企业股权多元化基础上完善董事会职能，增加股东大会在高管薪酬上的发言权和董事会薪酬委员会的独立性，减少信息不对称和缓解“内部人控制”等问题。在确定国有企业管理人员薪酬上，积极探索处理好国资委出资人代表职能权利与董事会履职行权的关系，国资出资人代表机构的职能可以原则指导和监管为主，而具体的薪酬决定等职能由董事会行使。

（3）建设科学合理、高信度、与薪酬分配紧密联系的绩效考核体系。绩效考评系统对实现薪酬科学和相对公平的分配起着决定性作用。必须认真制定并严格执行国有企业绩效考评体系，及时兑现与考评结果相联系的薪酬分配方案。

（4）设计科学合理的薪酬组成结构，实施中长期激励机制。因地制宜、因企而异，优化企业薪酬体系与组织匹配，将企业的薪酬特征与其组织特征相适应，确立合理的高管薪酬结构，根据激励对象的不同，改善薪酬结构，增加激励性因素。探索建立按劳分配与按生产要素分配相结合的分配制度，对高管和关键人才建立包括增量奖股、股权激励、特殊贡献奖励等方式的中长期激励机制，发挥薪酬的激励效应。

（5）完善国有企业薪酬的动态调控制度。进一步推进国有企业内部劳动、人事、分配三项制度改革，促进“三能”落到实处，建立收入能增能减、有效激励的收入分配制度，改变按级别、身份确定薪酬。国资监管机构及劳动保障部门除建立健全对国有企业的经营业绩考核制度和薪酬调控制度外，坚持先考核、后分配，引导、调控和监督国有企业的薪酬管理工作，使国有企业薪酬管理制度化、规范化，使国有企业管理人员薪酬与经营绩效挂钩、与市场价值接轨。重点是国有企业工资总额管理制度改革、企业负责人和企业集团总部薪酬管理。

（6）建立国有企业管理人员薪酬约束机制。合理安排并平衡国企高管与其他职工的分配关系，继续规范职务消费制度，减少并杜绝不合规、不合理的职务消费。

# 发挥国有资本基金化支持创新的积极作用

国有资本基金化支持创新，有利于发挥国有资本的引导作用和基金的杠杆作用，方向正确、优势明显，同时也存在政府基金出现泛化苗头、国企基金资金来源有待规范、市场化机制有待完善、弥补市场失灵作用有待加强等问题。必须认识到基金的市场化、专业化和高风险等特性，利用其在资本汇聚、风险分散、信息揭示和激励约束等方面的机制优势，加强国有资本基金化支持创新的统筹协调，去行政化、取市场化，加大对种子期、初创期创新型企业的支持，进一步发挥国有资本基金化促进创新的积极作用。

当前，中央和地方已越来越多地“拨改投、补改投”、转而采用政府基金的方式支持“双创”和相关产业发展，国有企业也加大了利用基金这一金融方式参与支持创新的力度。财政资金和国企投资支持创新的基金化，发挥了创新指引、财政支持、金融放大的政策协同效应，丰富了国有资本的投资方式、提高了国有资本的投资收益、提升了国有资本支持创新的效率，同时也存在投向分散、运作不规范、体制机制不完善等问题。国有资本基金化支持创新，方向正确、优势明显，应该坚持。同时，必须认识到基金的市场化、专业化和高风险等特性，利用基金在资本汇聚、风险分散、信息揭示和激励约束等方面的机制优势，进一步发挥国有资本基金化促进创新的积极作用。

## 一、国有资本基金化支持创新有明显优势，问题也较突出

国有资本基金化支持创新主要有如下三种类型：一是财政资金采用政府引导基金、政府投资基金等形式，通过科技、工信等不同渠道，主要以股权投资形式进入创新型企业；二是国有企业将沉淀于其中的存量资本，通过成立国有资本风险投资基金等方式，参与支持创新；三是国有资本经营预算支出以国有资本金形式注入国有企业后，这部分增量资本再以基金的形式参与支持创新。

### （一）国有资本基金化支持创新发挥了国有资本的引导作用和基金的杠杆作用

国有资本基金化支持创新，一般采用委托或成立专业风险投资机构，利用其在创新企业（项目）选择、募投管退等方面的专业技能，促进风险投资者、技术创新者和企业家建立风险共担、利益共享机制。由于风投机构风险偏好的特性，较好地适配了创新型企业高成长、高风险、高收益的发展特征，国有资本基金化支持创新，较之于财政资金直接支持创新具有效率优势和放大效应，较之于直接支持国有企业创新具有范围优势、更体现公平性。“国有资本引导、社会资本参与”的募资方式和开放的筹资过程，以及国有资本一般为劣后角色的收益分配机制，使得国有资本基金化支持创新产生了明显的放大效应：政府创投引导基金放大倍数一般在4到10倍，政府产业引导基金放大倍数一般在2到5倍，国有企业主导的风险投资基金放大倍数一般在6倍左右。国有资本基金化在支持创新方面形成了国有资本投资有收益和再投入支持创新的良性循环，发挥了国有资本支持创新的导向作用和基金的杠杆作用，既提升了支持创

新的效率，也扩大了支持创新的资金规模。

但必须注意到，国有资本基金化支持创新虽然具有明显优势，同时也存在着尚未能形成政策合力、市场化经营机制不完善、弥补市场失灵作用有待进一步发挥等问题。

### （二）政府基金存在泛化苗头，国企基金资金来源有待规范

由于财政专项资金基金化确有效率优势和明确的政策支持，各类政府基金呈现“数量快速增加、总量规模不断扩大”态势：截至2016年9月底，累计已有980只政府引导基金成立；2016年前9个月全国新设立的引导基金，数量和规模均已接近2015全年的水平。但同时，政府基金也存在着个体规模普遍偏小、缺乏可持续资金等问题：单只政府引导基金平均规模为41.8亿元，地方政府基金平均规模不到14亿元，反映出背后隐藏的财政专项资金整合不足、政府基金多而散、未能形成政策合力等问题。相关部门竞相设立基金，导致出现一哄而上的苗头；不同政府基金政策目标又有所交叉重叠，造成基金重复设立、数量过多，资金使用分散。地方政府都在积极组建各类引导基金、投资基金，且设立主体逐渐从省级机构扩大至市区级单位，但往往是层级越低投资限制条件越多，如要求子基金必须投向本地企业等。

国有企业主导设立的基金，大多存在着资金来源主要依赖合作银行的问题。银行一般采用分期募集资金、自有资金或用理财资金对接等形式，作为基金的有限合伙方出资，扮演资金提供者角色，大多要求优先份额，承受风险能力相对较低，与风险投资的高风险性存在一定冲突。

### （三）国有资本主导的基金的市场化经营机制有待完善

在国有资本基金化存在泛化苗头的同时，政府基金还存在着行政化色彩较

浓、市场化不足的问题，一定程度上还存在着政府归口部门直接干预基金具体管理和运作等问题。行政化管理方式对要求高度市场化的基金运营形成束缚：用人机制和薪酬分配机制的市场化程度不足，导致政府基金普遍缺乏高水平的专业管理团队；烦琐的投资审批程序、偏向行政化的决策机制，导致政府基金运营管理相对僵化，难以适应快速变化的风投市场；简单套用相对更重视当期和中短期绩效的国有资本考核评价制度，既难以适应基金投资周期长的基本规律，也难以适应必须结合风险和收益权衡、兼顾政策目标和持续发展的政府基金绩效评估体系。

### （四）国有资本主导的基金在弥补市场失灵方面的作用有待加强

财政部明确要求政府投资基金限定于有一定竞争性、存在市场失灵、外溢性明显的关键领域和薄弱环节。但在实践中，由于基金强烈的市场属性和逐利特性、利益相关方的目标不尽一致、委托代理关系相对复杂，使得国有资本主导的基金在平衡政策目标和商业利益时常常顾此失彼，有时候并未主动去填补市场化VC、PE机构不愿投资的空白领域，更多时候同市场化基金一样，在支持创新上也仍然较大程度地存在着锦上添花有余、雪中送炭不足的弊病，也较多地投资于成长期、成熟期企业。更需要警惕的是，国有资本主导的基金泛化导致一些行业的盲目投资和重复建设，反而加剧了市场失灵、扭曲了市场机制。

## 二、加强国有资本基金化支持创新的统筹协调

政府基金的泛化和分散化，不仅使得财政资金分配管理难以通过基金化实现从分散到集中的转变，也使得政府基金规模本身偏小，导致基金集合分散资

本和引导社会资本投向的功能大打折扣；政府基金的部门化、区域化、碎片化容易扭曲子基金的市场行为。国有企业主导的基金较多地依赖银行资金，隐藏了大量风险。

建议加强国有资本主导的基金的顶层制度设计和统筹协调：一是借鉴重庆等地建立引导基金工作协调机制的经验，建立、完善政府基金发展的协同机制，加强财政、发改、科技、工信、商务等有关部门的合作，推动建立政府基金支持创新的多部门工作协调机制，改善当前政府基金多而散、支持对象重叠、未能形成政策合力的局面，切实做到不在同一行业或领域重复设立政府基金。二是制定政府基金发展的长期规划，对政府基金要适当控制数量、合理扩大规模、明确定位投向，并确保财政资金支持的持续性。三是通过明确定位，平衡好政府基金的双重性质，通过适当让利、明确优先劣后级别等结构设计兼顾多主体目标，实现激励兼容。四是警示国有企业主导的基金要避免过多依赖银行资金，特别要避免过度依赖银行理财资金，以减少风险投资高风险性与银行理财资金预期收益刚性兑付之间的冲突。

## 三、国有资本基金化支持创新应去行政化、取市场化

国有资本主导的基金在参与VC、PE这些高风险、专业化市场时，必须“去行政化、取市场化”，以市场化机制而非行政化手段来实现政策目标。

建立良性的政企关系。对国有资本参与或主导的基金建立良性的政企关系，一方面有利于避免行政干预，发挥基金市场化机制优势，提升基金的运行效率以及决策的独立性；另一方面，也有利于避免政府对高风险、加杠杆的基金承担无限责任。国有资本主导的基金要构建所有权、管理权、运营权相分离的管理运作体制，出资人部门、管理部门、受托部门均按照基金章程和合作

协议，依法履职行权。出资人部门以出资额为限、以公司治理为渠道、以派出股权董事为手段参与母基金机构重大事项决策，不扭曲设立基金时的政策目标，不将基金支持创新的金融工具变形为招商引资的手段或作为地方投融资平台的变种；政府部门不代替基金专业管理团队决策，不干预基金的具体管理和运作。

政府基金应采取公司制、有限合伙制和契约型信托制等市场化的组织形式。按照“原则上不设立事业单位形式的政府投资基金；已设立事业单位形式基金的应当积极向企业转制，不能转制的应当选聘专业管理团队，提高市场化管理水平”等要求，政府投资基金应采取公司制、有限合伙制和契约型信托制等不同形式，推进政府基金实体的市场化。

国有资本主导的基金应实现人员专业化、决策市场化、运作商业化。政府基金通过公开招标方式选择专业化基金管理机构作为基金管理人，委托其按市场化原则规范运作；借鉴市场化的天使、VC、PE基金的财务透明、目标明确等经验，通过委托管理协议等约定主要投资领域和投资阶段，明确国有资本主导的基金的重点投资方向，围绕政策目标精准发力，不搞“撒胡椒面”式的泛泛支持；“募投管退”均坚持专业化投资运营。此外，政府基金要放松对子基金管理公司的设立和基金注册地、投资领域、投资地域等方面的限制。

借鉴市场化基金成熟经验，完善国有资本基金化的激励约束机制。市场化基金的收益分成机制、跟投机制、股权激励约束机制、员工持股计划等成熟模式，有利于解决委托代理中因信息不对称带来的道德风险、逆向选择等问题，实践证明行之有效，可以适当借鉴利用，以提升国有资本基金化激励约束的有效性。

完善国有资本基金化的风险防控机制和监督管理体系。借鉴基金“三分投七分管”成熟经验，综合考虑风险投资业务的特有属性和国有资本的公共属性，建立、健全符合国有资本主导基金业务特点的风险防控机制和监督管理体系，重点是建立健全风险管理组织体系、风险信息收集和评估系统、重大风险预警与防范系统，加强风险管理人员队伍建设和风险管理文化培育。对于国企投资基金，还要关注其资金来源问题，避免国有资本基金化成为引发系统性金融风险的引爆点。

## 四、基金化的国有资本应加大对种子期、初创期创新型企业的支持

政府基金的主要目标在于纠正市场失灵和弥补市场空白，国企基金的主要目标在于响应和实现国家战略目标和政策意图。国有资本主导的基金应针对处于不同发展阶段的创新型企业，有重点、针对性地开展投资和提供增值服务。尤其要更加注重发挥国有资本基金的引领作用，引导、促进各类支持创新的风险投资基金前移其投资阶段。这既有利于影响和改变市场化基金更多地投资于企业发展阶段后期、较多地支持处于成熟阶段创新企业的偏好，也有利于避免加剧后期投资阶段的过度竞争，缓解风险资本支持创新“锦上添花有余、雪中送炭不足”的弊端。

利用风险投资基金促进技术成果转化为工业化产品、创新成果市场化的经验模式，探索国有资本进入新兴产业和支持初创期创新型企业的新途径。一是将风险投资基金成熟的投资模式和国有资本产业引导基金熟悉政策、能够市场化让利等独特优势相结合，探索国有资本进入新兴产业的有效途径。如国家开发投资公司发挥私募股权投资基金引入多方资本、放大国有资本等功能，加快在前瞻性战略性产业的布局。目前，国家开发投资公司5个专业基金管理公司管理42只基金，募集资金1259亿元、引导5000亿左右社会资本，在先进制造

产业、新兴产业、科技成果转化等领域设立创投引导母基金，在促进前瞻性战略性产业发展方面发挥了国有资本的带动作用和基金的放大作用。此外，结合风险投资基金灵活高效的“募投管退”市场化机制和政府创投引导基金一般只要求保本微利的体制优势，探索国有资本支持初创期创新型企业新途径，如以“风险分担”方式直接对创业投资机构或其出资人进行风险补偿，或以“投资保障”方式为创业投资机构有意向投资的初创期创新企业提供资金或其他增值服务，改善处于初创期创新企业的融资条件。

利用或借鉴天使基金雪中送炭、大量试错、具有较高风险容忍度的特征，加大扶持种子期创新型企业的力度。政府创投引导基金的重要目标之一就是克服单纯通过市场配置创业投资资本的市场失灵问题，这与天使基金在扶持种子期创新企业方面有很高的契合度。鉴于天使投资的高风险性和收益的不确定性，政府基金一是可以通过子基金以天使投资方式来扶持种子期科技型企业，或者明确适当比例投资天使基金，再由天使基金选择原创项目或种子期企业进行前期投资。二是也可以成立由国有资本主导的天使投资基金，借鉴天使基金雪中送炭、大量试错的成熟经验，重点支持科技含量高的种子期科技型企业。不过需要明确，即使是财政全额出资的天使投资基金，也需要经公开招标后委托专业的基金公司专业化、市场化运作。

# 改革配套

# 国企兼并重组要重整合、求实效

十八大以来，我国持续深入推进国企兼并重组，积累了丰富经验。但同时，国企兼并重组依然存在行政主导、“重重组、轻整合”“翻烧饼”、海外并购重组不规范等问题。我们认为，当前的国企兼并重组应做出调整，从重重组转向重整合、从重规模转向重效率；适当控制节奏，后续工作重点是夯实前期工作基础，提升国企重组质量与整合成效，实现从“量增长”到“质提升”的转变、从“装土豆的麻袋”到“薯条加工器”的升级。建议完善体制机制，促进思路转变和工作重点调整；推进国企重组后及时开展实质性整合；规范和引导国企的海外并购；改进央企的兼并重组工作，释放积极示范效应。

我国国企兼并重组始自计划经济时期的行政性关停并转。2003年设立国资委后，国企兼并重组进入快车道。十八大之后，国企兼并重组持续深入推进，获得了丰富经验。同时，长期积累的问题也日渐显现，还存在着巨大的政策完善空间。

## 一、新一轮国企兼并重组的主要举措与基本经验

2013年之后，国企重组整合进入新阶段，主要表现为“数量增多、力度加大、速度加快”。如中央企业实施了19组、36家企业重组整合；各省市也因地制宜，开展了各有地域特征的地方国企兼并重组。

新一轮国企兼并重组，提出服务国家战略、尊重市场规律、与改革相结合、严格依法规范、统筹协调推进等五项原则，形成了突出战略规划引领、扎实推进战略性重组、积极推进专业化整合、优化国有经济布局等四条主要思路，探索出了横向强强联合构建巨型企业、纵向业务协同、资产转让、共享竞合、“走出去”海外并购和利用国有资本投资、运营公司等六种主要模式，采用了产权转让、新设合并、集团公司与上市公司同步整合等三种主要操作方式，积累出了国企兼并重组与供给侧结构性改革、“一带一路”倡议、做强做优做大国有资本相结合等经验。

### 1. 构建了纵向整合与横向兼并两条主渠道

一是以优势互补为途径，为培育具有全球竞争力的世界一流企业创造条件。这种渠道以纵向整合为主，提升专业化分工、合作水平和供应链管控能力，促进纵向一体化。如分处产业链上下游的“神华集团”与“国电集团”合并重组为“国家能源集团”，以煤电一体化运营来缓解长期困扰行业发展的煤电顶牛矛盾。二是以质量效益为导向，优化经济布局和产业结构，淘汰落后过剩产能，消化和处置困难企业。这种渠道以横向兼并为主，如“宝钢”和“武钢”合并重组、“东方航空”吸收合并“上海航空”等，目的是扩大规模优势、发挥协同效应、提高行业集中度。

### 2. 专业化重组推动资源向优势企业聚集，推动企业聚焦主业

如组建铁塔公司，整合三大基础电信运营商的铁塔及相关资源，实现共享竞合，减少了重复投资，提高了资本配置效率：铁塔共享水平由过去的14.3%提升到目前的73%，三年来共减少铁塔重复建设56.8万座，节约投资1003亿元，节约土地2.77万亩。

### 3. 国企兼并重组与供给侧结构性改革相结合

当前阶段在过剩产能行业的国企兼并重组，主要动力来自供给侧改革。“宝武钢铁”和“中国建材”等均是结合供给侧结构性改革，以结构调整为主，兼并重组与去产能、去库存相促进。

### 4. 以建设“一带一路”为推手，通过兼并重组提升优势企业的国际竞争力和全球影响力

如通过南北车合并，避免中国高铁“走出去”过程中的内部恶性竞争。

### 5. 以两类公司为平台，与国有资本“有序进退”相结合

通过国有资本投资、运营公司优化国资布局，提高国有资本流动性，退出低效低质领域；并将资本市场的压力通过兼并重组渠道传递到企业，进而产生发展动力。如中国诚通托管中国铁物、国机集团重组中国恒天等。

国企兼并重组调整了经济布局与产业结构，推动了化解落后过剩产能，减少了恶性竞争和重复建设，提升了国企的规模实力。以中央企业为例，截至2019年3月底，国务院国资委履行出资人职责的央企经由兼并重组，调整至96户。比企业户数减少更重要的是，企业整体绩效得到提高。此外，一些行业的国际竞争力得到提高，如“中国中车”经营规模居全球轨道交通装备行业第一，销售收入超过另三家国际竞争对手的总和；中国远洋海运集团实现综合运

力等四个世界第一，成为平衡航运界东西半球的重要力量。

但无论是国际经验还是我国企业实践，均表明企业并购局限性强、成效不显著、负面效应明显等问题普遍存在。这在国企兼并重组中更加明显。

## 二、当前国企兼并重组面临的一些突出问题

企业并购重组是一种调整经济结构和企业结构的市场化方式。但我国国企兼并重组始终有一条“以行政推动为主”的主线，这是工作取得进展的关键，也是许多问题的根源。

### 1. 兼并重组中政府与市场的关系有待完善

国企兼并重组在操作上偏重行政手段，忽视市场规律和企业意愿，行政干预较多并往往涉及具体操作，表面上降低了交易成本和沟通成本，但由于信息不对称、存在道德风险和企业主动参与的积极性受挫，往往实效不佳：一些“拉郎配”式重组只实现了形式上的联合，后续实质性整合则困难重重，难以产生协同效应；一些“好背坏”式重组，使好企业背上沉重负担，甚至最后也被拖垮——过去一些地方政府让煤炭企业重组困难的制造企业或制药企业，最后导致不少问题，即是案例。此外，部分国企兼并重组效率低、推进慢，原因之一是行政审批链条过长、机构过多，层层审批增加制度成本和机会成本，难以适应市场化兼并重组的时效性要求，有时导致企业错过兼并重组窗口期，错失发展机遇。

### 2. 部分领域“翻烧饼”

近年的国企兼并重组中，一些曾经在以前改革中被拆分的国企又再次合并。“翻烧饼”一方面可能源于不同时期国企改革的不同思路与实际要求，另

一方面也反映出国企兼并重组相关政策的连续性、长期性不强，前瞻性不够。“翻烧饼”可能导致思想混乱、改革失向，应尽量避免。

### 3. 警惕“逆市场化”重组泛化

强强联合式重组提升了企业的国际竞争力和国际市场话语权，但需要注意避免这类重组的泛化，以免在国内出现强化垄断、扭曲产业结构等“逆市场化”问题。大型国企的重组，要平衡好提升国际竞争力与不影响国内民生终端消费两方面。对影响国民日常生活终端消费的大型国企，其合并重组必须审慎，避免造成新的垄断，冲击民生。

### 4. 国企“走出去”海外并购重组中出现一些新问题

这些新问题，包括诸如盲目扩张、资源浪费、出现亏损、国资流失等。这些问题，除恶意转移资产和个别企业违规投资外，也与我国国企海外投资与跨国经营能力不足、经验不丰富有关，还反映出国企海外资产管理制度建设相对滞后——一方面难以及时发现与制止恶意转移资产等违规海外并购行为，另一方面对有利于国企发展壮大的海外并购行为审批又过于烦琐，容易错失发展机会。此外，当前国际环境对国企海外并购的不利影响加剧，非市场因素加重国企“走出去”并购困难。

### 5. 重规模轻效率、重重组轻整合造成“大而不强、整而不合”

一些企业单纯为了提高规模，或迫于考核压力甚至只是跟风而开展兼并重组，加上实质性融合难度大，不少国企兼并重组后“整而不合”，未能实现业务协同和优势互补，难以发挥规模优势。“物理反应”完成后如何产生“化学反应”，实现“1+1>2”的协同效应，是国企兼并重组需要着重解决的大问题。

## 三、引导和规范国企兼并重组的政策建议

基于上述情况，我们建议对过去持续大规模推进国企兼并重组的思路做出调整，从重重组转向重整合、从求规模转向讲效率，更加重视重组质量以及整合成效——国企兼并重组应从“装土豆的麻袋”升级为“薯条加工器”。

### （一）完善体制机制，促进思路转变和工作重点调整

国企兼并重组的目的到底是什么？我们认为，国企重组整合应以服务国家战略、提高国家经济整体竞争力和国际竞争力为目标。为此，首先要破除本位意识。国企兼并重组不能仅仅停留在自身做大的本位目标，而应看是否有利于提升国民经济整体效率、是否有利于促进国际竞争力、是否影响公共利益。其次，要结合国企分类改革和重组整合两项工作，使国有企业更有效发挥功能作用：针对不同领域，或者具有保障能力，或者保持影响力，或者具有带动力；在涉及国家安全和某些公共服务等少数确实非国资不可的领域，可以利用包括重组整合等在内的多种方式增强控制力，但同时必须提升政府对此领域的规制能力。

#### 1. 发挥国企兼并重组工作领导与服务机构的积极作用

加强国企改革领导小组办公室与企业兼并重组部际协调小组的配合与协调，**明确当前一段时期的国企兼并重组要调整思路、控制节奏，要转向更注重重组质量、整合成效；**指导地方和企业更加重视企业重组后的整合工作，促进相关政策和配套措施的落实，解决国企重组整合中的跨地区、跨行业、跨所有制等重大问题，清除企业整合的制度性障碍。

### 2. 切实贯彻既定原则，推进国企兼并重组

一是服务国家战略与尊重市场规律相结合。决策时，既要坚持服务国家战略，也要尊重市场规律和企业意愿；操作时，发挥市场在资源配置中的决定性作用，执行方式和操作手段市场化，减少行政手段直接干预。二是国企兼并重组与深化改革相结合。国企兼并重组要与发展混合所有制经济及供给侧结构性改革等相结合，服务全面深化改革和国企改革大局。三是严格依法依规。行政审批做到“不缺位、不越位”，既要严格规范国企兼并重组行为，又要针对符合国家战略和市场规律的兼并重组进一步简政放权，优化审核流程，支持市场化、规范化程度高的并购交易。四是统筹协调推进。注重提升竞争力和避免形成新垄断的平衡，既要通过重组使资源向优势企业集中，也要警惕国企兼并重组中的“逆市场化”问题，特别是对于涉及终端消费的企业，其重组决策要高度慎重，尽可能不影响民生终端消费，不与民争利。

### 3. 建立股东协调机制、提升政府规制能力

发挥国有资本出资人代表机构的积极、有限股东的协调作用，理顺国企间的竞合关系，减少恶性竞争和重复建设，促进重要资源设备共享。这将会使我们不再那么简单依赖国企兼并重组来提升国际竞争力、落实产业政策和服务国家战略。同时，提升政府对国企兼并重组行为的规制能力，推动所有权与规制权分开，利用高标准的信息披露提升国有企业的透明度；强化竞争政策的基础性地位，深化垄断行业体制改革，放开竞争性业务，实行网运分开，通过成本、质量要求以及价格等手段，对具有网络效应的自然垄断环节加强监管。这意味着即使由于国企兼并重组出现了更大规模的企业集团，政府仍然有能力保证公共利益。

4. 建立健全国企兼并重组论证、评估与跟踪机制

一方面，建立健全国企兼并重组的政策评估机制，评估国企兼并重组对经济发展、产业结构和公共利益的影响，改变重政策制定、轻政策评估的倾向，减少“朝令夕改”和一些国企拆分、重组循环反复现象。另一方面，建立健全整合效果评估与跟踪机制，对重组企业进行长期动态跟踪，定期评估成效，按市场化标准完善企业价值评估机制；改进国企兼并重组考核导向，以效率优先取代规模优先，优先考虑做优做强；将评估结果与绩效考核挂钩，促进整合后的企业发生“化学反应”。

5. 打破“唯规模论”，转向效率优先

国企重组理念有必要从“规模优先”转向“效率优先”，避免简单化的“以大吃小”。有的企业大而不强、有规模无效率，创新能力弱，前景不明；相反，有的企业虽然目前规模相对较小，但创新能力强、活力足、有效率，具有发展潜力。如果只简单地采用“大吃小”模式，那些“小而优”的企业就可能失去独立发展和做强做大机会。试想一下，如果当年的“振华港机”被兼并，是否还有今日占据80%全球港机市场的“振华重工”？

6. 慎用“好背坏”式重组，避免感染效应和好企业被拖垮

政府不能以“甩包袱”心态将困难企业推给其他企业。对目前经营困难但资产质量或市场前景较好的国企，以促改革为主，如支持解决历史遗留问题、为企业推进混改创造可能条件等；对现有资产和资源仍有一定价值的国企，可以采取兼并重组或转交给专业的不良资产管理公司进行处理，引导优势企业整合、盘活困难企业资产资源，但必须以尊重双方企业意愿为前提；对严重资不抵债、扭亏无望的企业，采取破产退出方式，引导企业依法通过申请注销登记、破产重组和破产清算司法程序退出市场。

## （二）推进国企兼并重组后的实质性整合工作

国企兼并重组不应再强调形式上、规模上的简单相加，而应更加重视重组质量和整合实效，推动重组后的实质性整合工作。

一是优化业务布局。重组后的企业要理顺业务板块间的逻辑关系，以一体化为目标推进业务整合，围绕核心主业调整组织和资产、整合人才和资源，突出战略协同、降低摩擦阻力，减少资源浪费，避免传统国企业务重叠、管理层级过长等弊端。

二是推进企业融合。以重组为起点，循序推进管理机构和业务部门整合，推进产供销统一、人财物统筹，推进全方位优势互补和全面融合，实现全局“一盘棋”和实质性整合。

三是产生协同效应。这意味着一开始就必须明确，我们更需要的是价值型兼并重组，而非机会主义导向的交易型兼并重组。同时，要发挥各自优势的溢出效应，利用双方在资产、技术、市场等方面的互补性，释放规模经济效应和范围经济效应，实现经营协同、财务协同和公司治理协同。

四是促进企业发展能力提升。国企兼并重组应使企业的资产负债率趋向合理、公司治理走向规范、经营机制更加灵活、风险管控能力增强，从规模扩张向质量效益提升转变，从以国内经营为主向国内外经营并重转变。

## （三）规范与引导国企海外并购

基于过去的经验教训，综合考虑目前的国际环境，当前一段时期，国企海外并购需要更加审慎。国家层面要完善体制机制，规范和引导国有企业开展海外并购重组。

首先，完善和优化国企海外并购备案和核准流程。对不同行业、区域、项目区分适用备案、核准等不同要求，做到“该管的管得住，该放的放得开”，改变“重核准、轻监管”；建立健全境外投资绩效评价与跟踪考核机制，落实境外违规投资决策终身追责制。

其次，国资、财政、商务、外交等相关政府部门加强协调配合，提升行政、金融、信息、法律和人力资源等方面的服务能力，建立健全境外并购的投融资服务、保险安排等保障制度建设，完善对外投资服务体系。同时，进一步研究、适应和影响相关国际规则，提升对国际政经关系的理解力、影响力和把控力，维护我国企业海外并购的正当权益。

最后，切实提升国企海外并购能力。项目筛选时，遵循“正负清单”，优选行业、区域和标的企业；投资决策时，发挥董事会决策作用，运用好外部董事、行业专家等外部智慧，避免“拍脑袋”和“一言堂”；重视利用战略联盟来弱化东道国阻力，控制交易风险和培养整合能力，克服跨国并购障碍；在金融手段方面，重视资本市场的定价作用，利用国际金融规则和投资协定，减少交易成本、降低投资风险；在投后管理方面，适应东道国要求，注重社会责任，注意国际化经营和本地化人才相结合，提升国际化水平和本地化程度；在风险防控方面，综合运用保险、期权等金融手段覆盖风险敞口，提升风险管控水平。

## （四）改进央企的兼并重组工作

央企的兼并重组具有风向标作用和示范效应。改进央企的兼并重组工作，将引导全国各地相关工作做出相应调整。

### 1. 合理确定央企兼并重组的范围

首先，央企兼并重组需紧盯通过战略重组优化产业结构、转变经济增长方式、提高国家经济竞争力等核心目标。只有有利于优化经济结构、提高服务国家战略能力的兼并重组，才纳入兼并重组考量范围；只支持符合市场规律、有助于提升经济社会效益和企业竞争力的兼并重组，避免单纯追求规模、效率低下的兼并重组。

其次，央企中的科研院所类企业，部分有行业共性技术研发平台属性，具有较强的行业性、公益性，是重要的科技资源。此类央企是否纳入及如何开展兼并重组，需要慎重研讨。

最后，以开放姿态接纳各类所有制企业参与央企兼并重组。要“立足央企，跳出央企”，兼并重组与混改和股权多元化等改革相结合，引进国际上富有经验的战略投资者、国内富有创新精神的民营企业以及有互补效应的地方国企，以“开放式重组”促进各类企业之间的优化组合和资源整合。

### 2. 弱化央企数量论，更加强调发展质量

央企兼并重组不再盲目追求数量增减。以前，“只保留行业前三名”“2010年央企数量减少到80至100家”等量化指标，使得不少央企过度关注行业排名、过多依赖兼并重组。设定重组数量，甚至变成硬性的行政指标，容易造成为完成任务而强行跃进。建议不人为设定户数等具体目标和重组“时间表”，不单纯以“减少企业家数”心态搞“拉郎配”。而是考虑兼并重组企业间的匹配程度等因素，尊重市场规律和企业意愿，“一企一策”“因企施策”确定重组模式，保证重组质量，力求整合实效。

# 推进企业并购重组要重视机制设计

引入机制设计有助于解决企业并购重组中的激励兼容和信息效率问题。机制设计者可在“真实信息揭示”基础上提供适当支持，以实现“激励兼容”，鼓励有条件的企业开展协议并购重组活动。因企业需要永续经营，企业拍卖首要目的不是当期经济收益，而是要通过机制设计合理的竞争，更有效率地将资源分配给最有能力运用该资源者，并塑造未来市场的竞争性结构；企业是一个庞大的多样化群体，应根据其不同属性，采取不同的有针对性的拍卖方式。需要改善政府规制能力，为企业并购重组创造更好的外部环境。

作为调整经济结构和企业结构的重要市场化方式，企业并购重组在我国成为一种日益常见的经济现象，呈现出“量增长，质提升”日趋活跃的基本态势。但无论是从国际经验和我国企业实践来看，企业并购中局限性强、成效不显著、负面效应明显等问题也普遍存在。除企业自身能力问题外，企业并购的制度环境也是重要影响因素。解决这些问题涉及如何使非完全共同利益的相关各方目标趋向一致，如何以较低信息成本实现设计目标等。强调“激励兼容和信息揭示”的机制设计理论在这方面能发挥一定作用。科学的机制设计对改善企业并购环境，实现企业并购正面效应、规避负面效应，优化我国产业结构和提高我国企业的国际竞争力，具有积极意义。

## 一、机制设计有助于解决企业并购重组中的激励兼容和信息效率问题

机制设计主要指在信息不完全、决策分散化、自由选择及自愿交换的条件下，能否及如何设计一套规则来达到既定目标，并能比较和判断该机制的优劣（判断一个机制好坏有三条基本标准：是否实现了资源的有效配置，是否具有信息效率，是否实现了激励兼容）。机制设计的代表性方法是“提供激励，促使代理人显示其真实信息，得到分散式问题的优化解”。由于认识到参与约束、激励兼容约束的重要性，考虑了信息不对称、道德风险等对局中人的影响，重点解决信息成本（机制设计要求较少的经济活动参与者的信息，并尽可能降低信息传递成本）及激励与机制设计的关系问题，好的机制设计在多个层面——从整个经济社会的制度设计到仅有两个参与者的经济组织管理——均可实现有效配置资源、利用信息及激励兼容（设计的机制必须要与参与者的自身激励相一致，即机制的运行能保证即便每个参与者按照自利原则追求个人目标，机制实施的客观效果也能达到设计者所要实现的目标），使经济活动参与者的个人行为符合设计者既定的目标。

从交易实现方式上来看，企业并购主要有协议收购和集中竞价收购两种。协议收购的主要问题是难以揭示真实信息，这既有企业故意隐瞒的主观可能，也有环境变化导致情况变动的客观因素；集中竞价收购的主要问题是存在要么资产低估、要么“赢家诅咒”的两难选择。引入与应用机制设计，能较好解决上述问题，对政府政策如何合理激励企业、有效协调企业行为以使并购重组活

动更具成效，具有指导意义与实践价值。

## 二、科学的机制设计可引导企业自主行为达致预定并购重组目标

### （一）政府可在“真实信息揭示”基础上用促成达至“激励兼容”条件的支持，鼓励有条件的企业开展协议并购重组活动

我国企业产权转移中更倾向于采取协议收购方式，原因是：我国很多（上市）公司的股权结构中，尚未流通的国有股、国有法人股和一般法人股占据较高比例；企业交易同普通商品交易有很大不同，企业是非标准化“产品”——没有任何两个企业是相同的，难以通过市场竞争确定所谓均衡价格，难以标准化处理。在这种情况下，协议并购成为优先选择。

协议并购中各方关心的主要问题是股权转让数量、股权价格和支付安排以及人事的安排等，本质上是利益分配问题，特别是因合并重组期望产生协同效应等而导致的利益分配问题。双方在这个关键问题上的考虑与意愿，决定了博弈的形式与结果。而作为企业协议并购重组中的机制设计者（如相关地方政府及国有资产管理部门，或并购活动主体中的其他积极主导者），需要清楚各方关切，根据并购主体各方和自己的目标，设计激励兼容和具信息效率的机制，以促成并购主体达成更有效配置资源的并购协议。一般而言，企业协议并购重组过程中的机制设计要重视以下几点：

（1）企业协议并购重组大多是一个时间长、多阶段的博弈过程，企业价值往往会随时间推移、环境变化而发生较大波动。进行方案设计时要对一定时期内的发展趋势进行情景分析，并根据未来可能的变化准备多种针对性应对方案。

（2）“真实信息揭示”对企业并购重组成功至关重要，是企业并购重组活动得以顺利进行并能进行有效整合的前提。企业协议并购重组中，双方博弈的焦点是利益分配，并都有使自己利益最大化的动机。使自己利益分配比例增大的可能途径主要是高估己方价值或低估对方价值。客观、准确、完整的企业价值评估非常重要。在进行资产评估、法律和财务审计及尽职调查等工作的同时，对于故意隐瞒真实信息或提供欺骗信息的行为要有惩罚措施。对于因环境变化导致的客观变动，可通过锁定条款、排他协商条款、不可抗力条款和终止条款等予以甄别和限制，尽量减弱其对并购的扰动。

（3）促成满足“激励兼容”条件的外部支持有助于实现企业并购重组。一定情形下，为了促成协议，机制设计者应有可置信的威慑策略。实现途径有二：在企业自主博弈阶段给予支持以激励双方达成协议，或在机制设计者主导下的有限选择阶段给予惩罚。若参与者均在机制设计者的协调范围之内，在自主博弈阶段给予具有“激励兼容”性的支持比在有限选择阶段给予惩罚更有意义，原因是并购活动需要尊重企业主体意愿，“支持”较“惩罚”更具法理基础、更“市场化”、更易实施。若机制设计者不具备协调博弈双方的全面能力，则需要考虑确定合适的惩罚力度，如支付罚金、增加退出成本等。近期中铝注资力拓案即为一例。

### （二）利用拍卖机制将稀缺资源分配给最有能力运用该资源者

拍卖是在明确规则下，基于参与者的竞标来决定资源分配和价格的一种市场制度，具有必须有二个以上竞拍者、要有竞争、价高者得三个基本要求。由于可以更公平、更透明、更有效率地配置稀缺资源，拍卖是企业产权转让中相对科学的一种市场化定价机制，是企业实现并购重组的一个重要方式（特别是集中竞价并购重组），在企业产权转移中具有很好的应用空间，较招投标更适用于企业产权转让。2003年，《企业国有产权转让管理暂行办法》明确拍卖机制为国有产权转让的重要手段之一。

拍卖机制最大优势在于通过竞争将稀缺资源分配给最有能力运用该资源者。由于企业大多需要继续经营，企业产权拍卖的最主要目的并非实现资产价值当期最大化，而是要通过机制设计合理的竞争，更有效率地将被拍卖企业分配给最有能力有效支配、运用该资源者，并塑造未来市场的竞争性结构。特别是当资产出卖者是各级政府时，尤为如此。设计得当的拍卖机制应该既能减少因信息不对称而导致的拍卖者损失，又可遏制非理性竞拍行为而避免赢家诅咒。因企业是一个庞大的多样化群体，应根据其不同属性，采取不同的有针对性的拍卖方式。对适用于企业（产权）转让的英式、荷式、一级价格密封和二级价格密封等四种主要标准拍卖方式，优先次序排序如下：优先推荐二价密封拍卖，一般企业产权转让均适用；英式拍卖次之，较为适用优质企业产权；荷式拍卖再次之，适用于不良的、急于处置的企业产权；而一价密封拍卖因既不提供竞拍者出价信息（可作为对被拍卖企业的参考评价），竞拍者也没有修正机会，一般认为不适宜应用于企业（产权）拍卖。

## 三、改善政府规制能力，为企业并购重组创造更好外部环境

企业并购交易能在自愿原则下、市场环境中体现并购主体的价值。一般情况下，政府不应干预。但企业并购是内因和外因共同作用的结果，涉及多方利益，且各方在并购中的目标取向和实际损益并不完全一致，往往离不开政府的介入。

### （一）改善政府规制能力有利于更好地鼓励企业并购重组

我国过去几年的并购重组总的政策趋势是“放松管制、鼓励并购重组，同

时规范并购重组行为”。不论是从国际经验还是从理论研究来看，只有改善政府规制能力才能更好地放松管制、鼓励企业并购重组，以实现提高资源配置效率、维护正常公平竞争、保证市场竞争机制有效运行的目标。政府往往兼任机制设计者和规制者双重角色，只有具备更全面的能力，特别是更完善的信息收集、处理能力才有可能胜任。就企业并购重组活动而言，机制设计者或者规制者至少需要从以下三个方面完善自身能力。

一是规制者要提高对企业并购重组行为的预知能力。规制者可以依据一个简单原则来分析是否应该约束企业的并购行为：如果并购使得产品价格显著上升，则这样的并购应受到限制。由于观察到价格变化是并购活动的事后行为，因此，政府规制者需要事先就能较准确地预测企业兼并后的价格变化。西方国家一般通过预测企业并购对市场集中度的影响来间接预测其价格效应。一般而言，兼并企业的规模越小，价格上涨的可能性和幅度就越小。原因是：大企业之间的合并较小企业之间的合并而言，更易控制市场、操纵价格；小企业更容易从合并中获得技术效率和成本优势。

二是尊重市场规律，同时发挥政府在某些“市场失灵”或“非政府不行”领域的积极作用。20世纪中后期以来，许多国家反垄断政策对企业并购活动经历了一个从严到松的转变过程，主要是为了适应经济发展和增强本国国际竞争力的需要。我国近几年的政策趋势也是放松管制、鼓励企业并购重组。但我国情况与西方发达国家有所不同：发达国家的垄断企业主要是通过竞争形成市场集中或因自然垄断，进而导致市场垄断行为出现；而我国垄断企业大多不是通过市场“看不见的手”而是依靠政府“看得见的手”实现垄断地位，主要是行政性垄断行为。对行政性垄断行业，政府需要引进竞争机制，使其市场结构从垄断性向竞争性变革，而不是放任行政性垄断企业通过并购重组等方式进一步强化其垄断地位。对于一般性行业领域，政府要尊重市场规律，尊重企业的市场主体地位和市场行为，尽可能以市场化方式来鼓励、支持企业并购重组，主要是排除诸如“条块分割”等必须要由政府才能排除的企业并购重组障碍，即政府在推进企业并购重组方面应以消除障碍为主、行政推动为辅。尤其是在当前经济调整期，为应对国际金融危机，我国十大产业调整振兴规划中有六大产业明确提出要推进企业兼并重组，更需要重视这一问题。

三是不断完善信息处理能力。从机制设计理论角度出发，能否有效利用、处理信息是能否实现机制设计目标的重要基础。实践中，信息不对称问题使得规制者在信息上处于劣势，而被规制者——处于第一线的企业有信息上的优势。设计有效的规制机制，使企业有动机显示真实信息，为机制设计提供好的信息和分析基础，有利于保证规制目标的实现。在有充分的、质量足够好的真实信息基础上，机制设计者还应保证有足够数量的高水平人才队伍，能消化、吸收这些信息形成知识、智慧，提供决策支持，最终转化成能被广泛接受的制度。

实际上，能否获取“足够的真实信息”，能否“充分尊重市场规律”，能否“提高对企业并购重组行为的预知能力”，前提都是要看是否有一支高素质的人才队伍。规制者只有具备了人才优势，才能扭转信息劣势，进行有效规制。

### （二）政府规制企业并购行为更需要首先主动揭示完整真实信息

从机制设计理论出发，政府在规制企业并购活动时应主动揭示真实信息。即对企业并购活动的规制，必须有明确的具操作性的指导原则，并予以明示。首先，政府规制企业并购行为需要明确目标。如当前企业并购重组普遍是追求规模型的“大吃小”行为，有的甚至是“没有效率的大”吃掉“有效率的小”。就此而言，并购重组政策取向需要明确效率优先还是规模优先、处理好企业做大与做强的关系等问题。此外，明确的企业并购活动指导原则能使政府规制行为规范，有法可依、有章可循，尽量避免干预那些有利于市场竞争或对市场竞争影响中性的并购活动。最后，企业自己就能根据这些规制原则主动校正自己的并购行为，使得并购活动更有效率。颁布规则明确、有具体指导功能的并购指南等实际上也可视为对企业并购规制者在揭示真实信息上的“规制”。

### （三）完善和发挥法律体系这一顶层制度规范企业并购行为的作用

改善法制环境能为市场化并购的发展提供最为有利的条件。我国涉及企业并购的法律包括公司法、证券法、合同法、劳动法、税法、反垄断法及有关行业法规等，并购法制体系基本形成、内容基本完备，且保障上述基本法律实施的配套行政法规及地方规章多已基本建立。当前突出问题在于提高法律的可预测性、可执行性和时效性。各国规制企业并购行为的主要法律基础是《反垄断法》。西方发达国家更辅之以有明确规则的《（横向）并购指南》进行更具体的指导。如美国规制垄断行为有完善的法律体系，并发布了指导控制并购标准的企业并购准则。我国《反垄断法》于2008年8月1日生效，有关配套实施细则近来开始相继出台，若这系列法规能确立有效的经济标准，将不仅能为规范我国企业并购重组活动发挥作用，同时也能成为企业开展并购活动的指南。如果在微观层面上，针对具体案例有实现“资源有效配置，信息有效利用，激励兼容”的针对性机制设计；在宏观层面上，能充分发挥并购法制体系这一顶层制度的普遍性作用。两方面相得益彰，必然能更有效地规制、指导企业并购重组活动。

国务院发展研究中心调研报告，2009年第205号（总3514号）

# 信息公开是国有企业最好的防腐剂

为加强对国有企业的监管，我们从党、政府、社会、企业等多个方面建立了包括纪检、巡视、干部审计、企业审计、外派监事会等多位一体的国有企业监管体系。从现实情况看，目前国企腐败问题仍然存在，现有监管体系需要整合，同时还需探索新的既能提高监管有效性、又能降低监管成本的途径，如强化信息公开、完善信息披露制度，就是一个较好的选择。

## 一、信息公开是完善国有企业监管、减少国企腐败的重要途径

国有企业建立信息披露制度、实现信息公开，是由国有企业的特殊属性所决定的。这种国有资本全民所有、市场化激励受一定限制的市场主体，不仅没有理由减少信息公开，反而更应加大信息公开的力度。从过去实践来看，国有企业由于信息不对称、信息不公开，带来系列问题：一方面导致内部人控制和腐败泛滥；另一方面，导致外部难以理解和信任国有企业，特别是在进入国际市场时容易招致质疑或批评，不利于国企的国际化。

从上市公司监管转型的经验来看，以信息披露为主的监管体制之所以受

到欢迎，之所以既能提高上市公司规范化水平又能降低监管成本，比依靠人海战术和层层行政化监管为主的体制更好，主要是因为信息披露这一强制性的制度创新，在改进监管、完善公司治理、减少公司腐败等方面，实实在在地发挥了更为有效的积极作用。此外，国有企业建立信息公开制度也是国际惯例。国际经验表明信息披露是实现国有企业健康发展的有效办法：根据《OECD国有企业治理指引》介绍，国际上国有企业的信息披露主体和披露范围都很广；在信息披露内容和渠道上，一般是以上市公司为基准并兼顾国有企业特点。

因此，建立信息披露制度是提高国有企业透明度、完善国有企业监管和减少国有企业腐败的重要方法。不论是上市公司的实践还是国际经验的借鉴，均表明信息披露有助于保障公众知情权和弱化内部人控制。更重要的是，信息披露不仅约束了国有企业的行为，也会制约政府的行为，有利于政企分开，有利于国有企业独立市场主体地位的确立。有了信息披露制度，政府也难以直接干预国有企业经营。因此，信息披露有助于减少因内部人控制和外部干扰两方面因素而导致的国有企业腐败行为。

我国国有企业透明度距法律政策要求和公众需求尚有差距。尽管之前我们要求国企也实行诸如政务公开、厂务公开、接受社会监督、发布社会责任报告等，但这些传统的要求与现代意义上、与国际接轨的公司信息披露不同。一是形式重于内容，基本套用政府的做法，类似政务公开；二是没有好的机制，如商业保密与信息披露的关系处理机制缺失，成为影响其他方面公开的理由。整体而言，我国国有企业由于信息披露制度尚不完善，国有企业信息披露法律不完善，信息公开还不规范，监管机制尚不完善，社会监督作用未能充分发挥，公司透明度仍存在较多问题，离规范化运作和保障公众合法知情权，还有很大差距。

## 二、进一步提高国有企业透明度

提高透明度是加强监督的基础，问责是提高监督效率的保障。对国有企业而言，需要进一步利用信息公开提高透明度.透明既是对其最好的监督，也是对其最好的保护。

（1）充分利用资本市场提升国有企业透明度。对国有企业而言，具备条件的、能上市的就上市。对上市的国有企业，适用上市公司信息披露要求，不再搞双重标准。

（2）在新的国有资本管理框架下，需要修订《企业国有资产法》，设专门章节规范国有资本监管机构、国有资本投资公司和运营公司、社保基金及国有资本控股企业的信息公开行为，以法律形式明确国资监管机构即国有资本控股企业等的信息披露业务和责任。

（3）建立国家报告制度。国务院（或者由国家所有权机构代表国务院）每年向全国人民代表大会汇报国有资本整体经营状况、经营预算和收益分配等，获取批准、接受监督。

（4）对非上市的国有资本控股企业应建立具体的信息披露要求或制度。国有资本投资公司、运营公司、社保基金和其他非上市的国有资本控股企业参照上市公司的信息披露要求，除商业秘密和国家机密外，要定期发布报告，披露财务概要和经营业绩、薪酬政策、关联交易、治理结构及履行社会责任等基本情况；通过临时报告及时、完整披露重组、并购、人事及财务等重大变化事项。

（5）完善内外相结合的信息披露监管机制，加强社会监督。财政、审计、税务、国资、监事、组织、纪检等各方面对国企监管的信息要实现协同、共享和整合，并向社会公布。这样，既减少信息公开的成本，也有利于社会利用信息对国有企业进行监督。将金融、税务、商务、领导人等与信息披露的内容联通或挂钩，以建立社会化和市场化的约束机制，充分发挥信息披露的惩戒作用。

# 参考文献


[1] 北京交通大学中国企业兼并重组研究中心. 中国企业并购年鉴（系列）. 北京：人民邮电出版社，2005

[2] 曹立. 混合所有制研究——兼论社会主义市场经济的体制基础. 广州：广东人民出版社，2004

[3] 曹立.混合所有制改革历程及其总体评价. 工作文稿，2016

[4] 陈清泰. 国资改革路线图. 财经，2014（6）

[5] 陈清泰. 产业政策的回顾与转型. 比较，2016（1）

[6] 陈清泰、吴敬琏. 管资本与两类公司试点的几个问题. 国务院发展研究中心专题研究报告，2014

[7] 陈清泰、吴敬琏、蒋黔贵. 重塑企业制度：30年企业制度变迁. 北京：中国发展出版社，2008

[8] 陈小洪、李兆熙. 中国企业并购重组. 北京：中国发展出版社，2010

[9] 丁友刚. 中国企业重组案例：中央企业专辑. 大连：东北财经大学出版社，2009

[10] 菲利普. 阿吉翁等. 产业政策和竞争. 比较，2016（1）

[11] 国家发展改革委经济体制与管理研究所课题组. 国资管理体制典型设计思路评析. 中国经贸导刊，2015（9）

[12] 国家发展改革委体改司. 国企混改面对面——发展混合所有制经济政策解读. 北京：人民出版社，2015

[13] 国务院国资委编写组.《关于深化国有企业改革的指导意见》学习读本. 北京：中国经济出版社，2016

[14] 国资委. 加快央企重组步伐 未来央企将分为三类. 新华网，2017年6月4日

[15] 顾昕. 重建产业政策的经济学理论. 比较，2016（1）

[16] 韩伟. OECD竞争政策圆桌论坛报告选择. 北京：法律出版社，2015

[17] 韩小威. 经济全球化背景下中国产业政策有效性问题研究. 北京：中国经济出版社，2008

[18] 黄群慧、余菁、贺俊. 新时期国有经济管理新体制. 天津社会科学，2015（1）

[19] 黄速建. 中国国有企业混合所有制改革研究. 经济管理，2014（7）

[20] 胡钰. 为国家投资未来——从淡马锡经验看国有资本投资运营公司的建设原则. 红旗文稿，2014（5）

[21] 江飞涛，李晓萍. 直接干预市场与限制竞争：中国产业政策的取向与根本缺陷. 中国工业经济，2010（9）

[22] 江小涓. 制度变革和产业发展——进程和案例研究. 北京：北京师范大学出版社，2010

[23] 姜影. 法国国有企业管理体制改革的历程及成效. 法学，2014（6）：61–71

[24] 经济合作与发展组织著，李兆熙、谢晖译. 公司治理问责与透明度国家所有权指南. 北京：中国财政经济出版社，2011

[25] 蓝海林. 中国企业集团成长与重组研究. 北京：经济科学出版社，2013

[26] 李俊江，何枭吟. 北欧国有企业改革及其对我国的启示. 新长征，2003（10）：34–36

[27] 厉以宁. 依法治国和深化经济改革. 经济研究.，2015（1）

[28] 李兆熙. 挪威国有控股公司和股份公司的治理——对挪威国家石油公司和海德鲁公司的研究. 经济管理，2001（06）：12–18

[29] 李兆熙. 挪威资源领域的国家所有权控制——对挪威国家石油公司和海德鲁公司的研究. 四川石油经济，2001（02）：52–56

[30] 廖运凤，周清杰，李友元. 外资并购与国有企业资产重组. 北京：企业管理出版社，2004

[31] 林毅夫，张维迎. 产业政策之辩. 比较，2016（1）

[32] 刘纪鹏. 国有资产监管体系面临问题及其战略构架. 改革，2010（9）

[33] 刘世锦. 市场开放、竞争与产业进步——中国汽车产业30年发展中的争论和重要经验. 管理世界，2008（12）

[34] 柳学信. 国有资本的公司化运营及其监管体系催生. 改革，2015（2）

[35] 卢梭. 论人与人之间不平等的起因和基础. 北京：商务印书馆，2015

[36] 罗仲伟. 中国国有企业改革：方法论和策略. 中国工业经济，2009（1）

[37] 马骏、张文魁等. 国有资本管理体制改革研究. 北京：中国发展出版社，2015

[38] 欧新黔，刘江. 中国产业发展与产业政策. 北京：新华出版社，2007

[39] 潘岳，浦再明. 市场机制与国家所有制结合的典范——挪威混合经济及国家所有制模式的启示. 中国改革，2001（1）：52–53

[40] 孙东民、代昀昊、李阳. 政策冲击、市场环境与国企生产效率：现状、趋势与发展”. 管理世界，2014（8）

[41] 孙泽生. 科学把握“提高产业集中度”. 文汇报，2011年1月5日

[42] 田国强. 林毅夫、张维迎之争的对与错. 比较，2016（1）

[43] 王怀芳、王辉. 集团公司整体上市之流动性价值研究. 财经问题研究，2015（11）

[44] 威廉・科瓦西奇，林至人，德里克・莫里斯. 以竞争促增长. 北京：中信出版集团，2017

[45] 王曦. 挪威国家石油公司经营现状分析及发展战略. 当代石油石化，2008（12）：39-44+50

[46] 项安波. 国有企业经营绩效. 国企改革路线图探析. 北京：中国发展出版社，2016

[47] 项安波. 国企改革的制度基础与主攻方向. 国务院发展研究调查研究报告，2017年第151号（总5226号）

[48] 项安波. 对进一步推进混改的几点认识. 国务院发展研究调查研究报告，2018年第40号（总5315号）

[49] 项安波. 国企改革发展要主动适应促进公平竞争的政策取向. 国务院发展研究调查研究报告，2018年第109号（总5384号）

[50] 项安波. 重启新一轮实质性、有力度的国企改革. 管理世界，2018（10）

[51] 徐康宁，韩剑. 中国钢铁产业的集中度、布局与结构优化研究——兼评2005年钢铁产业发展政策. 中国工业经济，2006（2）

[52] 许明哲. 中国民营企业并购国有企业后的整合研究. 北京：经济科学出版社，2013

[53] 许宁舒. 法国审计法院国有企业审计情况与借鉴. 审计研究，2016（3）：26-31

[54] 杨振. 激励扭曲视角下的产能过剩形成机制及其治理研究. 经济研究，2013（10）

[55] 杨伟民. 中国可持续发展的产业政策研究. 北京：中国市场出版社，2004

[56] 杨宗喜，金玺，唐金荣，郑人瑞. 挪威油气工业中的资源、资产、资本综合管理模式. 中国矿业，2014（10）：25-29+38

[57] 尹恒. 国有企业产能过剩的量化分析. 政策简报，2017年3月31日

[58] 余菁. 完善国有资产管理体制的重要环节. 人民日报，2016年11月21日第7版

[59] 于立. 产业经济学研究的十一个误区（纲要）——兼谈博士学位论文选题. 财经问题研究，2005（4）

[60] 詹姆斯. 罗宾逊. 产业政策和发展. 比较，2016（1）

[61] 张文魁. 国有资产管理体制改革的回顾与展望. 国务院发展研究调查研究报告，

2008年第164号

[62] 张文魁. 国资监管体制改革策略选择：由混合所有制的介入观察. 改革，2017（1）

[63] 赵泉，赵涌. 企业兼并法与国有企业兼并. 北京：经济科学出版社，2009

[64] 赵忆宁. 挪威“一桶油”权益流：国企、财政到养老金. 21世纪经济报道，2014（08）

[65] 中国社会科学院工业经济研究所课题组. 论新时期全面深化国有经济改革重大任务研究. 中国工业经济，2014（9）

[66] 周叔莲，裴叔平，陈树勋. 中国产业政策研究. 北京：经济管理出版社，1990

[67] 周建军. 美国产业政策的政治经济学：从产业技术政策到产业组织政策. 经济社会体制比较，2017（1），80–94

[68] Macro China.中国宏观调控的内在困境.宏观纵览周刊，2010（32）

[69] Annual report on Form 20–F，http：//www.statoil.com/en/investorcentre/annualreport/annualreport2014/pages/downloadcentre.aspx

[70] Board Statement on Corporate Governance 2014，http：//www.statoil.com/en/investorcentre/annualreport/annualreport2014/pages/downloadcentre.aspx

[71] COMPANY PROFILE Statoil ASA，www.marketline.com，2015/8

[72] Norsk Hydro A.S，Annual Report（1998— 2014）

[73] AOKI，MURDOCK，OKUNO—FUJIWARA. Beyond the East Asian Miracle：Introducing the Market—enhancing View. in The Role of Government in East Asian Economic Development：Comparative Institutional Analysis（edited by Masahiko Aoki，Hyung–ki Kim，and Masahiro Okuno–Fujiwara）. Oxford：Clarendon Press，1996：1–37

# 后　记

本书的主要内容，是近几年我关于国有企业和国企改革研究的部分成果的一个合集。

现在回头看，我比较早建议的“建立和完善容错纠错机制”（2015）、“借鉴竞争中立原则”（2016）、“释放人的积极性推动国企改革与发展”（2017）等观点似乎仍能经受一段时间考验，似非毫无可取之处。因此，不昧敝帚自珍，在此一并结集作为自己的一只“小板凳”，呈给各位。

这其中，大部分工作是我个人研究成果，也有一些内容是与合作者完成的，但我只选入了自己作为第一作者并且诚实履行了第一作者责任（如选题、参与研究、提供基本观点、参与写作、修改完善、最终定稿等）的4篇文稿。

这4篇文稿是：和石宁教授合作完成的《鼓励地方因地制宜探索国资管理新模式》，与王念博士合作完成的《在混改中探索完善职业经理人和市场化劳动用工制度 》和《规范引入战略投资者发挥中小投资者积极作用》，与梅雄合作完成的《完善国有资产管理体制促进混合所有制经济发展》。

我也借此次出版机会，对纳入的合作文稿再次进行了不同程度的改写和精简。除此之外的其他25篇文稿，均由我个人独立研究完成。因此自然本书文责由我自负。由于能力有限，书中仍有不少不完善甚至错误之处，敬请各位批评指正。

29篇文稿中，一些思路有一定的一致性和连续性，但也因此存在着自我引用而导致的重复问题。考虑到也许“重复意味着重要”以及为保证各原独立成篇文稿的完整性，我对此未作过多处理，敬请读者谅解。

此外，本书在标注参考文献方面还不够严谨，可能存有引用而未能清楚标注知识产权出处的问题，请相关同志原谅并敬请告知，以便我有机会以后更正。

在这六年的研究期间，我有幸得到国研中心诸多专家及财政部、国家发改委、国务院国资委、人社部、社保基金理事会等机构不少同志的指导和支持，调研中得到国开投、中粮、中央汇金、诚通、国新、中国交建、信达、云南工投等数十家国有企业的帮助和支持。虽然在有些问题上，我们并不一定完全观点一致，但大家都能彼此相互理解，都希望国有企业在促进公平、提升效率、推动国家现代化进程方面能发挥积极作用。借此机会，谨致谢忱！同时，感谢中国发展出版社及责任编辑雒仁生先生为本书出版所做的努力。

项安波

2018年11月8日